「究」

叢書・知を究める 7

18歳からの社会保障読本

不安のなかの幸せをさがして

小塩隆士［著］

ミネルヴァ書房

はじめに

筆者はこれまで、公的年金や医療などの社会保障、教育、所得再分配など、公共経済学と呼ばれる分野の研究を続けてきた。この公共経済学という分野は守備範囲が結構広く、税の仕組みから公共サービスの提供の仕方等々、政府がからむ経済問題ならいちおうなんでも扱える。

本書の内容は、筆者がこの公共経済学という分野でこれまで進めてきた、ささやかな研究成果をベースにしている。社会保障に関する話が中心になっているが、テーマを狭い意味の社会保障に限定せず、社会保障に関連するさまざまな話題を取り上げている。

正直なところを書くと、筆者は若い頃、社会保障にほとんど関心がなかった。大学を卒業してからの一一年間は公務員やサラリーマンをしていたが、その頃は自分がどのような種類の社会保険に加入しているかもきちんと理解していなかった。我ながら情けない話である。

しかし、五〇歳を超え、人生の折り返し点を過ぎてしまった今では、社会保障を、自分の研究テーマとしてだけでなく、身近な問題として強く意識するようになっている。親の介護はどうするか、年金は何歳からどれだけもらえるか、自分が認知症になったらどうするか——等々。もう少し若い頃から社会保障のことを勉強しておくべきだったと、反省することしきりである。

この本には、『18歳からの社会保障読本』というタイトルがついている。選挙権年齢をこれまでの二〇歳以上から一八歳以上に引き下げる、改正公職選挙法が二〇一五年に成立した。一八歳になると、社会を構成する一人前の人間として扱われるようになる。社会保障についても、現行制度にどのような問題があるのか、どのように改革を進めていくべきかを、若い人たちにこれまで以上に自分たちの問題として考えていただきたい、というのが筆者の願いである。

社会保障に関する本は世の中に数多くある。しかし、人口の順調な増加や経済成長の持続を当然の前提として書かれたものが少なくないように思う。その前提が成立しているかぎり、社会保障は今のままでもかなりの程度うまく機能する。しかし、若い人たちが生まれてからの日本は、筆者のような中高年世代が過ごしてきたこれまでの日本とは大きく異なる。本格的な人口減少がすでに始まっており、経済も成長ではなく停滞するのが普通の状態になっているからである。人々の働き方も変化してきた。

社会保障をめぐるさまざまな問題も、そうした社会経済の大きな変化を前提として議論しなければならない。ところが、社会保障の現行制度は、順調な人口増加や高成長の中で作り上げられてきたものである。それを考えると、制度に関する教科書的な説明や一般的な解釈についても、これまで正しいと思われてきたものほど、その妥当性を問い直す必要がありそうである。また、制度をうまく機能させ続けるためには、大きな改革が求められるかもしれない。そうした制度の見直しや改革を進める主役は、これからの時代を担う若い人たちが果たすことになる。本書は、そうした若い人たちを中心的な読者として想定した、社会保障の副読本である。

社会保障については、さまざまな議論や主張があり、論者によって主張は驚くほど大きく異なる。特定の議論を無批判に受け入れるのではなく、いろいろな議論を見比べ、批判的に受け止めていくほうが、理解ははるかに深まる。どんな議論にも「なるほど」と思わせるところが少しはあるものである。結論は受け入れがたいが、議論を進めるロジックには首肯できるところがあるということもしばしばある。まったく対立する主張でも、絡み合った糸を丁寧にときほどいていくと、意外に大きな違いがないことに気づくこともある。

本書では、社会保障に関して筆者なりの主張を展開している。しかし、読者は、本書の主張をそのまま受け入れる必要はまったくない。むしろ本書の議論のどこに問題があり、どうすれば反論できるかをつねに意識して読み進めていただきたい。忌憚のないご批判を読者にお願いする次第である。

本書は、ミネルヴァ書房が発行している月刊誌『ミネルヴァ通信「究」』に、二〇一三年四月号から二〇一五年三月号まで二年間にわたり、「幸せになるための経済学」というタイトルで二四回連載した原稿を基に、大幅に加筆修正したものである（新たに書き下ろしたところもある）。全部で序章プラス八章構成になっているが、ここでその内容を簡単に紹介しておこう。

序章「社会保障とはなんだろうか」では、社会保障というテーマについて、筆者が日頃から考えていることをそのまま書いてみた。やや極論的な内容になっているので、注意されたい。

第一章「社会保障に対するアプローチ」では、経済学が社会保障に関してどのように接しているかを紹介する。社会保障の専門家の中には、経済学のアプローチの仕方そのものを受け入れない向きもあり、読者はどこが問題になっているかを意識してこの章を読んでいただきたい。世代間格差の捉え方など、専門家の間で大きく意見が分かれているテーマを取り上げている。

第二章「財政問題をどう考えるか」では、財政赤字の問題を考える。将来世代への負担の先送りを回避するためには財政赤字の削減が必要だとか、消費税は低所得層ほど不利になる逆進性の問題を抱えている、といったおなじみの言説について再検討する。そして、財政赤字と社会保障との関係をどう考えたらよいか、という問題も取り上げる。

第三章「年金・医療・介護が抱える問題」では、社会保障を構成する三つの重要な柱である年金・医療・介護のあり方を考える。いずれも重要なテーマなので、しっかり議論するためには本来それぞれ一冊の本が必要なところである。しかし、ここでは、公的年金の支給開始年齢や高齢者医療の問題、親が要介護状態になったときのメンタルヘルスの問題に議論を絞る。

第四章「貧困問題にどう対応するか」では、タイトル通り、貧困を取り上げる。格差拡大が問題視されるようになって久しいが、筆者は、格差より貧困のほうが深刻な問題だと考えている。所得だけでなくそのほかの次元も考慮し、貧困を多元的に把握するという「多元的貧困」の考え方も紹介するほか、貧困軽減のための対応策も検討する。

第五章「子育て支援をめぐる課題」では、出生率低下の背景にあるものや女性の就業との関係を取り上げる。男女共同参画の議論のほか人口規模の維持が政策目標にされるなど、出生率や子育て支援をめぐる議論が活発になっていることが、この章を書いた理由である。最近、大きな社会問題になっている、親による虐待やネグレクトの問題についても言及する。

第六章「働くことの意味を問い直す」では、社会保障や税のあり方にも密接に絡む正規・非正規労働の違いや専業主婦の働き方について、主観的厚生という観点から考察を加えてみる。働き方やライフスタイルの選択が完全に自分の意思によるものでない場合、人々の幸福感はどのように違ってくるのだろうか。

第七章「経済学で教育を語れるか」では、筆者の研究対象の一つである教育について、経済学はどのようにそれを捉えるかという方法論について議論する。教育は、誰もが受けた経験があるので、誰もが何らかの考えを持っている。しかし、教育の成果をどのように把握し、政策に結びつけるかという点になると、一般的な理解はまだまだ進んでいないように見受けられる。

最後の第八章「社会の『有り様』をめぐって」では、経済学の不得意分野とも言える、社会全体の有《あ》り様《よう》をめぐるテーマを取り上げる。イントロダクション的にたばこの持つ社会的な意味を考えた後で、最近しばしば耳にするソーシャル・キャピタル（社会関係資本）を取り上げる。最後に、経済学がこれから取り組むべき課題に思いをめぐらせることにする。

章あるいは節単位で、話はだいたい完結する形をとっているので、読者はどこから読み始めていただいても構わない。ご自身にとって興味のありそうなところから読んでいただきたい。

18歳からの社会保障読本——不安のなかの幸せをさがして

目次

序章　社会保障とはなんだろうか

社会保障を経済学で考えてみる

初っ端から物騒な話をしてみたい。筆者が本書で最初に言いたいことは、社会保障という仕組みは「自分で自分の首を絞める」という困った性格を持っている、ということである。こんな極端なことを言い出す人間は、あまりいないだろう。社会保障の教科書や解説書にも出てこないはずである。

筆者はこれまで社会保障を経済学の立場から勉強してきたが、経済学者が社会保障の問題を扱うと、風当たりがよくない。「経済学者が社会保障の話をすると、お金のことをすぐ持ち出す」「福祉の分野に競争原理を持ち込むのは筋違いだ」等々。読者の中にも、そのような印象をお持ちの方が多いはずである。

経済学は、限られた資源をいかに効率よく活用するか、という発想をするから、財源や市場メカニズムの話を無視できない。本当は、経済学は効率性という評価軸だけでなく、人々にとって公平な社会をいかに実現すべきかという、公平性というもう一つの評価軸を持っている。しかし、社会科学の分野で効率性をきちんと議論するのは経済学ぐらいだから、経済学はどうしても目立ち、風当たりが強くなる。

資源や財源など制約条件を考えて得られた答えのほうが、考えないで得られた答えに比べて、人々の満足度を低くするのは当然である。経済学者による政策提言がつねに否定的に受け止められるのも、そのためである。資源制約を念頭に置かないで得られた満足度は、そもそも維持できない性格のものなのだが、多くの人はそこまで考えない。

そして、まさしくその経済学的な発想に基づいて考えると、社会保障という制度には重大な問題があることに気づく。社会保障を専門に研究している人たちから見れば、「社会保障のことを分かっていない経済学者が、またいい加減なことを言う」ということになるかもしれないが、少し我慢して筆者の話にお付き合い願いたい。

そもそも、社会保障はなぜ存在するのだろうか。常識的に考えれば、社会保障は、疾病や失業、老後における稼得能力の低下など、人間が社会で直面するさまざまなリスクに備えるために作り上げてきた仕組みといちおう位置づけることができる。しかし、社会保障は昔からずっと存在したわけではない。社会が産業化するまでは、リスク分散機能を担ってきたのは家族や地域社会である。病気や高齢になれば、ともに過ごす家族が扶養し、それで不十分なら地域社会が助けるという形をとっていた。社会における生産活動の単位が家族や地域社会だったとすれば、リスク分散の単位もそれに対応したものになるのは自然な姿だったと言える。

しかし、社会の産業化が次第に進んでいくと、生産活動の単位が個人に移っていき、個人を家族や地域社会から切り離す力が働くことになる。それと同時に、個人の経済的な自立性が高まる。それに伴って、家族や地域社会がこれまで担ってきたリスク分散機能を次第に社会全体が担うようになる。医療保険や公的年金、雇用保険など、職域単位、地域単位で自然発生的に登場した社会保障の仕組みが、政府（国）によって次第に調整・統括されていくわけである。

ただし、社会の中で発生するさまざまなリスクは、すべての年齢階層において一様に発生するものではない。なかでも、疾病リスクや稼得能力の低下リスクに晒される度合いは、高齢になるほど高まる。なかには、予想より長生きして生活費が足りなくなるという、「長生きのリスク」に直面する人も出てくる。このように、実現する確率が年齢間で偏在するリスクに社会保障という仕組みで備えようとすると、結果的に、現役層が保険料や税の形で財源を負担するという姿が生まれる。そのため、社会保障にはその性格上、現役層から高齢層への所得移転がどうしても伴うことになる。こうなると、社会保障は単純なリスク分散のための装置としては捉えきれなくなり、現役層が高齢層を扶養するという色彩を色濃く持つことになる。

社会保障が内包する矛盾

社会保障がどうしても現役層から高齢層へという世代間の所得移転を伴うとすれば、その充実は少し厄介な結果を生むことになる。確かに、老後の不安が軽減されることは私たちにとってとてもありがたいことである。社会保障はしばしば、「親孝行の社会化」と表現される。社会保障が充実する前は、老後は子供の世話になる必要があった。しかし、これからはその必要はない。子供が生まれなかったり、子供に見捨てられたりした親、あるいは結婚しなかった人にとっても、社会保障という制度のおかげで安心して老後を過ごせるようになる。

しかし、よい話だけではない。この社会保障のメリットこそが、社会保障にとっての命取りとなる。というのは、つぎのような理由による。自分の子供に老後の世話を頼む必要がなくなれば、私たちは子供を養育する必要性をそれだけ感じなくなる。お金も手間もかかる子供を多く産み育てるのは割に合わないと考える人も増えてくるだろう。逆に、年老いた親を持つ子供も、公的年金や介護保険という仕組みがあり、医療も公的保険でカバーされるのだから、自分の親の面倒を見ることはできれば避けたいと思うようになる。このように、親孝行を社会化する仕組みとしての社会保障が充実すればするほど、子供に対する親の需要が弱まり、親孝行に対する子供の義務感も同時に弱まる。社会保障は人々の気持ちや行動を変化させる。

ところが、社会保障が制度として維持されるためには、社会全体で子供が順調に再生産されるということが重要な前提条件となっている。高齢者に対する給付を維持するためには、その財源を賄う現役層がいなければならない。しかし、社会保障の充実に伴って、子供に対する需要が減少し、子供数が実際に減少していくとすればどうなるか。社会保障がよって立つ財政的な基盤が徐々に揺らぐことになる。しかも、その少なくなった子供が親の面倒を見る義務感を持たないようになると、公的な社会保障の補完を期待できなくなる。仮に子供が親孝行であったとしても、きょうだいが多い時代に比

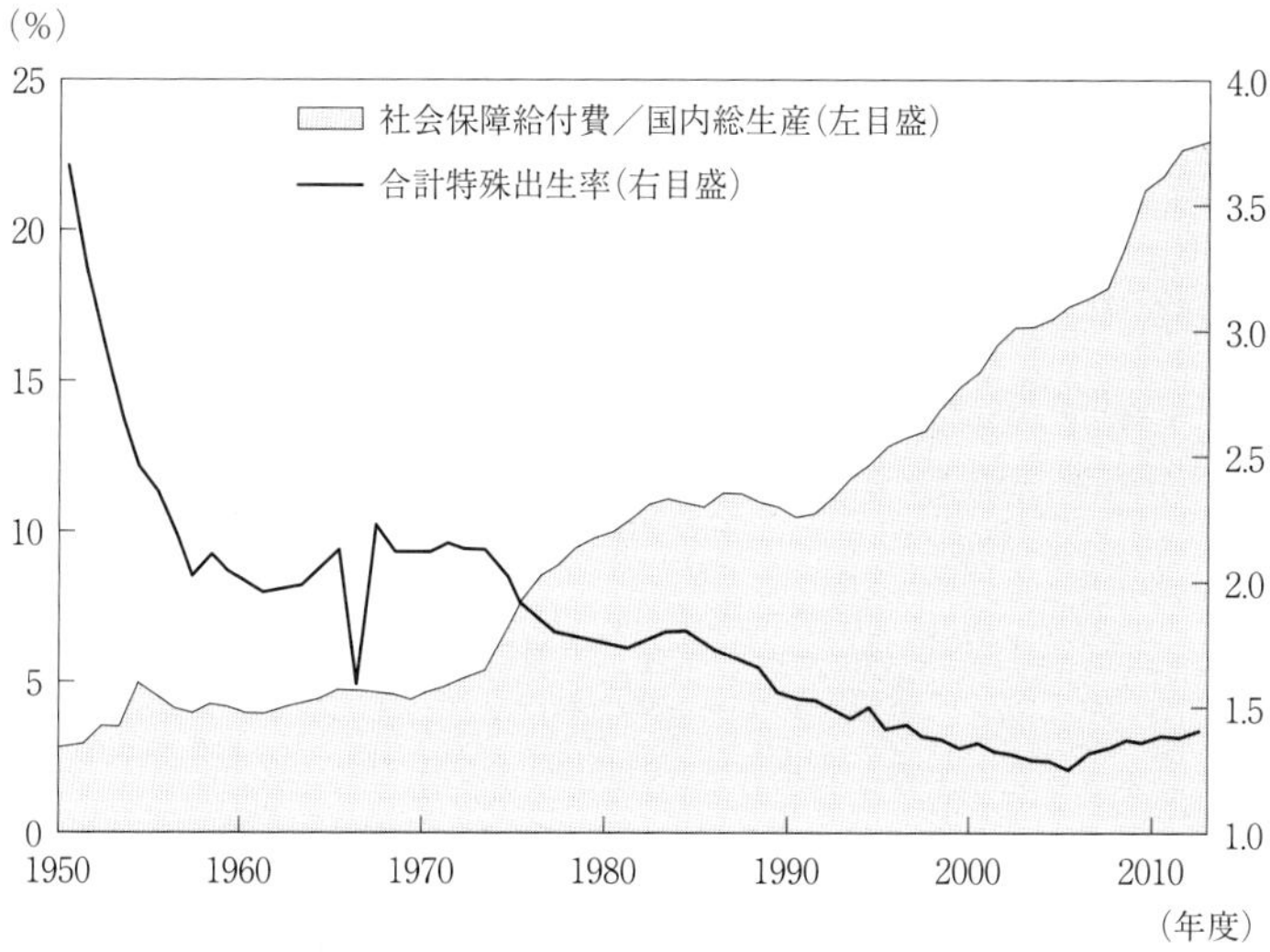

図序-1　拡大する社会保障給付と低下する出生率

出典：国立社会保障・人口問題研究所「社会保障費用統計」，厚生労働省「人口動態統計」。

べると両親扶養の負担はかなり重くなるだろう。

社会保障は、人口が順調に再生産されれば何の問題も生まず、人々の幸せに資する素晴らしい仕組みとして機能する。しかし、社会保障は人口を減少させる効果も持っている。それは、子供に財源を期待している社会保障にとって致命的である。その意味で、社会保障は、自分で自分の首を絞めるという性質を内包しているのである。

ここで、戦後日本の状況を見ておこう。図序-1は、一九五〇年代以降における社会保障給付費の国内総生産（GDP）に対する比率と合計特殊出生率の推移を見たものである。合計特殊出生率とは、女性が生涯にわたって産む平均的な子供数のことである。この図から明らかなように、社会保障の充実と出生率の低下は同時進行している。もちろん、この図から、社会保障の充実→出生率の低下、という因果関係があると単純に結論づけるつもりはない。生産性の向上による所得水準の向上で老後への備えもでき、子供の世話になる必要がなくなった、という人も増えてきているはずだからである。

しかし、社会保障が充実しているのに、その財源を支えるべき子供たちが順調に再生産されないとすれば、社会保障がうまく機能しなくなる。社会保障が自分で自分の首を絞める性格を持つという話は、けっこう現実的な性格を持っている。人口が順調に再生産されれば、現行の社会保障には基本的に大きな問題はない。しかし、人口の順調な再生産というのは、制度の持続性にとってかなりきつい前提条件である。それをどこまで明確に認識するかで、社会保障に対する見方は大きく異なってくる。

子育て支援策の意義

経済学的に言えば、社会保障の持続可能性を高めるためには、二つの方法が考えられる。一つ目は、子育て支援を充実することである。子供は、保険料や税を負担することを通じて、自分だけでなく社会の大人たちの老後の面倒を見るという役割を果たしている。これを子供の「経済外部効果」と呼ぶ。しかし、私たちは子供の外部経済効果を念頭に置いてどれだけ子供を産み育てるかという意思決定をしない。あくまでも、夫婦にとって最適な子供数を決めるだけである。したがって、実際に社会全体で生まれてくる子供の数は、子供の外部経済効果を考慮しない分だけ、社会的に最適な水準を必ず下回ることになる。

この状態を改めるためには、子供を産み育てている者に補助金を与えるなど、経済的な支援をして子供数を社会的に最適な数に近づけることが望まれる。この経済的な支援が子育て支援と呼ばれるものである。公的年金との関連に限って言えば、子供は大人になってから年金の保険料負担をするが、その保険料負担だけ世の中に経済外部効果を与えているわけである（負担した保険料のうち自分の親の年金に回る分もあるが、その分は無視できるほど微少なので、負担した保険料はすべて世の中の親の年金に回っているとみなしてよい）。その点を考えると、年金保険料に相当する分は子育て支援に回しても構わないことになる。

このように、子育て支援は子供の経済外部効果を「内部化」する仕組みとして位置づけられるが、こうしたタイプの政策を経済学的には「セカンド・ベスト」（次善）の策と呼ぶ。社会保障は人々に対して、それがなかった場合に比べて子供数を減らすという効果を及ぼす。その意味で、社会保障は人々の行動に歪みをかけている。それが問題というのなら、社会保障という仕組みを改めればよいのだが、そうするのではなく、むしろ社会保障以外のところで人々の行動に違う形の歪みをかけ、全体として望ましい方向を目指す、というのがセカンド・ベストの発想である。子育て支援は人々に子供を増やす誘因を与え、人々の行動に歪みをかけている政策だが、それによって子供数が回復すれば、社会保障の持続可能性は高まることになる。

問題は、この子育て支援がしっかりとした効果を生むかである。確かに、子育て支援が充実している国ほど出生率が高くなる傾向がある。しかし、子供数が多いから子育て支援の規模が結果的に大きくなるという逆の因果関係がそこに反映されている面もあろう。因果関係をどう抽出するかは、いつも研究者を悩ませる問題である。さらに、子育て支援によって仮に少子化が回復するとしても、社会保障財政にプラスの影響が出てくるまでにはやはり相当の年数を要することになる。筆者は、子育て支援に効果を過度に期待するのはよくないと思っている。

社会保障の持続可能性を高めるもう一つの方法は、社会保障の仕組みそのものに手をつけることである。これは、経済学的には、「ファースト・ベスト」と呼ばれるタイプの政策である。社会保障があるからこそ、老後を子供に頼る気持ちが弱まり、子供数が減少するのだから、社会保障の規模を縮小し、人々の子供に依存する気持ちを回復させれば問題は解決する。逆説的ながら、社会保障の規模を縮小することによって、制度を結果的に頑健なものにすることができる。社会保障の規模縮小のメニューとしては、給付水準を引き下げたり、給付対象を限定したりすることが考えられる。

社会保障の規模縮小

しかし、この政策を実行に移すことはかなり難しい。高齢者は、社会保障給付の削減にすぐには賛成しないからである。「自分たちは若い頃に保険料や税の形で、社会保障の財源を負担してきた。いまさら、給付を削るとは何事か」と彼らが反発するのは目に見えているし、そうした反論を「あなたの考えは間違いです」と一蹴することもできないだろう。そもそも、人口減少が進むと高齢層の人口比率が高まるので、彼らの経済的利益を阻害するような改革は政治的に受け入れられない。

社会保障の規模縮小がなかなか進まないと、どのような事態になるだろうか。高齢層向けの給付水準を維持するためには、現役層の負担を引き上げるしかない。そうすると、現役層の経済的な体力がさらに弱まってしまう。しかし、負担の引き上げも政治的な抵抗を受ける。負担の引き上げを現役層が受け入れなければ、つぎの世代にその負担を先送りするしか方法はない。しかし、人口減少が進むと、付け回された負担は次第に支払いきれなくなり、社会保障はやはりどこかの時点で維持できなくなる。人口減少の圧力から、私たちはなかなか逃れられないのである。

「社会保障は自分で自分の首を絞める」なんて、序章からいきなりとんでもない話が展開していることに、読者は驚いたことだろう。しかし、あえてこうした議論を序章にもってきたのは、とりわけ若い人たちに、社会保障に対する常識的な理解を根本から問い直す姿勢を身につけていただきたいと思っているからである。

社会保障の本を読むと、歴史的な沿革や制度の紹介が中心になっていることが多い。そこでは、社会保障の意義についてもきちんと説明されている。それ自体は大変結構なことだし、勉強になる。しかし、現行制度の問題点や改革のあり方を考えるためには、歴史や制度に関する知識だけでは不十分だと筆者は考えている。本書では特に、少子高齢化という人口動態や低成長時代への移行、非正規労働の拡大など人々の働き方の変化をつねに念頭に置いて、社会保障の問題を考えてみる。

読者は、筆者の考え方にすべて賛成する必要はない。社会経済の変化の中で、社会保障にどのような役割を期待すべきか、どのように改めていくべきか、考えるのはご自身である。第一章以降の議論も、社会保障に対するご自身の考えをまとめるための材料として批判的に受け止めていただきたい。

第一章　社会保障に対するアプローチ

1　将来世代のことをどこまで考えるか

増え続ける社会保障給付

序章でも説明したように、社会保障は、社会に発生するさまざまなリスクを分散する仕組みである。しかし、そのリスクの中身を見ると、病気になったり、怪我をしたりするリスク、所得を十分稼げなくなるリスク、あるいは要介護状態になるリスクなどさまざまだが、高齢になってから集中的に発生するものが多い。そのため、社会保障には現役層から高齢層への所得移転がどうしても伴うことになる。

この仕組みは、一見すると非常によくできている。若い頃には、保険料や税を納めて高齢層向けの社会保障給付の財源を負担する。そして、自分が高齢になると、その時点で若い人たちが納めてくれた保険料や税のおかげで老後の生活を安心して過ごすことができる。こうした意味で、社会保障、とりわけ公的年金については、「世代と世代の助け合い」「世代間扶養」という言葉で制度への理解が求められることが多い。

しかし、このように若年層が高齢層を支援する、扶養するという仕組みは、人口が順調に拡大しなければうまく機能しない。若い世代に扶養してもらおうと思っても、肝心の若い世代が少なくなると困ってしまう。実際、国立社会保障・人口問題研究所によると、六五歳以上一人に対する二〇〜六四歳の人数は、一九六五年の九・一人から、二〇一五年は二・一人、二〇五〇年には一・二人まで低下し、それぞれ「胴上げ型」「騎馬戦型」「肩車型」の社会と呼ばれる。現行制度は、人口構成のここまで大きな変化を想定した仕組みになっていない。

現行の社会保障制度は、暗黙の裡に「胴上げ型」の人口構造を前提としている。そして、社会保障の専門家も、その前提に立って制度のあり方を議論することが少なくない。「肩車型」の人口構成の下では、「胴上げ型」の下での常識が非常識になっている可能性がかなり高いのだが、それを意識しない議論が今でも多数派を占めているというのが筆者の受ける印象である。

人口減少への対応策としては、次の三つのタイプがある。第一は、若年層の負担が増えるのはかわいそうだと思い、高齢層が給付の削減を受け入れることである。しかし、高齢層はそれにすんなりとは同意しないだろう。

「年金を当てにしてきたのに、いまさらそれを削るとは何事か」「自分たちは若いころにちゃんと保険料や税を納めてきた。給付をしっかり受けて当然ではないか」「戦後の経済成長を支え、現在の社会インフラを整備したのは、私たちではないか。若者はありがたく思え」といったタイプの反論が出てくることは十分予想できる。実際、人口が減少すると、高齢層のほうが頭数《あたまかず》が多いから、高齢層を不利にするような改革案が採択されることはまずない。政治家も、高齢層に反発を食らうような政策にわざわざ手を出さない。

第二の対応は、高齢層の給付削減ではなく、若年層の負担の引き上げである。保険料や税を引き上げ、給付の維持を目指す。この対応は、第一の対応より政治的に受け入れやすいが、若年層の経済力を弱める。そもそも、若年層が負担の受け入れにそっぽを向けば、制度自体が成り立たなくなる。しかし、若年層が社会保障制度に対する不信感から保険料の支払いを拒否している、というのはおそらく事実誤認であろう。最近では、非正規雇用などで所得が不安定となり、社会保険料を支払おうと思っても支払えない層が増えている。若年層のほうが、経済力が強いとは言えないご時世になっている。

しかし、バブル崩壊後の日本は、この二つのいずれの対応もしてこなかったのである。高齢層の給付削減も、若年層の負担引き上げも行っていない。高齢層向けの社会保障給付は、ほかの先進国と比べて遜色ない水準に達している。そして、保険料率はこれまで引き上げられてきたが、所得税は減税されることが多く、消費税も先進国の中で例外的と言えるほど低い。

ちなみに、バブル経済が頂点に達していた一九九〇年から二〇一三年までの二三年間を調べてみると、社会保障給付費の対ＧＤＰ（国内総生産）比は、一〇・五％から二二・九％へと一二・四％ポイントも上昇している。同じ期間において、高齢層向けの社会保障給付費の対ＧＤＰ比は、六・二％から一五・七％へと九・五％ポイント上昇している（国立社会保障・人口問題研究所「平成二四年度・社会保障費用統計」より）。つまり、社会保障給付費の増加分の約四分の三が、高齢者向け給付の増加によって説明できる。その一方で、税と社会保険料の合計の対GDP比は同じ時期にほとんど変化せず、三〇％ないしそれを若干下回る水準で推移してきた。

要するに、この二十数年にかけて日本では高齢者向けを中心として社会保障給付が明確な増加傾向を見せてきたのに、私たちはその財源的な手当てをほとんど講じてこなかったということになる。この事実は、もっと注目されてよい。

国債は将来世代の負担なのか

そのような状態なのにどうやって社会保障の帳尻が合うのかというと、政府がお金を出してきたのである。これが人口減少に対する第三の対応策である。「では、まったく問題ないではないか」と思われるかもしれないが、そういうわけにはいかない。日本では、「社会保障には政府がお金をもっと出すべきだ」という言い方をよく耳にするが、その政府のお金が回りまわって自分たち、あるいは将来世代の負担になるという、当たり前のことがあまり理解されていない。

政府がお金を出す、ということをもう少し正確に表現すると、政府の支出のうち、現行の税収や社会保険料の収入では賄い切れない部分を民間から借金をして、そこで得られたお金で足りない分を支払う、ということになる。このお金は国の借金だから、将来何らかの形で償還する必要がある。政府は将来世代に増税して財源を調達しなければならない。つまり、現時点における社会保障給付の財源は、現在の高齢層や若年層を通り越し、将来世代の負担となるわけである。

このように考えると、私たちは、高齢者向けの社会保障給付の増加分に対応する負担の引き上げを老いも若きも揃って拒否し、将来世代にそのツケを回してきたことになる。そうした事実をしっかり認識しないまま、「日本は大きな政府を目指すのか、それとも小さな政府か」といった類の議論をするのは、将来世代にとってきわめて無責任であり、失礼であると筆者は思う。

ところが、このようなタイプの説明には少々胡散臭いところがある。というのは、社会保障財源を賄うために政府が国債を発行したとしても、その国債を買うのは誰かというと、日本の場合は、外国人ではなく、ほとんどが日本人、つまり私たちだからである。国債は政府から見れば借金（負債）だが、民間の私たちから見れば資産である。政府が国債の償還のために将来世代に増税すると言っても、将来世代は、親の世代から遺産として譲り受けた国債を政府に売ることで増税分を支払うことができる。だとすれば、将来世代は何の痛みも感じない。そう考えると、国債の発行は、将来世代への負担の先送りにはならないことになる。

この説明は、「バローの中立命題」と言って大学の財政学やマクロ経済学の授業で必ず顔を出す。この中立命題が成立していれば、社会保障の財源もあまり心配しなくてよいということになる。本当にそうだろうか。中立命題が成り立つということは、私たちが自分たちの利害だけでなく、将来世代の利害もしっかり考えるという、「利他的」な考え方をどこまでしているか、という問題になる。

この点については、これまで経済学者が実証研究を積み重ねてきた。その結果を見ると、私たち

(日本人)はそれほど利他的でなく、むしろ利己的な行動をとっている。つまり、国債が発行されたとき、私たちはその分だけ貯蓄を増やさず、将来世代に少なくとも部分的に負担を先送りしている。

将来世代の富にも手を付け始めている

ここでは、この問題にこれ以上深入りしないものの、私たちははたして将来世代に富をしっかり残しているのか、という点をマクロ的にチェックしておこう。

この問題を考えるために、「国民貯蓄」という概念を登場させてみる。国民貯蓄とは、民間貯蓄と政府貯蓄の合計である。このうち民間貯蓄とは、私たち民間の経済主体が、稼いだ所得に社会保障給付を上乗せ、つぎに税と社会保険料を差し引き、さらにそこから消費に回したお金を差し引いたものである。私たちが通常、貯蓄という言葉でイメージするものと言ってよい。一方、政府貯蓄とは、政府が得た税収や社会保険料収入から、経常的経費を差し引いたものである(経常的経費とは、社会保障給付など経常的な事業や行政水準を維持していくための経費であり、公共事業など投資的経費は含まない)。

なぜ、この国民貯蓄に着目するのか。説明が少々面倒になるが、重要な点なので少し我慢して筆者の話にお付き合い願いたい。まず、政府貯蓄は通常はマイナスであり、国債の発行で埋め合わされる(赤字を埋め合わせる国債だから、「赤字国債」と言う)。その国債を私たちが購入し、貯蓄の一部とするわけである。

ここで問題になるのは、私たちが、(政府が発行した)国債を購入する以上に貯蓄をしているか、である。発行された国債の償還のために、将来世代は税を負担させられる。だから、将来世代に(国債

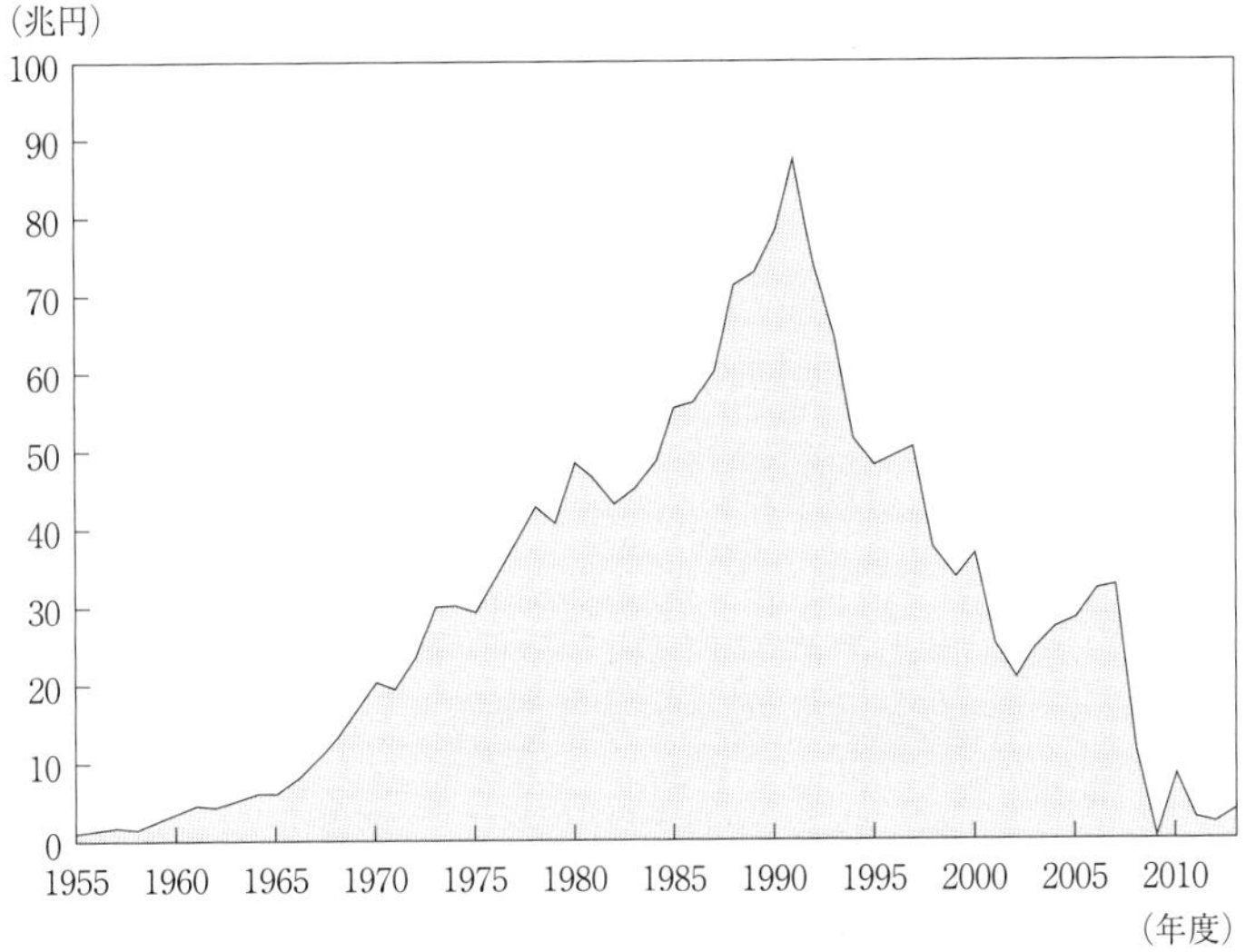

図1-1　減少の一途をたどる国民純貯蓄

注：国民純貯蓄＝民間貯蓄＋政府貯蓄－固定資本減耗。
出典：内閣府「国民経済計算」。

償還のために求められる増税分以上に）富を残そうと思うのであれば、私たちは国債発行額以上に貯蓄を行っていなければならない。だからこそ、民間貯蓄と政府貯蓄（＝赤字国債の発行額の符号をマイナスにしたもの）を合わせた概念である国民貯蓄に注目するのである。

そこで、実際に国民貯蓄の推移を調べてみたのが図1-1である。ただし、この図では、国民純貯蓄という言葉を用いている「純」（ネット）とは、既存の社会資本（道路や空港など）や民間資本（工場や生産設備）の維持補修のための費用である固定資本減耗も差し引くという意味である。固定資本減耗を差し引くのは、維持補修は新たな富の創生とは言えないからである。

この図からも明らかなように、日本の国

民貯蓄は戦後順調に増加していたが、一九九〇年に九〇兆円を若干割り込む水準でピークとなり、その後ははっきりとした減少傾向を見せている。そして、直近ではほぼゼロに達している。つまり、私たちは現在、将来世代に富をほとんど残しておらず、将来世代に残すべき富にも手を付け始めようとしているのである。

国民貯蓄、あるいは国民純貯蓄という概念は一般にはあまり知られていない。しかし、筆者はこれまで自分の書物や研究会、講演などいろいろな機会でこの図を紹介してきた。現在の私たちを取り巻く状況を大摑みで理解しておくために、この図はきわめて有用だと考えるからである。

生産する人が減り消費する人が増える

読者の中には、筆者の議論に違和感を覚える人も多いだろう。「日本人は貯蓄率が高いことで知られているのではないか。貯蓄ゼロというのは、どう考えてもおかしい」「日本の家計の金融資産は一五〇〇兆円と言われている。それとここでの話はあまりに違う」と。

第一の疑問から答えよう。日本の家計の貯蓄は、今ではマイナスになっている。貯蓄を取り崩す高齢者が多くなっているためだ。貯蓄をしているのは、むしろ企業のほうである。企業の貯蓄が家計のマイナスの貯蓄を上回って、民間貯蓄がプラスになっているというのが、日本の現状なのである。

第二の疑問は、貯蓄をストック（ある時点の残高）で見るか、フロー（ある期間におけるお金の流れ）で見るかの違いに関するものである。国民貯蓄は、後者のフローの概念である。なお、ストックで見ても、家計の金融資産のうち、銀行や郵便局に預けたお金は、かなりの程度、国債の購入に充てられていることはすでに述べた通りである。

このように説明しても、「経済学者は妙な話を持ち出すなあ」という印象は残るかもしれない。しかし、状況は経済学というよりもむしろ生物学的なのである。人口が減少し、高齢化が進むと、モノを生産する人が減り、消費する人が増えるわけだから、将来世代のために残しておく分が減少するのはきわめて自然な姿なのである。図1－1で示したように、私たちは今や、将来世代のために何も新たに残さないだけではなく、将来世代のために今まで蓄えてきた富にも手を付けようとしているのである。この図を頭に浮かべるかどうかで、社会保障や財政をめぐる見方は大きく異なってくる。筆者が、場合によっては極論とも受け止められかねないトーンで話を進めるのも、この図が念頭にあるからである。本書の内容も、筆者が今から二、三〇年前に書いていたらかなり違っていたはずである。

一時期注目されたいわゆる「埋蔵金」の話も、この図を頭に思い浮かべるとずいぶん理解しやすくなる。政府の会計はとても入り組んでいて、活用されずに眠っているお金がある。その埋蔵金を掘り出し、社会に役立てるべきだ、という主張がある。しかし、埋蔵金をそのまま埋蔵させておけば、将来世代が活用することができる。それを今活用せよ、という声が出てくるのは、まさしく将来世代に残しておくべき富にも手を付けざるを得ないほど、事態が切迫していることを物語る。

真の「世代間格差」問題とは

筆者が国民貯蓄といった耳慣れない概念をわざわざ持ち出したり、将来世代に残すべき富がなくなっているといった話をしたりしているのには理由がある。

というのは、「世代間格差」という問題をめぐって、経済学者と、厚生労働省や（経済学者以外の）社会保障の専門家の間で意見の鋭い対立があるからである。人口減少や高齢化が進むと、高齢世代への給付水準を維持する限り、若年世代の負担が増え、世代間格差が大きな問題になる、というのが通常の経済学的発想からの帰結であり、筆者もそれを正しいと考える。公的年金は若い世代ほど加入したら損になる、という年金の「損得勘定」論を耳にした読者も少なくないだろう。

こうした経済学者の批判に対して、「世代間格差を問題にするのは問題だ」と反論する論者は多い。二〇一二年の「厚生労働白書」は、そのスタンスに立った議論を全面的に展開している。人間は痛い所を突かれると怒る、と言うが、まさしく世代間格差の問題は、現行制度を「世代と世代の助け合い」「世代間扶養」の仕組みだと説明してきた人々にとっては、いちばんの「痛い所」なのだろう（そうでなければ、無視すればよいだけの話）。しかし、一般的にも、「今の高齢層はこれまで戦後の経済発展に貢献してきたのだから、もっと感謝されてもいいではないか」「経済学者は世代間対立を煽り、制度に対する信頼を低下させようとしているが、それが一体何のためになるのか」といった主張はよく耳にする。

筆者は、こうした世代間格差をめぐる問題について、つぎのように考える。第一に、世代間格差という問題の重要性は、人口動態によって大きく左右される。人口が順調に拡大していけば、現時点の給付のうち保険料や税で賄いきれない分を将来世代にそのまま先送りしても、大きな問題にならない。頭数がどんどん増加するので、一人当たりで見れば過去の世代からのツケは十分支払うことができるからである。

しかし、人口が減少すると事態は大きく変わる。先送りされた負担は、少なくなった将来世代では負担しきれず、制度はどこかで破綻するだろう。経済学者の世代間格差に対する指摘への反論を見てみると、あたかも人口が順調に増加し続けているように想定している向きがある。人口減少下では、世代間格差の問題はやはり無視できない。

しかし、第二に、世代間格差が本当に重要なのは、現在の高齢層と若年層の間の格差ではなく、その両方を合わせた現在世代と、将来世代との間の格差だ、というのが筆者のスタンスである。確かに、経済学者の試算している、年金や社会保障全体の「損得勘定」の結果を見ると、現在の高齢層は負担以上に給付が多く、若年層は逆になっている。しかし、その差をどう判断するかについては、高齢層がこれまで果たしてきた貢献などを考えると、やはり微妙なところがある。

それ以上に重要なのは、冒頭に数字で示したように、高齢層向けの給付拡大に対して若年層が負担の引き上げを受け入れず、負担を将来世代に先送りしている点である。この点では、現在の高齢層と若年層の間には深刻な世代間対立は発生していない。

私たち現在世代は、高齢層と若年層が暗黙のうちに協調して自分たちが支払うべき負担を将来世代に負担させ、将来世代に残すべき富にも手を付け始めている。これは、社会保障の持続可能性だけでなく、日本という国の将来にとってもきわめて危険な事態である。私たちが真剣に立ち向かうべき世代間格差は、私たち現在世代と将来世代との間の格差なのである。それは、私たちが将来世代のことをどこまで考えるかという問題に直結する。次節では、それを「世代会計」という概念に基づいてもう少し詳しく見てみよう。

2 「世代会計」という悪夢

世代間格差に関する議論を、さらに進めてみよう。取り上げるのは、公的年金の話である。公的年金は今のままではもたない、というのが世間の一般的な認識であろう。しかし、政府はこの一〇年ほど、公的年金は「百年安心」と言い続けてきた。世間と政府との間では、考え方に大きな隔たりがある。

年金「百年安心」の意味

さらに、公的年金のあり方をめぐっては、経済学の視点から社会保障の問題を考える研究者と、そうでない人たちとの間で激しい意見の対立がある。本節では、この公的年金の問題を中心にして、社会保障にとって「世代」が持っている重要性を改めて考えてみたい。

最初に、よく耳にする、「公的年金が破綻する」ということの意味を考えてみる。公的年金が破綻するというのは、簡単に言ってしまえば、財源が枯渇してしまって、約束していた年金を高齢者に支払うことができない状況になったということであろう。

しかし、政府の担当者なら、そんなことは起こらないと答えるはずである。なぜかと言えば、財源が足りなくなれば、現役層に保険料を追加的に求めればよいだけの話だからである。年金は国民皆年金の仕組みなので、加入が強制されている。政府は、保険料の拠出を国民に強制できる。政府がそうした権利を駆使すれば、年金が破綻することはあり得ない。ずいぶん乱暴な話だが、官僚の発想ではそうなる。

もちろん、そこまで開き直った意見を言う人はあまりいない。現行の公的年金の仕組みは、二〇〇四年改正に基づいているが、政府がこの改正で年金が「百年安心」になったと言う場合、次のようなことを意味している。

すなわち、「これからの百年間において、政府が支払う年金額の合計は、これから私たちや将来世代が支払う保険料と税金、政府が保有している積立金の総額に等しくなっています」というわけである（ここで、保険料だけでなく税金も財源として入っているのは、一階部分の年金である基礎年金の半分が国庫負担、すなわち税金で賄われているからである）。要するに、政府から出ていくお金は、これから入ってくるお金とすでに政府が積み立てているお金で十分賄えます、だから安心してください、というのが政府の説明である。

この説明を聞いて、「ああよかった。やはり、年金は安泰なんだ」と納得できる人はどれだけいるのだろうか。ここで、三つの問題点を指摘しておこう。

第一に、政府から出ていくお金と入ってくるお金の帳尻を合わせるのは、政府による制度設計として当然満たすべき条件であって、それが満たされていないことのほうがおかしい。制度を国民の前に提示する際に、帳尻の合っていないものを官僚が出すことはあり得ない。「帳尻があっているから安心しましょう」というのは、政府が自らに対して言うのなら分かるが、国民に対してわざわざ言うことではないはずである。

第二に、より本質的な問題点として、年金予測の前提となるマクロ経済の将来見通しが甘すぎるという批判もよく聞かれる。政府は一〇〇兆円を優に上回る年金積立金を保有しており、その運用益を年金の重要な財源としている。だから、その運用利回りをどう設定するかが年金財政にとってきわめて重要となる。ところが、この低金利のご時世なのに、年金の運用利回りは現在四％を上回る水準が想定されている。ここまで高い運用利回りは、すぐには実現しそうもない。

さらに、賃金もこれから毎年二・五％ずつ上昇していくと想定されている。日本の賃金は二〇〇〇年代に入ってから低下傾向にある。そこから順調な賃金上昇局面に転じることは、アベノミクスが奏功したとしても容易なことではない。しかし、賃金が上昇しなければ保険料収入が増加しない。

長期的な帳尻を合わせるためには、運用利回りにせよ、この賃金上昇率にせよ、楽観的な数字を設定せざるを得なかったという事情があるのだろう。実際、学習院大学の鈴木亘教授に代表されるように、運用利回りや賃金上昇率をもっと現実的な数字に置き換えると、年金積立金は一〇〇年どころか三〇年ぐらいで枯渇してしまう、という試算結果を公表している研究者やシンクタンクは少なくない。

しかし、年金積立金が政府の予想より相当早めに枯渇したとしても、「年金は破綻しない」と開き直ることは十分可能である。なぜなら、その時点で保険料や税率をさらに引き上げれば済む話だからである。実際、筆者は年金の専門家がそうした旨の発言をする場面に出くわしたことがある。なぜそういう発言が生まれるのだろうか。それは、つぎに取り上げる第三の問題点に関わるものである。

第三の問題点は、「世代」という視点が欠落していることである。これが、本節で特に取り上げたいテーマである。

「世代」への注目

少子高齢化の下で、年金の保険料はこれからも当分引き上げられ続けていく。その一方で、厚生年金の支給開始年齢も段階的に引き上げられていく。そうなると、いくら一〇〇年間を通して見れば帳尻が合ったとしても、将来世代ほど損になるという「世代間格差」の懸念がどうしても出てくる。一〇〇年間の帳尻合わせは、将来世代により重い負担を求めることでようやく成り立っているはずである。

社会保障、とりわけ公的年金は「世代と世代の助け合い」なのだから、世代間格差をとやかく言うべきではないというのが、社会保障分野の研究者の一般的な認識のようである。しかし、社会保障は、人々の経済的便益に長期的な影響を及ぼす制度である。その制度設計に意見を言うことのできない将来世代が、一方的に不利な立場に立たされるという状況は、はたしてどこまで是認できるのだろうか。

序章でも指摘したことだが、人口が順調に再生産され、経済が中程度以上のペースで拡大を続けていれば、世代間格差という問題をわざわざ議論する必要はないのである。年金給付のうち財源が足りない分が出てきても、つぎの世代にそれを先送りすればよい。つぎの世代は、そのつぎの世代にそれをまた先送りすればよい。人口がどんどん増え続けるわけだから、一人当たりで見れば負担はだんだん小さくなっていき、最終的には無視してよい。

日本の社会保障制度は、第二次世界大戦後徐々に整備されてきた。特に、一九七〇年代以降は、インフレへの対応という面もあって、高齢者向けの社会保障給付が大幅に引き上げられていった。この時点では、政策担当者の間に、世代や世代間格差への関心はほとんどなかったと思われる。出生率は十分高かったし、高度成長は終焉したというものの、人口増加や経済成長に疑問を抱く者は少なかったからである。

しかし、人口が減少すると、将来世代への負担の先送りが次第に難しくなる。制度を維持しようと思えば、将来世代は現在世代以上に多くの負担を強いられることになる。ここでようやく、世代間格差の問題が顔を出す。そして、社会保障改革にとってその改革が重要なテーマとなる。

これまでの年金制度改革の経緯を振り返ってみると、少子高齢化の下で制度の持続が難しくなるという認識が高まり、給付拡大から給付抑制に方針が転換したのは、一九八〇年代に入ってからだと考えてよい。しかし、世代や世代間格差が明確に意識され始めるのはようやく二〇〇〇年代になってからである。それでも、政府は世代間格差をなかなか表立って議論したがらない。むしろ、世代間格差を問題視することを問題視する理屈づけに精を出す。

「世代会計」が浮き彫りにするもの

世代間格差という問題は、簡単には解決できない。世代間格差の是正を主張する経済学者すら、自分の改革案が改革案として貫徹していないことに気づいていないことも少なくない。

ここで、「世代会計」（generational accounting）という考え方を紹介しよう。このアプローチは、米国の経済学者コトリコフが一九九〇年代に提唱し、世界中の財政や社会保障の研究者や、各国における実際の制度運営に無視できない影響を及ぼしている。私たちは財政収支を年度ごとに見ているが、世代会計は政府と民間とのお金のやりとりを、世代という軸を通じて捉え直す。その結果、社会保障や財政をめぐるさまざまな「不都合な真実」が浮き彫りになる。そのため、世代会計は守旧派の専門家にはすこぶる評判が悪く、毛嫌いされることになる。

ここで、話を簡単にするために、世代を現在世代と将来世代に二分する。将来世代は、まだ生まれていないすべての世代を一括りにしたものと想定する。政府は、この二つの世代に年金などの社会保障や教育などさまざまなサービスを供給する一方、税や社会保険料を徴収する。さらに、政府がすでに足下で資産と債務を抱えているとすれば、足下から将来に向けての政府と民間の間のやりとりを考えると、図1－2の中の左に示したように、政府の貸借対照表（バランスシート）を考えることができる。このうち、「資産」は足下から将来に向かって政府に入ってくるお金を示し、「負債」は逆に政府が支払う義務のあるお金を示している。この資産と負債はつねに一致する。

この貸借対照表に示された関係を等式の形にまとめたものが(1)式である。この式はいわゆる「方程式」ではなく、つねに成り立つ会計上の「恒等式」であることに注意されたい。例えば、もし右辺の値のほうが大きければ、政府は保険料や税の負担を引き上げるか、政府サービスの提供を抑制するしかない。逆に、左辺の値のほうが大きければ、それとは逆の政策を行う必要がある。等式はつねに成り立つ。成り立たなければ、政策は完結していないことになる。読者は、こうした説明が教科書だけの世界にとどまるものと考えないでいただきたい。例えば、公的年金の財政検証は、公的年金に範囲

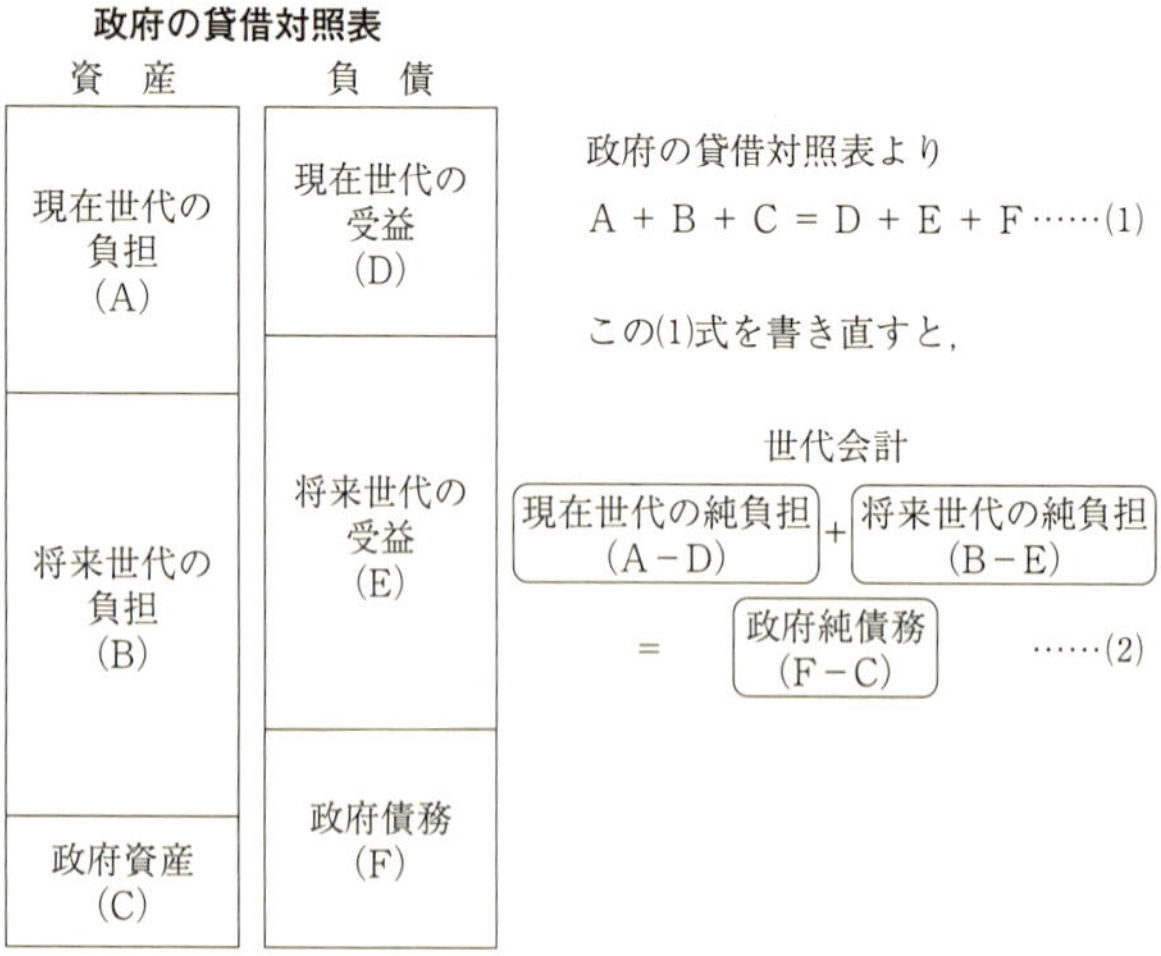

図 1 - 2　政府の貸借対照表と世代会計の考え方

を限定したものだが、まさしく、この貸借対照表的な枠組みの中で行われている。

さらに、負担から受益を差し引いたものを純負担、政府債務から政府資産を差し引いたものを政府純債務と呼ぶと、(1)式は(2)式のように書き直すことができる。この(2)式が世代会計の議論の基礎になっている。ここで、政府純債務は政府にとってすでに固まっている数値だから、現在世代の純負担と将来世代の純負担の合計は、どんなことがあっても変わらない。これは、現在世代と将来世代の経済的な利害が「ゼロサム・ゲーム」(zero-sum game)的状況にあることを意味する。例えば、現行制度は将来世代にとって不利になっているから、それを改める改革を進めようとしても、それを実現するためには、現在世代にちょうどその分だけしわ寄せをする、つまり、現在世代の純負担をそれだけ高めることがどうしても必要になる。

世代会計から導かれるのは、すべての世代の経済的な便益を同時に高めるような制度改革はあり得ない、という冷徹な命題である。すでに指摘したように、この命題は方程式ではなく恒等式的な状況を示したものであり、私たちはそこから逃れることは一切できない。

世代間格差にどう向きあうか

この世代会計的なアプローチは、社会保障の専門家の間で非常に評判が悪い。社会保障、とりわけ公的年金を「世代と世代の助け合い」と説明しようとしているのに、世代会計は世代間の利害対立を浮き彫りにしてしまうからである。世代会計を持ち出すことは、社会連帯にとって弊害となる。しかし、世代会計は、社会保障にとってどのような立場をとろうが成立するものなので、それを否定することは社会保障を科学的に議論することをやめることを意味する。

ところが、世代会計の考え方に基づいて社会保障の制度改革を主張しても、世代会計の制約から逃れることはできない。その代表例が、積立方式への移行論である。年金改革においてしばしば問題になる点なので、ここでも少し詳しく見ておこう。

公的年金の運営方式には、各時点で現役層が支払う保険料で高齢層の年金財源を賄う賦課方式と、各世代が現役時に保険料を積み立てて老後にそれを年金として受け取る積立方式とがある。少子高齢化が進むと、現役層の人数が先細るので、賦課方式の公的年金では、年金額を維持しようと思えば、現役層の保険料を引き上げるしかない。したがって、世代別に見ると、将来世代は不利になる。これに対して、積立方式の公的年金は民間貯蓄と同じようなものであり、支払った分だけ戻ってくるから、公的年金はどの世代でも得にも損にもならない。日本の現行の公的年金は基本的に賦課方式によって運営されているが、少子高齢化が進むので、将来世代ほど損になる。この状況を改めるためには、公的年金を賦課方式から積立方式に移行すべきだというのが、経済学者による典型的な年金制度改革案である。

しかし、この改革案には大きな問題がある。それは、世代会計の(2)式を見れば明らかである。将来世代の純負担を小さくする、というのが積立方式への移行が目指す目的である。ところが、(2)式はどうしても成り立つから、積立方式への移行の目的を実現するためには、現在世代の純負担を大きくする必要がある。そのためには、政府が現在世代に対してすでに約束している年金給付を削減するという改革が必要になる。ところが、現在世代はそれに賛成しないだろう。彼らはむしろ、政府は私たちに約束した年金をきちんと給付せよと要求するはずである。

そうなると、政府は現在世代の年金額を削減できず、結局のところ将来世代にその負担を求めることになる（いわゆる「二重の負担」問題）。将来世代は、積立方式への移行で負担が軽減され、ホッとしていたところに、追加的な負担を求められ、移行前と状況はまったく変わらなくなる。このように考えると、積立方式に移行しようと思っても、現在世代の経済的便益に手をつけない限り、移行前から何の変化も起こらないことになる。

ところが、こうした説明を聞いて、積立方式に移行するよりも、現行の賦課方式にとどまっているほうが望ましいと早合点してしまう人がかなりいる。しかし、世代会計は、そんなことは何も言っていない。賦課方式にとどまっていれば、賦課方式によって発生する世代間格差の問題はそのまま残る。

問題が解決されないという点では、積立方式への移行とまったく同じなのである。

それでは、筆者はどう考えるか。第一に、将来世代への負担の先送りは、世代間の公平性という点で望ましくない。全部は無理でも、できるだけ縮小すべきである。世代間格差は問題にする必要なしといった主張は、人口増加下では正しいが、人口減少下では是認できない。

そして、第二に、世代間格差を是正するためには、現在世代、つまり、私たちが経済的な便益を一部手放し、将来世代にその分を譲るしかない。これが、世代会計が明らかにするゼロサム・ゲームからの論理的帰結である。公的年金の場合であれば、積立方式に移行するにせよ、賦課方式にとどまるにせよ、現在世代は政府によって約束されてきた給付の一部を返上すべきである。世代間格差の是正を目指すのなら、これしかない。給付削減を伴わない改革は、改革とは言えない。

「そんなこと言っても、年金を削るなんて実際には無理ではないか」というのが常識的な受け止め方であろう。筆者もその通りだと思う。しかし、そうした考え方を私たちがしてしまうのは、将来世代の幸せよりも自分たちの幸せを優先する気持ちを持っているからである。少子高齢化の下で、それはどこまで是認できるか。世代会計は、世代間の公平性にどう向き合うかという問題を、私たちに正面から突きつけている。

3　社会保険と税の違い

なぜ社会保険なのか

社会保障の中核を担っているのが、社会保険という仕組みである。疾病リスク、要介護状態になるリスクをカバーする介護保険のほか、解雇されたり、高齢になって働く能力が低下したりするリスクをカバーする雇用保険や年金保険などがそうである。私たちは、社会保険料というお金をあらかじめ支払い、リスクに備えている。

図1－3に示したように、社会保障給付のために用いられる財源は、二〇一三年度には一二七兆円に上っているが、そのうち社会保険料は六三兆円であり、全体の約四九・六%、つまりほぼ半分となっている。残りが所得税や消費税など税を財源とする公費が約三三・九%、年金積立金など政府が社会保障のために保有している金融資産の運用益が一二・四%等となっている。

社会保険料が社会保障財源に占める比率は、二〇〇〇年度頃までは六〇%前後で推移してきたが、その後は年によって変動はあるものの、やや低下傾向にある。社会保険が社会保障の重要な財源であることは明らかだが、その相対的な重要性は徐々に低下しつつある。その裏側で公費の比率は上昇傾向にあるので、社会保障の財源を社会保険で賄うのか、それとも税で賄うのかという問題を改めて考えておく必要がありそうだ。

社会保険が、社会におけるさまざまなリスクを回避するという保険の仕組みに特化しているだけな

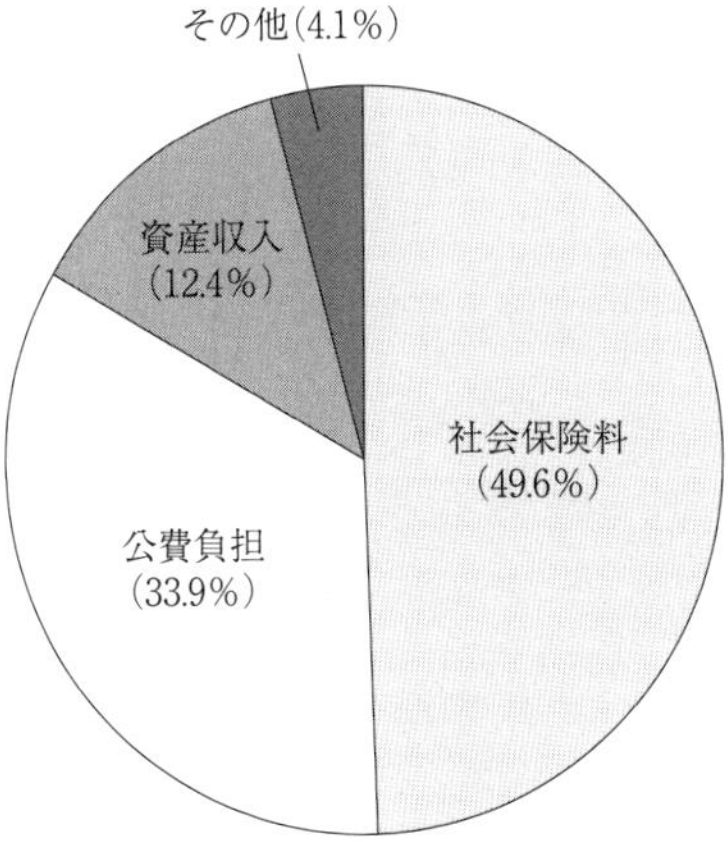

図1－3　社会保障の財源構成（2013年度）
出典：国立社会保障・人口問題研究所「社会保障費用統計」。

ら、所得再分配の役割を期待されている税との役割分担を考えるのは簡単かもしれない。しかし、私たちは社会保険にも所得再分配の役割を期待していないだろうか。もしそうだとすれば、社会保険と税の違いは妙なものになってくる。両者は、どのような点で異なるのだろうか。

まず注意しておくべきなのは、所得再分配には二つのタイプがあるという点である。第一のタイプは、高所得層から低所得層への所得移転を明示的な政策目的とする、いわば「事前的な所得再分配」と呼ばれるものである。所得を直接移転させるわけではないが、社会保障給付の財源を調達する場合も、所得の高い人には多めの負担をしてもらい、所得の低い人の負担は低くするという形で、実質的な所得移転を目指す。「応能負担」という言葉がこうした状況に対応する。

第二のタイプは、リスクが現実のものになった者に対して、そうならなかった者から所得が移転する所得再分配であり、「事後的な所得再分配」と呼ばれる。例えば、病気になった者が病院で医療サービスを受けたとき、医療費のうち三割は自分で支払うが、残りの七割は医療保険でカバーされる。その七割は、病気にならなかった人が支払っていることになるので、病気にならなかった人から病気になった人へという形で、所得移転が発生している。公的年金も、同じ世代の中で、長生きしなかった人から長生きした人という所得移転を引き起こす。しかし、いずれの場合も、発生している所得再分配は、あくまでもリスク分散の結果、事後的、副次的に発生するものであり、それ自体を政策的に狙ったものとは言いにくい。

筆者は、社会保険に本来期待されているのは二番目の事後的な所得再分配のほうだと考えている。社会保険が、基本的にリスク分散のための仕組みであると考えるからだが、もう一つ理由がある。というのは、一番目の事前的な所得再分配については、もう一つの有効な政策手段、すなわち税があるからである。税には、所得が高い人ほど負担が相対的に高まるという「累進性」すら効かせることができる。その税という手段があるのに、さらに社会保険で所得再分配を狙うことを正当化するのは、それほど容易ではない。

実際には混在している

このように考えてくると、社会保険はリスク分散のための装置として有効な社会保険という仕組みを持っており、また、税は税負担に累進性を付与できる。したがって、リスク分散は社会保険の担当とし、所得再分配は税に任せると整理すればよさそうに思える。しかし、実際の制度運営を見ると、それほど役割分担が明確になっているわけではない。実際、正規のサラリーマンや公務員が加入している医療保険の場合、保険料は報酬に比例する形で支払われている。しかし、報酬に応じて疾病リスクが高くなるわけではない。だから、（累進性を働かせるまでは至らないものの）事前的な所得再分配が政策的に狙われていると解釈できる面も社会保険にはある。

それでは、税のほうはどうだろうか。税が事前的な所得再分配の仕組みだといっても、政府がその税を用いて公的サービスを提供するとすれば、リスク分散の仕組みだと解釈してもよい面がある。例えば、所得が低ければ納める税よりも受け取るサービスのほうが大きくなり、逆に所得が高ければ持ち出しになる。負担と給付を差し引きすると、税がない場合に比べて、所得の変動は小さくなる。このように、税は、それを財源とする政府支出も併せて考えると、社会保険と同じようにリスク分散機能を果たしている。だから、リスク分散は社会保険で、所得再分配は税でという整理は、実体的にも理屈のうえでもそれほど説得的だとは言えないのである。

しかも、社会保険の運営実態から見れば、社会保険による所得再分配の効果は、それがたとえ事後的であるとしても、かなり大きいという点にも注意が必要である。というのは、すでに述べたように、社会保険には公費、すなわち税が大幅に投入されている。これは、社会保険の給付に公費が連動する形になっている面があるからである。例えば、公的年金のうち基礎年金の給付額の二分の一は公費になっている。ところが、税には、所得が高い人々ほど負担が高くなるという累進性がある。したがって、税に財源のかなりを依存している社会保障にも結果的に累進性が生じ、税を経由する形で間接的に所得再分配が行われていることになる。

このように、社会保険と税との関係には微妙な面があり、両者の役割についても明確な線引きはできない。さらに、社会保障の制度運営が歴史的な沿革もあって、統一された方針に基づいて行われているのではなく、異なる考え方が未整理のまま混在していることもそこに反映している。

社会保障の二つの原理

この点に関連して、社会保障の制度運営の原理を「保険原理」と「福祉原理」という二つに整理すべきだという、広井良典教授による有力な考え方がある（広井、一九九九）。保険原理とは、社会で発生するさまざまなリスクに備えて社会の構成員が保険料を支払ってプールしておき、それを財源としてリスクが実際に発生した者を救済するという、社会保険の仕組みを念頭においた考え方である。ここでは、社会保険のサービスの給付は保険料を支払った者だけに限定され、支払いが不十分であれば、給付水準が削減される。こうした考え方は、「排除原理」と呼ばれる。一方、保険料の拠出実績がきちんとあれば、年収などとは無関係に誰でもそのサービスを受給できる。このように、保険原理が想定する社会保険は、会費を払って入会し、メンバーで助け合う会員制クラブのようなものである。

一方、政府が得た税収を財源として経済的リスクが発生した者を救済するという考え方が福祉原理である。ここでは、社会保障サービスを給付する対象者は、それなしでは十分な生活を送れないことが証明された者に限定される。給付を受けるためには、人々は所得や資産などを細かく調べるミーンズ・テスト（資力審査）を受けなければならない。こうした給付の考え方を、「選別主義」という。この福祉原理は所得再分配に直結するので、公平性の観点が保険原理よりも反映されやすい。

広井教授が指摘するように、日本の社会保障制度には、この二つの考え方が混在している。社会保険と言いながらも、その財源のかなりの部分が税に依存している状況はその代表的な例である。こうした状況が社会保障の仕組みを複雑にするとともに、人々の制度に対する正確な理解を難しいものにしている。例えば、社会保障の入門書などを読むと、社会保険のほうが税よりも負担と受益の関係が明確なので、保険料を払うことによって社会保障サービスを受けるという権利意識が生まれるという説明がある。実際、私たちは消費税の税率引き上げに代表されるように、それが社会保障の財源として使われるという説明を受けても、増税には抵抗するが、保険料率の引き上げにはそれほど反発しない。これは、保険料が高くなっても、それは社会保障サービスの拡充につながっていると私たちがつい想像してしまうからであろう。

私たちの身勝手な選択

保険料と税に対する私たちのこうした非対称的な受け止め方は、社会保険の給付が保険料の収入で完全に賄われているのであれば、別に問題はない。社会保障の教科書でも、給付と保険料収入が見合うことは、「収支相等の原則」として保険が満たすべき条件だと説明されている。ところが、日本の社会保険は、その給付のかなりの部分を税に依存しており、保険料によって財源が完全にカバーされていない。つまり、現行の社会保険制度は、保険料を負担している人々に対して、その負担以上のサービスを提供していることになる。

しかし、そのように現行制度の問題点を指摘すると、「社会保険は民間の保険とは異なり、収支を均衡させる必要は必ずしもない。公費を投入して低所得層を支援すべきだ」という反論が出てくるはずである。これは福祉原理の発想に立った反論であり、「それでは、社会保険ではなくぜんぶ税でやればいいではないか」という反論になかなか答えられない。議論も生産的でなくなってしまう。

私たちは、社会保障サービスを受ける権利と連動しやすいとして保険料を支持し、足りない部分は所得に余裕のある人ほど負担が重くなる税で補えばよい、という社会保険と税の都合のよいところだけをつなぎ合わせている。この選択は、実際の制度運営に深刻な問題をもたらす。社会保障については、人々の要求に応じて給付額が高まる一方で、保険料負担の増加がそれに追いつかず、公費負担への依存度が高まるという傾向が強まるからである。税は社会保障給付と少なくとも個人レベルでは連動しないから、人々は増税に強く抵抗する。政府が消費税率の引き上げを言い出すとき、社会保障給付の充実のために必要だと説明するのもそのためである。それでも、私たちは増税にはなかなか賛成しない。とりわけ、消費税はあまりにも政治的な争点になってしまった。

議論を混乱させる要因がさらにある。保険料か税かという、専門家の間で昔から繰り返されてきた議論をよく見てみると、保険料のほうがよいという主張は、保険「料」による財源調達そのものではなく、社会「保険」という仕組みを主張していることが多い。もっとはっきり言えば、社会保障政策のイニシアティブを、財務省に渡さずに自分たちのものとしておきたい厚生労働省の主張もそこに見え隠れする。

こうした主張に財務省はどのように応えるだろうか。国民年金の未納・未加入問題に見られるように、社会保険料の徴収能力には大きな問題がある。その問題を解決しないで現行の社会保険の仕組みをそのまま続け、財源不足のツケを国の一般会計に回されては困る、というのが財務省の言い分だろう。しかし、税方式への移行を財務省はあまり主張しない。なぜだろうか。税方式への移行のためには、消費税率の引き上げが必要になるが、消費増税には多大な政治的エネルギーを必要とする。税率引き上げへの国民の反発の矢面に立たされるのは、財務省としてあまり歓迎できないところである。その結果、現行制度を見直そうとする誘因はどこからも湧いてこない。そのため、社会保障給付の増大ペースに社会保険料の増加が追い付かず、両者の間の乖離が拡大しているのに、その分が増税で穴埋めされずに財政赤字が膨らむという状況が続くことになる。

今困っている人を助ける

日本の社会保険は、すでに述べてきたように、財源を税にかなり依存しており、保険の仕組みとは言いにくい面がある。しかも、保険原理と福祉原理が混在し、受益と負担の関係が分かりにくくなっている。それが、社会保険が中核となっている社会保障の持続可能性を脅かしている面もある。こうした状況は、社会保険が理論的にも、現実の運用面でも、非常に複雑な性格を持っていることの帰結と言えるかもしれない。

社会保険の持つこうした複雑な側面や問題点には、社会保険がさまざまな歴史的沿革を経て成立してきた仕組みであることを考えると、やむを得ない面もある。社会保険は、はじめから理路整然とした理論的体系に基づいて成立しているわけではない。しかし、人口が順調に拡大し、中程度以上の高度成長が維持されていれば、社会保険の持つ構造的な問題は表面化しなかった。しかし、人口減少が進み、高度成長が期待できなくなると、社会保険の役割を問い直す必要性はますます高まっていくと思われる。

それでは、どうすればよいか。筆者は、保険原理が本来前提としていたはずの受益と負担の連動性をより明確にし、社会保険の存立基盤を強化して制度の持続可能性を高める必要があると考えている。給付水準を維持するのであれば保険料を引き上げる必要があるし、保険料を引き上げたくないのであれば給付を削減するしかない。受益が負担を上回り続け、しかも両者の差が拡大していく状況を容認し続けていくと、社会保険の保険としての存立基盤が弱まってしまう。

しかし、これを社会保険の財政上の問題と単純に解釈してはならない。社会保険の基盤強化はむしろ、公平性の観点からの要請である。私たちが人々に最低限度の生活を保障するためには、生活保護のように、社会保険以外の仕組みで人々を救済する「最後の拠り所」を用意しておく必要がある。その最後の拠り所をまさしく最後の拠り所として機能させ続けるためには、その仕組みに安易に期待することは危険である。

私たちが社会保険の「拠出原理」を無視してでも、今目の前にいる、困っている人を救おうとするとき、その人を実際に救えるためには社会にそれだけの余裕がなければならない。私たちには、その余裕を残しておく覚悟が求められる。そう考えれば、負担以上の受益を社会保険に期待し続け、足りない分は税や将来世代への負担の先送りで間に合わせるという、私たちがこれまで選択し続けてきた安易な対応は改めるしかない。そうした問題意識を伴わない、社会保険か税かという論争は、いくら続けても意味がない。

第二章　財政問題をどう考えるか

1　財政赤字は本当に問題なのか

財政赤字の削減は必要か

財政赤字が問題だと主張するのは経済学者、とりわけ財政学者であって、ほかの分野の研究者は社会科学に限ってもあまり気にしない。経済学は、限られた資源の中でどうすれば人々が幸せになるかを考える学問なので、財政赤字をどうしても無視できない。政府は、「打ち出の小槌」を持っているわけではない。公的サービスの供給も、財源の裏付けが必要である。しかし、制約をきちんと考えた場合の幸せは、制約を無視して考えた人々の幸せより必ず見劣りする。だから、財政のことを持ち出すと人々は必ず嫌な顔をする。

例えば、「日本の政府債務の水準は先進国の中でトップクラスだ。財政削減が急務」とか、「国債の累積は将来世代に過剰な負担となる。消費税の引き上げが不可欠」といった類の主張は、理屈としては理解できるけれども、聞いていて楽しくない。そして、そういう主張をする学者の顔ぶれを見ると、政府の財政関係の審議会メンバーだったり、財務省出身者だったりすることが少なくない。だから、財政赤字削減や消費税引き上げの必要性を少しでも唱えると、「財務省のお抱え学者」とか「御用学者」というレッテルを貼られる。

最近盛り上がっている消費税増税の議論についても、「増税の前にやるべきことがある」「増税よりまずデフレ脱却だ」と主張するなど、増税や財政引き締めに反論するほうがはるかに人々の受けがよい。「国債は問題だと言っても、国債は消費者から見ると資産だから、問題にする必要はない」という議論もあって、何が問題なのか分からなくなる。

このような話で議論を始めると、読者は「なるほど、本節では『財政赤字の削減はやはり必要』というところに結論を持っていきたいわけだな」と予想するかもしれない。しかし、筆者は、財政赤字なんか別にどうでもよいと考えている。私たちが真剣に取り組むべき問題は財政赤字の削減そのものではなく、別のところにある。

人間以外の生物に財政赤字はない

図2-1に示したように、国債など政府が抱える債務である政府債務は今では一〇〇〇兆円を超えている。そこから政府が保有する金融資産を差し引いた政府純債務は、株式の評価額の高まりもあって最近やや頭打ち傾向にあるが、それでも五九〇兆円、GDPの一二三%に達している。OECD（経済開発協力機構）加盟国の中でこの水準を超えるのは、ギリシャだけである。毎年の財政赤字がこれまで累積した結果がこれである。この状況を何とかすべき

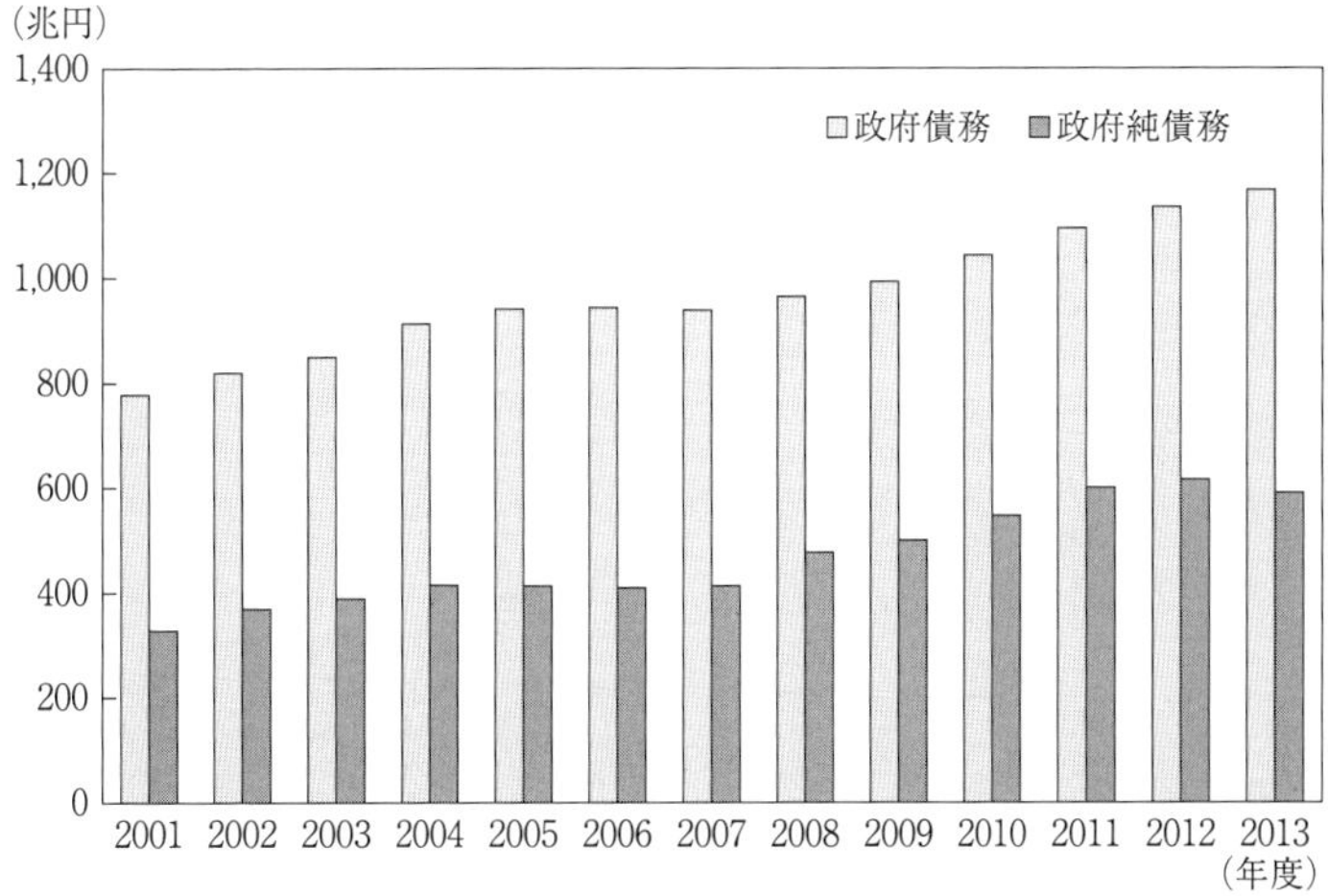

図2－1　政府が抱える金融債務の推移

注：一般政府ベースの年末値。政府純債務は政府債務から政府が保有する金融資産を差し引いた額。

出典：内閣府「国民経済計算」。

だというのが政府の主張であり、大方の経済学者もそのように考えるはずである。

しかし、筆者は最近、序章での議論の進め方からも推察されるように、経済学の問題を生物学的に考える癖がついている。人間も生物だからである。そして、生物学的に考えると意味のない、あるいは生物学的に意味を持たせようと思っても持たせられないものは、たとえ経済学にとって重要なテーマであっても、生物としての私たちの生活には大した問題ではない、というのが筆者の直感である。その直感から言うと、財政赤字もそれ自体としてはそれほど気にする必要はない。

というのも、生物の世界に財政赤字、あるいはそれに近い概念はおそらくないからである(何という乱暴な議論！)。現在の日本のように、財政赤字の問題に苦しんでいる動物などまず想像できない。ただし、財政の仕組みはあるかもしれない。アリやミツバチのように社会性の強い動物の世界では、富（栄養）の分配メカニズムがあるはずだが、それを広い意味での財政と考えてもよいかもしれない。しかし、財政赤字とか、それが将来世代の負担になるという話はおそらく存在しない。

生物のレベルで問題になるのは、その時点で生産された、あるいはそれまで蓄えられてきた富の範囲内で、自分たちが生きていけるか、そして、このままの過ごし方で子孫の繁栄を維持できるかということである。富の生産や蓄積が十分にあり、私たちの生活が十分に維持され、将来世代にも富が安定的に残されるのであれば、何の心配もない。

しかし、富の生産や蓄積が私たちの消費の増加に追いつかなくなると、将来世代に新たに残す富が減る。さらにそれが進むと、将来世代に残しておくべき富にも私たちは手を付けてしまう。これは、生物としての私たちの存在そのものに関わる危機的な状況である。このような、生物学的な整理——と言っても素人による随分乱暴な整理だが——をしたうえで、財政赤字の問題を考えてみよう。

違いはお金の支払い方だけ

政府が社会保障など公的なサービスを提供する場合、財源が必要である。その財源は、税や社会保険料という形で私たちから徴収される。これは、公的サービスを、私たちが税や社会保険料を出して消費していることを意味する。しかし、私たちが代金として支払った税や社会保険料だけでは財源が足りない場合、政府は不足分を私たちから借りる。これが財政赤字であり、その赤字分だけ国債（国の借用証書）が発行される。このとき、私たちは国債を購入するわけだが、その財源は私たちの貯蓄である。

したがって、税や社会保険料と国債発行との違いは、自分たちが所得のうち直接支払うか、それとも、貯蓄の中から支払うかという違いに帰着する。もちろん、税や社会保険料はその場で支払ってしまいだが、国債の場合は、将来それを現金に換えてもらえるという違いがある。しかし、政府は将来、その国債の償還のために増税をするので、将来世代はその増税分を負担しなければならない。その増税分は保有している国債を売却して支払えるので、私たちが国債を持っていてもフトコロには何の影響もないことになる。

このように考えると、財政赤字がなぜ問題にされるのか分からなくなってくる。極端なことを言えば、税や社会保険料を完全になくしてしまい、公的サービスをすべて国債発行で賄う、つまり、公的サービスの財源を所得から調達するのではなく貯蓄から調達しても別に問題はない。その対極として、政府が無借金財政という方針を貫徹し、公的サービスはすべて税や社会保険料で賄うという仕組みもあり得る。どちらにしても公的サービスの対価を支払うのは私たちであり、それを所得から直接支払うか、貯蓄から間接的に支払うかの違いしかないのである。

ただし、いわゆる行動経済学的な観点から見ると大きな違いがある。税や社会保険料は、汗水たらして得た所得から強制的に支払わされる。これに対して国債は、自分たちが所得から消費分を差し引いて残った分から、国にお金を貸すことを意味する。精神的には、後者のほうが楽である。お金を無理やり支払わされるのは嫌な気分になる。増税や社会保険料の引き上げより、国債発行が選ばれやすいのもそのためである。

もちろん、国債なんか買ったことも見たこともない、という読者が大半だろう。個人が国債を購入することはまだまだ少ない。しかし、銀行や郵便局は私たちの預貯金を原資にして国債を購入しているので、私たちはやはり貯蓄の少なくない部分を国債という形で保有している。この場合、国債や財政赤字は私たちにとって遠い存在になる。

だからこそ、私たちは増税や社会保険料の引き上げには敏感に反発するものの、国債発行や財政赤字には無関心となりがちになる。図2-1に示した政府純債務の累積も、私たちのそうした気持ちを反映した政策選択の結果と言える。私たちは、公的サービスのかなりの部分を、税や社会保険料という形でではなく、貯蓄の中から、しかも負担をあまり意識しないで支払うというスタイルを選択してきたのである。もちろん財務省にとっては迷惑この上ない選択だが、その選択自体が悪いとは必ずしも言えない。

消費税増税で問題を解決できるか

以上の説明を踏まえて、近年問題になっている消費税増税について考えてみよう。現在その是非が検討されている消費税増税のかなりの部分は、現行の社会保障給付のうち、本来であれば消費税の増税で調達されるはずなのに、政府が国民の反発を恐れて増税できず、国債発行で賄ってきた分の穴埋めに費やされる。確かに、そうした消費税増税によって、国債発行分は削減される。しかし、それで状況は変わるのだろうか。残念ながら、答えは「ノー」である。その点は、つぎのように説明できる。

具体的なイメージを思い浮かべられるように、消費増税が行われる前に、私たちの世代は一世帯当たり年間五〇〇万円の所得を得ていると仮定してみる。私たちは、この五〇〇万円から税や社会保険料を支払い、年金などの現金給付を受ける。政府とのそうしたお金のやりとりをして手元に残ったお金（それを可処分所得という）を元手にして、私たちは買い物をする。その買い物をしてもなお残るお金が貯蓄である。ここでは、その貯蓄が一〇〇万円であったと仮定してみよう（数字は仮置きだが、別の数字を想定しても以下の議論に影響はない）。

政府は、財政赤字に直面しているとする。というのは、家計からは税や保険料を徴収するものの、それだけでは社会保障給付など公的なサービスの財源を賄えないからである。政府はそのため、一世帯当たり一〇万円の国債を発行し、私たちからお金を借りていると想定する。一〇万円が財政赤字になっている。このとき、私たちは、一〇〇万円の貯蓄のうち一〇万円だけ国債を購入することになる（「国の借金は家計の資産」という言葉が示す状況）。

将来世代は、この一〇万円の国債を私たちの世代から資産（遺産）として受け継ぐ。しかし、政府は、その国債の償還のために将来世代に一〇万円だけ増税しなければならない。将来世代は、保有している国債を現金に換え、それで増税分を支払うだろう。そうなると、将来世代にとって、私たちから国債という資産を受け取っても、そのまま手元から離れてしまい、自由に使えるお金は一円も増えないことになる。将来世代が自由に使えるのは、私たちが行った貯蓄一〇〇万円のうち国債という形をとっている一〇万円分を差し引いた九〇万円に限られる。

さて、ここで政府が消費増税を行ったと想定してみよう。政府は、社会保障給付など公的なサービスの水準を維持したまま、世帯当たり一〇万円分の消費税増税を行ったとする。増税の結果、政府はそれだけ国債の発行を減らすことができる。このとき、私たちは消費を増税前の水準で維持できるだろうか。私たちは消費税増税の一〇万円を政府に新たに支払う必要があるが、その一〇万円分だけ貯蓄を減らせば、消費水準を落とす必要はない。このとき、貯蓄は一〇〇万円から九〇万円に減少することになる。しかし、「そんなことをすれば、将来世代に残す資産が一〇万円減少する。彼らがかわいそうではないか」と読者は思うかもしれない。しかし、その心配は不要である。

というのは、政府は増税のおかげで国債発行額を一〇万円削減できる。したがって、将来世代が私たちの世代から受け継ぐ国債という資産はそれだけ減るが、その一方でその分だけ増税も逃れるので、フトコロへの影響は何もない。将来世代が自由に使えるのは、増税後も増税前と同じく九〇万円でまったく変化はない。

このように考えると、「将来世代に回るツケを減らすために消費税増税が必要だ」という主張が眉唾物であることが分かる。確かに、増税分だけ国債発行が減るので、将来世代はその償還のための増税から解放される。しかし、私たちが増税に直面しても消費水準を引き下げなければ、貯蓄が減少する。その貯蓄の減少分と、増税から解放される分がちょうど相殺されるので、将来世代は何の影響も受けないことになる。私たちも、将来世代のことを心配せずに貯蓄を減らし、消費水準を維持することができる。

つまり、将来世代にとって重要なのは私たちが貯蓄した分から国債発行分を差し引いた九〇万円なのだが、その額は消費税増税によって変化するわけではない。したがって、消費税増税は経済や私たちの生活に何ら影響を与えない。読者は、筆者がかなり極端なことを言っているという印象を受けるだろう。よく耳にする経済学者の主張ともかけ離れている。財政赤字は問題ではない、増税なんかしても意味がない、と言っているからである。

実際、これまでの消費増税の経験から見ても、増税前に駆け込み需要が発生し、増税後にその反動で消費は大きく落ち込んでいる。これは、人々の行動が消費増税によって影響を受けたからではないか、という反論も当然出てこよう。しかし、消費は品物を購入した時点が前倒しされただけである。また、私たちは増税前に支出したので増税分を政府に支払っていないし、その結果、貯蓄も減らしていない。そして、政府も増税で期待していたようには税収が増えず、したがって国債発行を削減できない。だから、将来世代から見れば、増税前と状況はそれほど変わらない。

第一章でも触れたように、政府が定められた財源を国債で調達しても、税で調達しても同じだということは、財政の「中立命題」としてよく知られている。この中立命題がきちんと成立するためには、いくつかの前提が必要になる。しかし、一〇〇％成立しないとしても、「将来世代にツケを回さないために財政赤字削減が必要だ」といった類の主張はかなり割り引いておいたほうがよい。問題はもっと別のところにある。

右の議論からも示唆されるように、問題は公的サービスの財源調達の方法をどうするかではない。重要なのは、私たちが将来世代にどれだけの富を残せるか、なのである。第一章では、「国民貯蓄」という概念を登場させた。これは、民間と政府を合わせた国全体で、どれだけのお金が消費されずに残されているかという概念である。この国民貯蓄こそが、将来世代にどれだけの富を残せるかを示す指標である。そして、民間企業の工場や機械設備、政府の整備した社会的インフラのメンテナンスのための費用(固定資本減耗)を差し引いた、ネット・ベースで考えると、国民貯蓄は一九九〇年をピークに減少を続け、現在ではほぼゼロになっている。

私たちは将来世代に富を残さず、このままでは将来世代に残してきた富を自分たちのために取り崩そうとしている。この状況は、経済学的というより生物学的である。出生率が低い水準で推移し、人口減少が続けば、モノやサービスを生産する人が減り、消費する人が増える。だから、経済全体の生産と消費のバランスが崩れ、将来世代に回す分も食べてしまおうとしているのが現在の私たちである。

生産と消費のバランス回復が必要

このきわめて生物学的な状況に対応するためには、増税や財政赤字削減といった経済学的な処方箋では力不足であり、いわば生物学的な対応が必要である。具体的に言えば、生産と消費のバランス回復が求められる。そして、問題となる変数は消費と生産という二つなのだから、とるべき政策の方向性も消費を減らすか、生産を増やすかの二つしかない。きわめて単純明快である。

まず、第一の政策について考えてみよう。この政策は、私たちが購入する公的サービスの水準を全体として削減し、私たちの消費を減らすことである。これまでの議論では、公的サービスの水準は一定という仮定を置いていた。この前提がある限り、公的サービスの財源調達の方法をどう修正しても状況に変化がない。しかし、公的サービスの水準を引き下げればどうか。当然ながら、将来世代に残す富は増える。

ところが、この方法は、社会保障給付を削り、私たちの生活水準を引き下げることを意味する。その政策の実行可能性は、私たちが将来世代のことをどこまで大事に思っているかに大きく左右される。私たちは、自分たちの生活水準を維持することが将来世代にどのような影響を及ぼすか、思いをめぐらしたことがあるだろうか。これまでは、そんなことを考える必要はなかった。しかし、まことに残念なことながら、私たちは自分たちの幸せと将来世代の幸せがトレードオフの関係にあるという時代に生きている。

もう一つの政策は、社会が富を生産する力を高めることである。平均余命が長くなり、高齢者の健康状態が改善しているとすれば、高齢者にもっと働いていただく必要がある。働く人が増えれば、社会の扶養力は高まるからである。さらに、社会全体の生産性を高めることである。そのためには、日本がこれまで手薄だった、教育に対する公的支援を大幅に拡充し、人的資本の蓄積を強化することが最も効果的である。

生産する力を高めるということは、生産されたモノをできるだけ多くの人が購入してくれるかに大きく依存する。ところが、国内市場は人口減少の影響を受けてあまり拡大しないから、生産された財を国内で消費させるだけでは限界がある。生産力の引き上げは、国際市場でどれだけ日本の製品が競争力を持つかに依存する。自然資源に乏しい日本で競争力を高めるためには、人的資本の蓄積しか有効な方法はない。

2 「消費税は逆進的」を問い直す

消費税と言えば逆進性

消費税は、まことに評判が悪い。日本の消費税の税率は、先進国の中では例外的に低い。では、日本はその分だけ所得税が重いのかと言われると、そうでもない。社会保険料も、先進国の中では平均的な水準である。しかし、社会保障給付の水準は諸外国と比べて遜色ない。こんなアンバランスな仕組みは、そもそも成立していること自体がおかしい。だからこそ、日本は先進国で最大の財政赤字を抱えている。

消費税増税はそうした文脈の中で出てきている話だが、ここでは、消費税と言えば条件反射のように出てくる「逆進性」について考えてみる。逆進性とは、所得が低いほど負担が重くなるという状況である。所得が高く、税金を納める能力がある人ほど税金はたくさん払ってもらうべきだというのが、常識的な考え方である。これが「応能原則」だが、消費税はその原則に反している。

消費税は、食料品など生活必需品にもかかる税だが、生活必需品に対する支出が所得に占める割合は低所得層ほど高い。だから、消費税は低所得層ほど税負担が重くなる。こんな税を許してはいけない、といった意見はよく耳にするし、説得的である。そのために、消費税率を引き上げるとしても、食料品など生活必需品に対する税率を低めにするなど、低所得層への配慮が必要だという主張が出てくる。

生活必需品にこそ高い税率を？

ところが、経済学、とりわけ財政学の教科書を読むと、生活必需品にこそ高い税率をかけるべきだ、という、常識に真っ向から対抗するような説明が出てくる。その説明は、経済学ならではのものだが、つぎのような理屈である。

今、ある特定の品物だけに消費税をかけるとしよう。消費税をかけると、その品物の価格が高くなる。そうすると、その品物に対する需要が減少する。これは、政府から見ると困ったことである。政府は消費税で税収を稼ごうと狙っていたのに、売れ行きが落ちて、思ったほど税収が得られなくなるからである。こうした結果になりがちな品物としては、どのようなものがあるだろうか。「今すぐに買わなくても特に問題はない」「値上がりしたから買わないでおこう」と思ってしまう品物だから、贅沢品がそれに当たる。

一方、値上がりしてもそれほど買い控えできない品物ならどうか。消費税がかかっても、需要はそれほど落ちない。そうすると、政府も税収をしっかり集めることができる。需要があまり落ちないから、効率的に税収が得られるわけである。そして、まさしく生活必需品こそこのタイプの品物である。

このように考えると、人々の購入行動に与える影響を最小限にし、最も効率的に税収を稼ぐためには、「贅沢品ではなく生活必需品にこそ高い税率をかけるべきだ」ということになる。もう少し専門的に言うと、値上がりしても需要があまり減少しない商品――それを経済学では「需要の価格弾力性が低い」商品という――ほど、税率は高く設定すべきだ、ということになる（弾力性とは、感応の度合いのことである）。これは、ラムゼーという経済学者が九〇年ほど前に打ち立てた命題で、「ラムゼーの逆弾力性の命題」と呼ばれている。

効率性と公平性のバランス

このように書くと、「経済学はなんと常識外れな発想をするのか」とあきれてしまう読者も多いだろう。これは、経済学が、できるだけ不平等を少なくするにはどうすればよいかという「公平性」の観点だけでなく、人々の行動にできるだけ歪みをかけず、資源を効率的に配分するにはどうすればよいかという「効率性」の観点を合わせ持っているからである。公平性の観点はほかの学問分野でもよく顔を出すが、効率性が顔を出すのは経済学だけである。だから経済学は目立ってしまう。

この「ラムゼーの逆弾力性の命題」で説明できる代表的な例は、タバコ税である。タバコ税は売値の六割以上を占める。そこまで高い税率が設定されるのは、値上がりしてもなかなか禁煙できないという点で、タバコが需要の価格弾力性がきわめて低い商品だからである。税率をどんどん釣り上げても、買う人は買う。だから、税収もしっかり入る。健康にとって害悪以外の何物でもないタバコが、公然と売買されているのはそのためである。国税庁にとっては捨てがたい税源である。

効率性という観点を全面に出すと、生活必需品にこそ高い税率をかけよということになるが、実際には、いくら経済学者でもそんなことは主張しない。なぜなら、経済学者は、効率性だけでなく公平性の観点を同時に重視するからである。公平性の観点から考えると、生活必需品ほど高い税率をかけるべきだというわけにはやはりいかない。所得の低い層に迷惑がかかるからである。この点では、経済学の考え方は一般的な発想とまったく同じである。しかし、この考え方だけを前面に出して制度を設計すると、人々の行動が税制によって変化し、思ったように税収が上がらず、政府の支出を賄う財源が確保できないという問題が出てくる。先ほどの説明の通りである。

そこで、経済学は効率性の観点と公平性の観点のバランスをとろうとする。効率性の観点からは生活必需品ほど税率は高く、公平性の観点からは逆に生活必需品ほど税率は低く、ということであれば、その真ん中をとって、すべての商品に一律の税率をかけたほうがよいではないか、という発想が生まれるわけである。税率を品物によっていちいち変えるのは、実務的にも面倒極まりない。

複数税率は是認できない

しかし、公平性の観点からしかものを考えない、あるいは効率性のことはあまり重視しない人のほうが世の中には圧倒的に多い。だから、右に書いたような説明をすんなり納得する読者はあまりいないと思う。「税率が一律だと、やはり逆進性が残るではないか」、と。

確かにその通りなのだが、この点をもう少し突っ込んで考えてみよう。今、低所得層を支援するために生活必需品の税率を低くしたとする。低所得層は歓迎するだろう。しかし、食料品を考えれば分かるように、生活必需品は高所得層も購入している。だから、生活必需品の税率を引き下げることは、低所得層を支援するだけでなく、高所得層も支援することになる。もちろん、それについて高所得層は反対しないだろう。しかし、これは、政策のあり方としてまずい。高所得層の負担を軽減するくらいなら、そのお金で低所得層をもっとしっかり支援できたはずだからである。

ヨーロッパでは、日本の消費税に相当する付加価値税の税率が平均で二〇％に達しているが、食料品の税率が低く抑えられるなど、複数税率が普通になっている。この背景には、付加価値税を導入する前の物品税の税率がすでに商品によって異なっていたという経緯もある。しかし、それ以上に、税率を全体として引き上げる際、食料品の税率は低めにすることでその反発を回避できるという事情があったのだろう。

しかし、このような複数税率の仕組みが人々の経済的便益から見て望ましくないことは、経済学の世界ではすでに一般的な認識になっている。イギリスを代表する経済学者の一人で、ノーベル経済学賞を受賞したマーリーズ教授が中心になって二〇一〇年にまとめた『マーリーズ・レヴュー』という報告書は、この問題を正面から議論している。低所得者に対する支援策としては、付加価値税に複数税率を設定するよりも、所得税の仕組みなどを改め、低所得層には税額を還付するなど、より直接的な方策を講じるほうがはるかに効果的だというのが、この報告書の重要なメッセージとなっている。

消費税や付加価値税の税率の構造を調整することによって、高所得層から低所得層への所得再分配を行う、というアイデアは途上国の発想なのである。途上国では、人々に得られた所得から税を収めさせるという、先進国では当たり前の仕組みが十分整備されていない。所得税の仕組みが整備されていなければ、消費税のような間接税の徴収の仕方を工夫しないと所得の再分配がなかなか進まない。

ところが、日本のような先進国では所得税の徴収の仕組みはしっかりしているので、所得再分配は所得税に累進性を持たせることで十分対応できる。理論的にも、所得税という仕組みがあるのであれば、消費税の税率を一律にしてもあまり問題がないことがすでに示されている。

さらに言うと、消費税の税率を調整することで再分配を効率的に行うためには、所得階級によって消費の構造がかなり異なっていなければならない。ところが、日本では、会社の社長や役員も平社員と同じ食堂でお昼ご飯を食べることも普通だし、携帯用端末は所得とはあまり関係なくほとんどの人が持っている。このように、消費支出の構造が異なる所得階級の間で大きく違わない場合、消費税の税率を少々調整しても所得再分配効果はあまり発揮されない。

このように説明すると、「確かにそうかもしれないが、所得の高い世帯ほど支出が多い品目に高い税率をかけたらどうか」という提案が出てくるかもしれない。では、高所得層と低所得層の間で支出のウェイトが著しく異なる品目とは具体的に何か。総務省「家計調査」などで調べてみると、なんと教育費が最も階層性の高い支出項目の一つになっている。ここでいう教育費には、義務教育は無料なので含まれない。含まれているのは、学校の授業料のほか、塾や習い事、家庭教師など、学校外の教育費である。筆者は家計支出の日韓比較を行ったことがあるが、韓国では教育費の階層性は日本ほど高くない。所得が低くても子供の教育にはお金をかけるというのが韓国だが、日本の低所得層は子供の教育からすでに手を引いている。

食料品の税率は低くすべきだ、という主張を押し通すなら、教育費には平均よりも高い税率を設定せよと主張してもよさそうである。金持ちほど教育にお金をかけているのだから、当然であろう。しかし、そんなことを言い出す人はあまりいない。

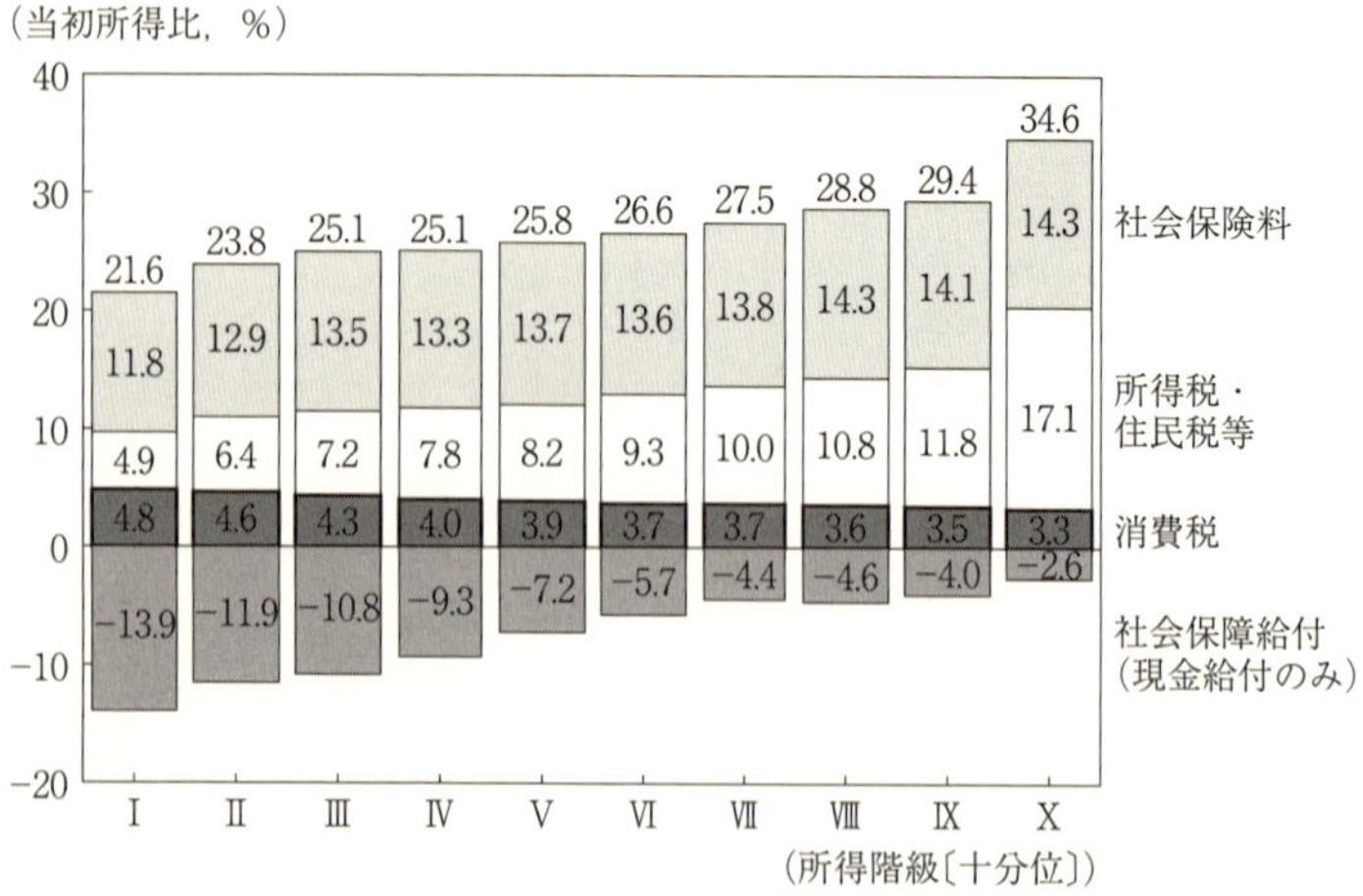

図2－2　消費税の逆進性はどこまで問題か（2013年，消費税5％）

注：2人以上の世帯のうち勤労者世帯。当初所得＝実収入－社会保障給付。
出典：総務省「家計調査年報」（2013年）より作成。消費税負担は大まかな推計。

消費税の逆進性は十分吸収できる

それでは、私たちは実際にどのような形で消費税の逆進性に直面しているのだろうか。消費税率は二〇一四年四月に八%に引き上げられたが、本書の執筆段階ではデータがまだ出揃っていないので、税率が五%だった二〇一三年のデータに基づいて、その様子を大まかに見ておこう。

図2－2は、総務省「家計調査」の二〇一三年（暦年）のデータに基づき、二人以上で構成される世帯を一〇の所得階級に分けて、消費税のほか所得税・住民税等や社会保険料、そして、年金など社会保障給付（医療給付など現物給付は除く）が、そうした項目を控除したり加えたりする前の所得、つまり当初所得に対してどれくらいの比率になっているかを比較したものである。ただし、消費税の負担額は「家計調査」からは得られないので、消費支出の一〇五分の五を消費税の負担額として

大まかに計算している。

この図から分かるように、確かに、消費税の所得に対する比率は低所得層ほど高くなっている。最も所得が高い第Ⅹ階級で三・三％になっているのに対して、最も所得が低い第Ⅰ階級では四・八％となっており、差し引きすると一・五％ポイントだけ第Ⅰ階級の負担率が高めになっている。これがまさしく、消費税の逆進性である。しかし、これだけでは、その程度が大きいのか小さいのか評価しにくい。

そこで、所得税・住民税等に目を移すと、その負担率は、第Ⅰ階級の四・九％から第Ⅹ階級の一七・一％へと、所得水準が高まるとかなり高くなる。差し引きすると、一二・二％ポイントの累進性である。つまり、消費税の逆進性は所得税の累進性に比べるときわめて小さく、後者によって簡単に相殺できることが分かる。

一方、社会保険料の所得に対する比率は、所得階級間でそれほど変わらず、所得が高いとむしろ負担率が頭打ちになっている。しかし、低所得層に比べると、高所得層の負担が若干重めになっており、それだけで消費税の累進性をほぼ相殺している。さらに、社会保障給付を見ると、第Ⅹ階級では当初所得の二・六％にとどまっているのに対して、第Ⅰ階級では一三・九％に達している。低所得層ほど手厚くなっている。

この図から何が言えるか、ほとんど明らかだろう。消費税には確かに逆進性があるが、それだけを取り出して議論してもまったく意味がなく、むしろミスリーディングだということである。消費税の逆進性は、消費税以外のところで完全に相殺されている。もちろん、消費税の税率を引き上げれば、その逆進性は高まる。それでも、その度合いは過度に心配するほどのものとは言えない。

見直すべきは社会保険料

しかし、そのように説明すると、「筆者は、問題をごまかしている。消費税の税率を高めれば逆進性はやはり高まるではないか」という反論が出てくるはずである。その反論にも正しいところがある。しかし、その場合でも、逆進性の緩和は消費税に複数税率を設定して目指すのではなく、消費税以外の部分で行うのがはるかに効果的だという立場を筆者はとる。

具体的にはどうすればよいか。高所得層の限界税率を引き上げ、所得税や住民税の累進性を引き上げる、というのが一つの方法である。実際、これまでの税制改革は、税制の効率化・簡素化を目指して、税の累進性を緩めてきた。それを少し元に戻すというのは真っ当な改革であろう。

しかし、第四章で詳しく論じるように、貧困化が大きな社会問題になっていることを考慮に入れるとどうか。低所得層に対して、より直接的な支援を行うことも同時に検討すべきだろう。特に注目したいのは、社会保険料の負担の重さである。図でも明らかなように、社会保険料の所得比は、低所得層でも高い。これは、低所得層のかなりの部分を占める非正規労働者や自営業者が支払う保険料に定額の部分があるからである。国民健康保険の保険料には、家族数に比例する部分もある。給与に比例する形で支払われている被用者保険の保険料に比べると、こうした仕組みは低所得層の負担感を重くしている。

しかし、社会保険料を苦しみながらでも支払える低所得層はまだ幸せである。負担があまりにも重くて、社会保険料を支払えない人々が無視できない厚みの層を形成しつつある。しかも、社会保険という仕組みは、保険料を支払わない人を給付の対象から外してしまう、いわば「会員制」の仕組みである。社会保険には、社会保険料も支払えないほどの、支援を最も必要とする人たちを支援しないという、どうしようもない限界がある。それに比べれば、消費税の逆進性の問題はたいしたことはない。

確かに、消費税には逆進性がある。しかし、その逆進性は、所得税などその他の仕組みで十分吸収されている。税率引き上げが低所得層に及ぼす影響を心配するのなら、税率の調整ではなく、低所得層だけをターゲットにした、直接的な支援策を講じるべきである。そして、低所得層が社会保険というセーフティ・ネットの仕組みから排除される状況をどう改めるかという問題のほうが、消費税の逆進性よりはるかに重要なのである。

日本の消費税は、あまりに政治的な争点になってしまった。税率の引き上げのためには、内閣を一つ潰すか、総選挙の実施を必要とするほどになっている。もっと冷静に議論すべきだと思うが、消費税はこれからも政治的に利用され、私たちはそれに踊らされ続けるのかもしれない。

3　社会保障が左右する日本の財政

抜け落ちる社会保障

年末になると、来年度の予算編成をめぐる記事がメディアを賑わすことになる。報道の中心は国の一般会計予算の話であり、赤字国債の新規発行額が何十兆円になったとか、累積赤字がどうだとか、要するに、財政が大変苦しい状況であることは何となく分かる。そして、政府が財政健全化を目指していることも一般的な認識になっているはずである。

日本の財政論議の中でしばしば耳にするのが、「国と地方を合わせた基礎的財政収支の黒字化を目指す」という言葉である。このうち、基礎的財政収支（プライマリー・バランス）とは、社会保障や公共事業などの政策経費を、税収や税外収入でどの程度賄えるかを示すものである。

政府の支出のうち公債費（国債の元本返済や利子の支払いに充てられる費用）は過去の政策を反映したものだから、今さら動かすことはできない。だから、その分を除いた財政収支に注目し、財政収支が拡大を続けるような構造になっていないかをチェックするわけである。

具体的な数字を見ると、国と地方を合わせた基礎的財政収支は、二〇一五年度の当初予算ベースで一五・四兆円、名目ＧＤＰ（国内総生産）の三・〇％の赤字になると見込まれている。政府は、この基礎的財政収支を二〇二〇年度に黒字にすることを財政健全化目標として打ち立ててきた。

ところが、内閣府の試算（「中長期の経済財政に関する試算」、二〇一五年七月）によると、二〇二〇年度で六・二兆円、名目ＧＤＰの一・〇％に相当する赤字が残る。財政健全化は必要だが、経済再生のためには思い切った増税はできず、歳出もなかなか削れない。その結果、基礎的財政収支の黒字化が実現するのはもう少し先になる――というのが、「アベノミクス」を反映した現在の財政運営のスタンスの帰結である。

しかし、ここで議論したいのは、この基礎的財政収支のことではない。むしろ、「国と地方を合わせた」という限定句のほうである。そう言うと、読者は、国全体の財政を見る場合、国（中央政府）だけでなく、地方（地方自治体）も合わせて見るのは当然ではないかと思うかもしれない。

確かにその通りなのだが、「国と地方を合わせた」という括りでは、財政全体の動きが十分把握できない。しかし、国と地方以外のところにも財政が存在すると言うと、読者はさらに混乱するかもしれない。

実は、社会保障をめぐるお金の動きは、国・地方という形で財政をまとめてしまうと、かなりの部分が抜け落ちてしまうのである。そのために、社会保障が財政に及ぼす影響が過小評価されることになる。この点は、あまり認識されていないと思われる。

そこで本節では、話がややテクニカルになることを承知のうえで、財政における社会保障の重みをどうすれば正確に把握できるかという問題を取り上げてみよう。

「国と地方を合わせた」という意味

確かに、国の一般会計には社会保障関係費が重要な経費の一つとして計上されている。実際、二〇一五年度予算では三一兆円を超え、一般会計歳出の中では国債費を上回ってトップの座を占める。ほかの経費はかなり削られてきたが、社会保障経費は毎年一兆円規模の自然増が見込まれており、国の財政に占める比率を高め続けている。このように、社会保障は国の財政に大きな影響を及ぼしている。

しかし、ここで注意すべきなのは、国の一般会計に計上されている社会保障関係費は、基礎年金の国庫負担部分や社会保護費など、一般財源によって賄われる分だけだ、という点である。年金や医療・介護など社会保障給付費は全体で一一〇兆円前後なので、国の一般会計にはその三割程度しか顔を出していないことになる。

同様に、私たちが納める社会保険料は、国の一般会計に歳入として計上されない。計上されるのは保険料ではなく、税のほうである。同じようなことは、地方についても言える。地方自治体の予算にも、自治体が負担する社会保障関係費しか計上されないし、社会保険料も歳入に含まれない。

つまり、「国と地方を合わせた」という形で国の財政を括ってしまうと、社会保障をめぐるお金の動きのかなりの部分を把握できなくなるのである。実際、私たちの納める社会保険料は六〇兆円前後に上っているが、それは、「国と地方を合わせた」財政収支には、少なくとも直接的には顔を出していない。また、国と地方から支出される社会保障関係の費用は四〇兆円弱だが、これも社会保障給付全体の一一〇兆円から見ると半分にも満たない規模である。

社会保障をめぐるお金の動きは、ほかの政府支出と比べてはるかに大規模なのである。「社会保障のお金を削るくらいなら、無駄な行政経費を削れ」とか、「公共事業のお金を社会保障に回せ」といった主張をよく耳にする。しかし、そうした工夫で浮いたお金を少しぐらい積み上げても、社会保障が財政全体に及ぼすインパクトには到底太刀打ちできないのである。

それでは、なぜ政府は「国と地方を合わせた」という形で財政の話を限定してしまうのだろうか。日本では伝統的に、財政の話は財務省（旧大蔵省）と総務省（旧自治省）が担当してきた。社会保障関係のお金の出入りは、もちろん、国や地方の予算に関連する部分には彼らも注目するが、それ以外は

「私たちの管轄外です。厚生労働省（旧厚生省）の担当です」という縦割り的な発想があったのだろう。その発想は、どうやら今でもしっかり生きているようだ。財務省・総務省にとってきれいにしたいのはあくまでも「自分の庭」である。メディアもそれに追随し、財政健全化を議論する場合も、「国と地方の」基礎的財政収支が云々という形で相変わらず報道している。ところが、少子高齢化が進むと、社会保障をめぐるお金の出入りが国全体の財政収支に大きな影響を及ぼすことになる。しかし、その影響を正確に検討する場は、政府によって積極的には提供されていないことになる。これは、よく考えてみると危険とも言える状況である。

社会保障基金という概念

それでは、社会保障をめぐるお金の動きの全体像は何を見れば分かるのだろうか。予算制度に詳しい読者なら、「特別会計の数字を見ればよい」と答えるだろう。確かに、年金や医療など、社会保障は制度ごとに特別会計を持っている。しかし、特別会計はとても複雑な仕組みであり、全体としてのお金の動きを把握することは素人では無理である。

社会保障をめぐるお金の動きは、内閣府が公表している国民経済計算、いわゆるＧＤＰ（国内総生産）統計を見れば、簡単に分かる。国民経済計算では、政府を中央政府（国）、地方政府（地方自治体）、そして社会保障基金という三つの部門に分類し、それら三部門を合わせて一般政府と呼んでいる。ただし、ここで言う社会保障基金は実在する公的機関でなく、あくまでも統計上の概念であることに注意されたい。

社会保障関係のお金の出入りは、このうち社会保障基金の数字を見れば把握できる。内閣府が社会保障関連の特別会計の細かな数字を、この社会保障基金の収入・支出の各項目にコンパクトに整理してくれているからである。そこでは、保険料収入は社会保障基金の収入となり、社会保障給付はすべてこの基金からの支出として処理されている。

また、国庫負担は、中央政府（国）から見れば支出項目だが、社会保障基金にとっては収入項目になっている。しかも、それは一般政府の部門間の所得移転に過ぎないから、一般政府全体で見ると相殺される。例えば、国庫負担が増えることは、それを収入として捉える厚生労働省にとってみればありがたいが、支出でしかない財務省にとっては困ることだろう。しかし、財政全体で見れば、そうした省庁間の利害対立にほとんど意味がないことが分かる。社会保障を含め、財政運営が全体としてうまくいっているかどうかは、社会保障基金を含めた一般会計の収支を見る必要がある。「国・地方の」財政収支を見るだけでは十分でないのである。

同じことは、フロー・ベースの財政収支だけでなく、ストック・ベースの政府債務についても言える。毎年の国債発行の結果、政府の借金残高である政府債務は大幅に累積し、「国と地方を合わせた」金融純債務は、二〇一三年末で七九四兆円に達している。ところが、社会保障基金には二〇四兆円の金融純資産が保有されている。社会保障基金を含み、一般政府という形で政府全体の金融純債務を計算すると五九〇兆円になる。政府の借金残高は一回り小さくなるわけである。

ついでに言うと、社会保障基金が保有している資産には、年金積立金が大きな部分を占めている。しかも、その年金積立金のかなりの部分は国債という形をとって運用されている。つまり、政府は自分が発行した国債の一部を自分で購入し、運用している。国債は財務省にとっては借金であり、ないほうがありがたいが、年金を担当する厚生労働省にとっては資産であり、大事な運用手段である。性格は省によって大きく異なるが、政府全体で見れば相殺されてしまう。

赤字に転じている社会保障財政

もちろん、霞ヶ関の優秀な官僚たちが社会保障基金という概念を知らないはずはない。しかし、とりわけ財務省（旧大蔵省）の人たちはこれまで、この社会保障基金を財政収支の議論から意図的に排除してきた。というのは、社会保障基金は二〇〇〇年前後まで黒字を続けてきたからである。

筆者が、この社会保障基金、そしてそれを含む広義の政府を意味する、一般政府という概念を知ったのは、一九八〇年前後の大学生時代であった。当時は、第二次石油危機の影響で日本経済が深刻な不況に陥り、景気対策として財政発動を求める声が内外で強まっていた。大蔵省は当然ながら抵抗し、「今の財政には、お金を出す余裕はありません」と、財政収支の悪化を指摘していた。

私が大学で経済学を教わっていた故・内田忠夫教授は、当時の日本を代表するケインジアンの一人だったが、こうした大蔵省の見解に反論し、「財政赤字は心配しなくてよい。社会保障基金は黒字だから、一般政府全体で見ると日本の財政赤字はかなり小さい。財政発動は十分可能だ」と授業で自論を展開していた。筆者はここで、社会保障基金、一般政府という概念を初めて知った。いずれも、財政学の教科書ではあまり顔を出さない概念であり、財政をめぐる実際の議論で初めて登場する性格のものである。

日本人の平均年齢は当時まだ低く、高齢者向けの社会保障給付を十分上回るだけの保険料収入を現役層が拠出していた。したがって、内田教授が指摘するように、社会保障基金は黒字を安定的に計上していたのである。そのために、財政発動する余裕はあるという主張も生まれてくる。だからこそ、少しでも財政収支の悪化を強調し、財政健全化を主張したい大蔵省としては、黒字の社会保障基金を財政に含めるのは避けたいところだったと思われる。

筆者は大学卒業後、経済企画庁（現内閣府）という役所に入った。経済企画庁はどちらかというとケインジアン的発想をする役所であり、財政再建を目指す大蔵省には気に食わない存在である。役所間で文書をまとめる折衝の際にも、大蔵省の担当者が財政収支に黒字の社会保障基金を含めることに頑強に反対していたことを思い出す。

当時の社会保障基金の黒字は、安定的な保険料収入を反映したものだが、大蔵省の担当者は、「保険料は将来給付としてそのまま支出されるのだから、社会保障基金の黒字を財政黒字とみなしてはダメだ」と主張していた。

ところが、事態は大きく変化している。図2-3に示したように、一九九一年度には一三兆円まで黒字を計上した社会保障基金の収支（国民経済計算では、「純貸出／純借入」という項目で計上される）は、その後悪化傾向を強め、二〇〇七年度以降は赤字が定着している。

その背後に、高齢化という長期的な変化があることは説明を要しない。高齢化によって、年金を始めとする社会保障給付が急ピッチで膨らんでいる。それに連動する形で、（社会保障基金にとっては収入

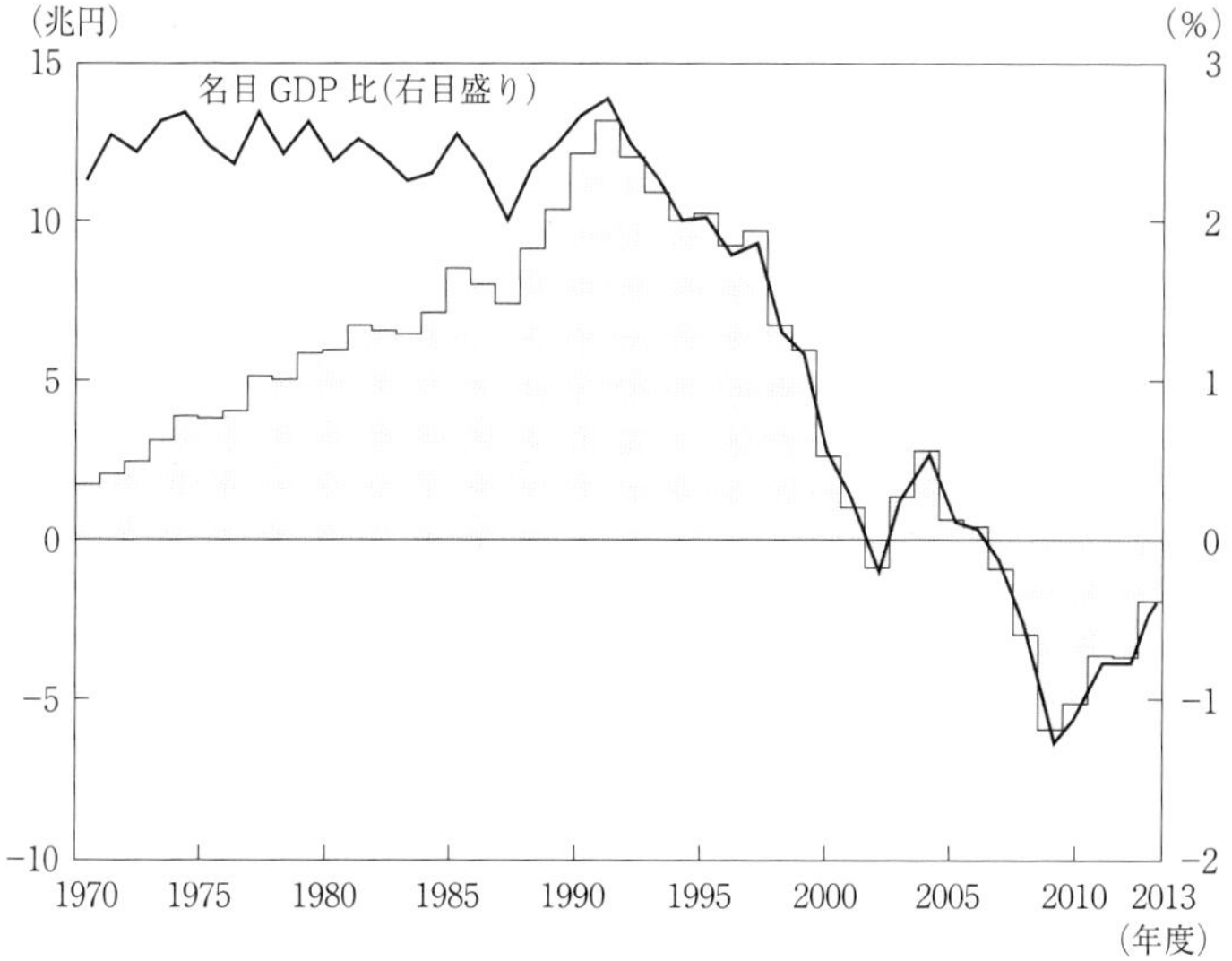

図 2－3　悪化する社会保障基金の収支

出典：内閣府「国民経済計算」。

となる）国庫負担も増加していく。しかし、現役層の相対的な減少や景気の長期低迷を反映して、保険料収入はあまり増加しない。したがって、社会保障基金の収支は悪化の道を辿ることになる。さらに、国庫負担の拡大に直面した「国と地方」も、その財源調達のために税負担を引き上げてきたわけではない。その結果、財政赤字が拡大し、政府の債務残高が膨らむことになる。

このように考えると、財務省が財政健全化の重要性を強調したいのであれば、すでに悪化している社会保障基金の収支を財政収支に含めたほうが戦略として望ましい（もちろん、それを財務省にわざわざ指摘する必要はないが）。

社会保障が左右する財政収支

私たちにとって重要なのはむしろ、社会保障基金の収支に目を向けず、「国と地方を合わせた」基礎的財政収支に注目するだけでは、社会保障の財政への影響が過小評価されてしまう――ということである。政府が現時点においても「国と地方を合わせた」財政収支に注目し続け、社会保障基金を含む一般政府の財政収支に目を向けないことを、私たち国民の立場から正当化する理由は、筆者には思い浮かばない。

バブル経済が頂点を迎えた一九九〇年度から二〇一三年度にかけて、一般政府の財政収支は、一一・五兆円の黒字から三六・七兆円の赤字へと、四八・二兆円も悪化している。これに対して、社会保障給付費は一九九〇年度から二〇一三年度にかけて四七・二兆円から一〇八・六兆円へと六一・四兆円増加した。高齢者向けの社会保障給付費に限定すると、二七・九兆円から七四・一兆円へと四六・二兆円増加している。

これらの数字のレベルを比較すれば分かるように、ここ二十数年間における日本の財政収支の長期的な悪化傾向は、社会保障給付、とりわけ高齢者向けの社会保障給付費の増加によってかなりの部分を説明できる。

もちろん、財政収支は景気循環にも大きく左右される。景気が良ければ税収や社会保険料収入が増加して収支は改善するし、景気が悪くなれば逆になる。しかし、社会保障給付はそうした景気循環に関係なく、人口の高齢化に応じて拡大していく。そして、社会保険料収入は、現役層の相対的な減少を背景にこれからも伸び悩むだろう。

そのため、社会保障基金の赤字は、これからも拡大傾向を辿ることになる。財政収支のうち、景気の影響を受けて変動する部分を除いた、構造的な部分の動向を左右するのは社会保障基金の収支動向なのである。

日本の財政問題は、社会保障財政の問題だと置き換えてしまっても、それほど大きな間違いではなくなっている。財政健全化も、そのほとんどが社会保障の給付と負担の見直しをめぐる議論だと受け止めてよい。そうした状況の下で「国と地方を合わせた」という限定句をつけた財政論議は、社会保障が財政に占める重要性を理解しにくくしてしまう。

第三章　年金・医療・介護が抱える問題

1　年金は何歳からもらえるか

支給開始年齢は六五歳

読者の中にはすでに年金生活に入っている方々も少なくないだろう。その年金の支給開始年齢の引き上げをめぐる議論をよく耳にする。しかし、その支給開始年齢の引き上げは、実際の年金改革の争点にはなっていない。高齢者の反発が強いのは言うまでもなく、若年層にとってもありがたい改革とは言えない。誰も賛成したくないような改革を進めることは、政治的に無理なところがある。だから誰も言い出さない。

しかし、本当にこのままでよいのだろうか。本節では、年金の支給開始年齢について、高齢者の健康と就業との関係を踏まえて考えてみる。年金財政の持続可能性を高めるためだけでなく、経済全体における生産と消費のバランス回復のためにも、支給開始年齢の引き上げは不可避だというのが筆者の考え方である。

話を始める前に、現行制度の仕組みをおさらいしておこう。日本の公的年金は自営業者などが加入する国民年金と、民間サラリーマンが加入する厚生年金、そして公務員等が加入する共済年金によって構成される。このうち、国民年金の支給開始年齢は六五歳である。また、厚生年金の給付は一階部分の基礎年金と二階部分の報酬比例部分に分けられる。そして、基礎年金の支給開始年齢は二〇〇〇年までは六〇歳だったが、二〇〇一年以降三年ごとに一歳ずつ引き上げられ、現在は六五歳になっている。二階部分の報酬比例部分は二〇一二年まで六〇歳だったが、二〇一三年以降、三年ごとに一歳ずつ引き上げられ、二〇二五年時点で六五歳となって調整は完了する。共済年金も、厚生年金と同様のパターンで支給開始年齢が引き上げられていく。

こうした調整の結果、二〇二五年時点では公的年金の支給開始年齢は完全に六五歳になる（女性の場合は五年遅れで引き上げられ、二〇三〇年で調整が完了する）。しかし、ほかの先進国を見ると、六五歳よりも高い年齢まで支給開始年齢を引き上げる方針を決定している国がほとんどである。中でも、オーストラリアは二〇一四年五月、支給開始年齢を二〇三五年までに七〇歳まで引き上げる方針を示している。

日本はほかの先進国より高齢化のペースが速く、平均余命も長い。したがって、少なくともほかの先進国並みに支給開始年齢の引き上げに取り組んでもおかしくないはずである。ところが、二〇二五年でようやく六五歳であり、ずいぶんのんびりしているなという印象を受ける。これが年金財政にとって望ましくないことは言うまでもない。それを別にしても、働ける人を引退させ、若い人に扶養させるというのは、社会全体から見てかなりもったいない話である。読者は、一七ページの図1－1をもう一度見ていただきたい。つぎの世代に残す富に私たちは手を付けつつある。この深刻な状態を少しでも改善するためには、働ける人はもっと働くべきであることは、生物学的に見て明らかである。もちろん、働ける人はもっと働くべきだという主張は、社会保障の後退だとして否定的に受け止められるだろう。しかし、そのような形で話を終えてしまうことに、社会科学的な発想の甘さが表れているように、筆者には思えてならない。状況は、もっと深刻である。

健康と就業の関係をグラフで示す

支給開始年齢の問題を考えるために、高齢者の健康と就業の関係がどのように変化してきたかを簡単に振り返ってみよう。具体的には、二つの指標に注目する。一つは、死亡率である。これは、その年齢まで生き続けてきた人が翌年までに死亡する平均的な確率を示す数字である。当然ながら、年齢が高まるほど死亡率は上昇する。この死亡率に、人々の健康の度合いが集約的に示されていると想定する。

もう一つは、就業率である。その年齢の人のうちどれだけの人が働いているかを示した指標である。高齢になるほど就業率が低下することも、説明を要しないだろう。

そこで、男性の場合、四五歳以上の各年齢で死亡率と就業率がどうなっているかを調べ、その死亡率と就業率の組み合わせをプロットしたグラフを描いてみる。実際、死亡率を横軸に、就業率を縦軸にして、一九七五年と二〇一〇年における両者の組み合わせを描いたのが図3－1である。

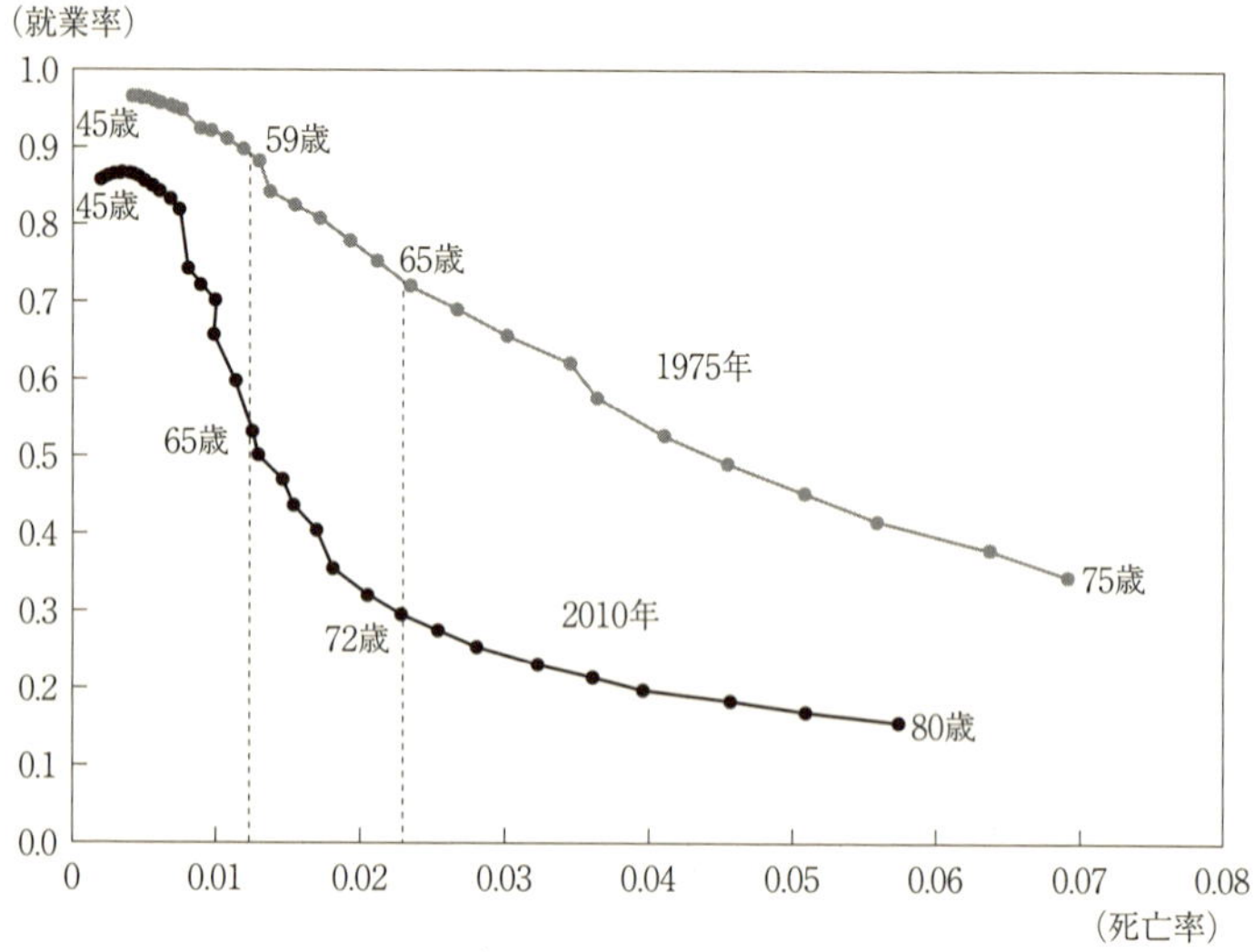

図３-１　死亡率と就業率の関係はどう変化しているか（男性）

出典：総務省「国勢調査」厚生労働省「人口動態統計」より作成。

いずれの年も、曲線は右下がりになっている。年齢が高まるほど死亡率が上昇し、同時に就業率が低下するから、死亡率と就業率との間にはマイナスの相関関係が成立する。それぞれの曲線の左上の出発点は四五歳時点の両者の組み合わせに対応し、組み合わせを示す点は年齢が高まるにつれて右下に移動していく。一九七五年は七五歳まで、二〇一〇年は八〇歳まで伸ばした。

図からも明らかなように、二〇一〇年のグラフは一九七五年のそれの下に位置している。つまり、二〇一〇年になると、死亡率が同じでも就業率は低くなっている。こうした曲線の下方シフトの背景には、二つの要因が働いている。まず、医療技術の進展や保健衛生の向上により、人々が健康になったことが挙げられる。その結果、同じ年齢でも死亡率は昔に比べて低下している。

もう一つは、公的年金の成熟である。日本の年金制度は戦後徐々に整備されてきたが、その整備された制度の恩恵を受けて老後に十分な年金を受け取る人々が増えてきた。年金を受け取れるのなら働くのをやめて、老後をのんびり過ごそうと思うのは人情である。そのため、同じ年齢でも高齢層の就業率は低下していく。ただし、自営業の比率が低下し、定年を迎えて年金生活に移行するというサラリーマンの比率が上昇していることも、その変化に大きく寄与している。

この二つの要因を背景にして、死亡率と就業率の組み合わせを示す曲線はこの三五年間に大きく下方シフトしている。同じ死亡率でも就業率が低くなっているわけだから、昔であれば働いたはずの程度の健康な人が、今では働かなくなっていることを意味する。この変化自体は、たいへん結構なことである。高齢になっても生活費を稼ぐためにあくせく働く必要はなく、これまでの蓄えや年金によって不自由のない老後を送る。それが可能になるまでに日本は経済力を身につけ、豊かになったということだ。しかし、問題はそうした状態がこれからも維持できるかである。

昔の高齢者と今の高齢者

読者にもう少し具体的なイメージを持っていただくために、二〇一〇年で六五歳（一九四五年生まれ）だった男性に注目してみよう。二〇一〇年において、この人たちの死亡率は一・三％、就業率は五三・二％だった。この組み合わせを示す点を通る垂直な直線を引き、一九七五年の曲線との交点を探す。つまり、同じ死亡率の年齢なら、一九七五年にはどれくらいの比率で働いていたかを調べるわけである。一九七五年で死亡率が一・三％だったのはほぼ五九歳だった。その年齢の就業率は八八・三％であり、二〇一〇年の五三・二％を大きく上回っていたことが分かる。

次に、一九七五年で六五歳（一九一〇年生まれ）だった男性に注目してみよう。この人たちの死亡率は二・三％、就業率は七二・一％だった。二〇一〇年で死亡率が二・三％なのは七二歳だが、その人たちの就業率は二九・六％にとどまっている。

この二つの結果のいずれを見ても、昔なら十分働けた健康な人が、今では引退し、年金生活に入っていることを確認することができる。この三五年間で日本の中高年は健康面で六〜七歳程度若返っているが、その一方でかなりの人たちが生産活動から離れ、消費に専念していることになる。

以上の作業は、かなり荒っぽい。死亡率という一つの変数で健康の度合いを見ているが、疾病リスクにもいろいろあり、高まり方もさまざまである。また、健康の度合いは人によって大きく異なる。二本の曲線だけで高齢者の健康と就業の関係を云々することには無理がある、という批判も当然出てくるだろう。

筆者は現在、内閣府の清水谷諭氏と一橋大学の臼井恵美子准教授とともに、もう少し精緻な分析を次のような方法で進めている。第一に、最近のデータを用いて、（基本的に公的年金を受給していない）五五〜五九歳における人々の就業行動を、健康に関する諸変数（主観的な健康感、日常生活における支障の度合い、喫煙など健康リスク要因など）や学歴、婚姻状態、そして、五四歳時点における就業形態などその他の多くの変数によって説明するモデル式を推計する。

第二に、そのモデル式で描写される各変数間の関係が六五～六九歳になっても持続すると考え、六五～六九歳における実際の健康状態やそのほかの変数をそのモデル式の中に投入し、どのような就業率になるかを試算してみる。

つまり、健康やその他の変数と就業との関係が、五五～五九歳時点と六五～六九歳時点で変わらないと想定し、健康やその他の変数だけが変化したときに、六五～六九歳の就業率がどうなるかを試算するわけである。この試算は、六五～六九歳の就業率が（健康等の要因ではなく）公的年金の受給によってどこまで抑制されているかを計算するものと解釈してもよい。ただし、図３－１は三五年前と現在との比較だが、ここでは同じ時点に生きている人々の間の比較であることに注意されたい。

この分析は全米経済研究所（ＮＢＥＲ）による社会保障の国際比較研究の一環として進めており、日本の分析には「くらしと健康の調査」（ＪＳＴＡＲ）という大規模な社会調査の結果を利用している。臼井准教授による暫定的な試算結果の一部を紹介すると、六五～六九歳の男性の就業率の実績値は、高卒以下で五七％、大卒以上で五一％となっているのに対して、五五～五九歳における行動パターンを前提とした場合の就業率は、それぞれ九四％、九六％へと大幅に上昇する。女性の場合も、レベルこそ異なるものの、同じようなパターンの結果が得られる。高齢者の就業に年金受給がブレーキを掛けているのは明らかである。

この分析をさらに精緻にすることもできる。定年を迎え、年金生活に入ると、それまでのフルタイム就業をやめ、嘱託などパートタイム就業にシフトする就業者がかなり多い。現役時の行動パターンが続いていたら、フルタイム就業がもっと増えているはずである。

忌避される支給開始年齢の引き上げ

読者は、こうした話の進め方に嫌悪感を覚えるかもしれない。「要するに、筆者は年寄りが当てにしている年金をより高齢の者に絞り、もっと働かせるべきだと主張したいわけだな。福祉より財政を優先する考え方ではないか」と批判的に受け止める人も少なくないと思う。そして、支給開始年齢の引き上げで本節の話を始めたわけだから、「支給開始年齢のさらなる引き上げが必要」という結論が十分予想されるところである。しかし、「支給開始年齢の引き上げなんてとんでもない」とほとんどの読者が感じるだろう。その思いは、すでに年金を受給している人たちより、これから受給する人たちのほうが強いだろう。

しかし、「読者は安心されたい」とひとまず言っておこう。政府が支給開始年齢の引き上げを明確に否定しているからである。二〇〇四年の公的年金改革は、保険料率の上限を設定し、そこから得られる保険料収入に連動する形で年金の給付総額を自動的に調整する仕組み（マクロ経済スライド）を導入した。二〇一三年八月に政府の社会保障制度改革国民会議がまとめた報告書も、（二〇〇四年改革によって）「将来の保険料率を固定し、固定された保険料率による資金投入額に年金の給付総額が規定される財政方式に変わったため、支給開始年齢を変えても、長期的な年金給付総額は変わらない」と指摘している。

これは、重要な指摘である。現行制度は、支給開始年齢を引き上げても、その引き上げられた年齢以降に受け取る年金額が高まる仕組みになっているので、年金財政には影響は出てこない。したがって、年金制度の持続可能性を高めることを狙うために支給開始年齢を引き上げても無駄だ――と政府は言っている。政府は、支給開始年齢の引き上げという選択肢を自ら封じている。政策の自由度を自ら引き下げることは、官僚があまりやりたがらないことのはずなのに、ここまではっきり言われるとかえって戸惑ってしまう。

確かに、マクロ経済スライドによって、年金の保険料収入に応じて給付総額が自動的に調整されれば、支給開始年齢を引き上げても年金財政には影響はない。しかし、実際には、物価や賃金があまり上昇せず、肝心のマクロ経済スライドがそもそも発動しにくい仕組みになっている。実際、同スライドが発動されたのはこれまで一年だけである。これからもほぼ同様の状況が続くとなると、年金財政はやはり維持しにくくなる。

一方、マクロ経済スライドがきちんと発動すると、年金を受け取り始めてからの年金額がどんどん引き下げられていく、という問題が発生する。現行の年金制度は、年金積立金の高い運用利回りの想定に加え、年金額の引き下げでなんとか持続可能になっているのである。制度が持続可能だと言っても、かなり怪しいところがある。

生産と消費のバランス回復

年金制度の持続可能性が危なければ、支給のあり方についても見直しが当然必要になる。冒頭に書いたように、日本より高齢化の度合いが低いほかの先進国で支給開始年齢が六五歳を上回るように引き上げられているのに、日本が六五歳で据え置いているのは不自然である。そして、支給開始年齢の引き上げという選択肢を自ら封じてしまった政府の姿勢も不可解というほかない。

しかし、どちらにしても、支給開始年齢の引き上げを年金財政という狭い観点から議論することには問題がある。本書でも繰り返し指摘してきたように、急速な高齢化に直面している日本では、生産と消費のバランスが崩れ、次の世代に残すべき富にも手を付けようとしている。このように切迫した状況に私たちがいることを考えると、十分働ける健康な高齢者を生産活動から切り離し、若者による扶養の対象にしてしまうことは是認しにくい。

もちろん、支給開始年齢の引き上げに対しては、さまざまな反論が寄せられるはずである。「定年延長や雇用継続など高齢層の就業機会を高める政策なしで支給開始年齢を引き上げると、高齢層の所得が不安定になるだけだ」「高齢層の労働供給を高めれば、若年層の雇用がかえって抑制される」「制度の影響を受けるのはこれからの受給者であり、若年層ほど不利になるという世代間格差の問題は支給開始年齢の引き上げによってむしろ悪化する」「『団塊の世代』（一九四七〜四九年生まれ）はすでに年金生活に入っており、制度変更の影響は限定的だ」等々。

これらの批判は、どれも間違ったことを言っているわけではない。しかし、だからと言って、支給開始年齢の引き上げという、ほかの先進国が真剣に取り組み、時間をかけて実現してきた改革を、ほかの先進国より高齢化のペースが速い日本では検討する必要はないと言うのは、どう考えてもおかしな話である。賃金プロファイルを平坦にするなど賃金体系の見直しや、定年と支給開始年齢の間の所得の不安定化を回避する「つなぎ年金」の導入など、対応策はいくらでもある。支給開始年齢の引き上げは、生産と消費のバランス回復という、日本経済が抱える重要な課題を解決するために不可避な対応だと筆者は考えている。

2 医療にとっての高齢化の重み

「燻製ニシン」仮説

筆者の勤務先は東京にあるが、自宅は京都にある。朝早い上りの新幹線に乗るためにタクシーに乗ることもあるが、「こんなに朝早くタクシーに乗る人なんて、あまりいないでしょう」と運転手さんに訊くと、「いやいや、お年寄りで乗る人が結構いますよ」と言う。「どこに行くんですか」「○○病院ですよ。順番待ちだそうです」。

京都の市バスに昼間の時間帯に乗っても、敬老乗車証を持ったお年寄りが多く、「どこどこの病院に通っている」「これこれの薬を飲んでいる」といった類の話がよく耳に入ってくる。病院に向っている途中なのだろう。

こういう書き出しで話を始めると、「ははあ、この節では『高齢化で医療費がかさむ。医療の効率化を進めなければダメだ』という話をするわけだな」と思われる読者も多いはずである。実際、筆者は本書で、世代間格差が問題だ、将来世代にツケを回すことはやめようと書いてきたので、話の流れとしてそうなるはずだと思っていただくのは当然である。

筆者は高齢化が医療費に無視できないインパクトを及ぼすと考えているし、本節も最終的にはそういう結論に持っていく。ところが、「高齢化で医療費が増大する」というのは俗説だと主張する人も、専門家の間には結構いるのである。もちろん、本当に俗説であったら、こんなに素晴らしいことはない。医療費は年金や介護費と並んでこれからどんどん膨らんでいく社会保障経費だというのが一般的な見方だが、そうでもないということになると、社会保障の財源問題は大幅に軽減される。財政収支の悪化を懸念する財務省だけでなく、国民にとっても朗報である。

アカデミックな世界でも、高齢化は医療費にあまり影響しないという議論はしっかり存在している。ツヴァイフェル教授というスイスの医療経済学者は一九九九年、"Ageing of population and health care expenditure: a red herring?" という論文を共同研究者と一緒に発表して、この問題を取り上げている。論文のタイトルを見て、「人口高齢化と医療費」までは分かるが、a red herring って何？と思われた方がほとんどだろう。直訳すると「赤いニシン（鰊）」だが、それでも何のことか分からない。これは、つぎのような意味である。猟犬の訓練をする際に、臭いのきつい燻製のニシン――筆者は見たことはないが、赤い色をしているらしい――を置いておくと、猟犬は本物の獲物を探せなくなるという。そこから、「本当のものから人の目を逸らせる偽物」、といった意味でこの言葉が使われている。つまり、医療費増大の原因は高齢化と受け止められがちだが、本当の原因は別のところにある、というのが、Red herring hypothesis、すなわち「燻製ニシン仮説」である。

高齢化で医療費は増えるか

では、医療費を決定づける本当の要因とは何か。ツヴァイフェル教授らはスイスのデータを用いて、一九八三年から一九九二年の間に死亡した個人が、死亡前の二年間においてどのように医療費を支払っていたかを分析している。彼らの分析でも、年齢が高まると医療費が高くなるという傾向は確かめられる。しかし、死亡するまでの生存期間の違いの影響を統計的に取り除くと、年齢と医療費の間の正の相関は消えてしまう。つまり、医療費は、年齢ではなく死がどこまで迫っているかによって決まる、というのが彼らの主張である。

死が近いほど医療費は高まるということは、身近な例からも納得できる。年齢が高まると医療費が増えるように見えるのは、年齢が高いほど死を間近に控えている人が多いからであり、年齢そのものは問題ではない、とツヴァイフェル教授は指摘する。しかし、読者はこの説明を素直に受け入れられるだろうか。正直に言うと、筆者はこの仮説を頭では理解できるが、感覚的には納得していないところがある。

仮説をもう少し説明しておこう。人間は、誰でも必ず死ぬ。そして、死ぬ直前に一生に使う医療費のかなりの部分を使う。そして、高齢化は平均寿命が高まることを意味するから、私たちが多額の医療費を使うタイミングは、例えば七〇歳から八〇歳へと年齢が高い時点にシフトする。しかし、それは医療費の支払いのタイミングが後にずれただけであって、医療費そのものは増えない。結局、高齢化は医療費増大の要因にはならない――ということになる。

この説明は、医療費の価格上昇や医療の質の変化は無視しているものの、理屈としては正しいと言わざるを得ない。しかし、それが実際に妥当するかどうかで医療政策のあり方は大きく左右される。そのため、ツヴァイフェル論文が発表されて以来、この仮説の妥当性をめぐって多くの実証研究が進められてきた。仮説に否定的な研究結果もあるが、完全に否定することも難しいようである。そうなると、高齢化で医療費が膨らむという説は少なくとも割り引いておくべきだということになる。

この仮説が正しいとすれば、大まかに言えば、死ぬ間際の人が世の中にどれだけいるかで、社会における一人当たりの医療費が決まることになる。高齢化が進めば、高齢者が増えるので、その限りでは亡くなる間際の人の総人口に占める比率は上昇する。しかし、その一方で、昔なら多くの人が死んでいたはずの年齢で、今では多くの人が元気に生きている。だから、差し引きすると、死ぬ間際の人の比率は上昇せず、社会全体の一人当たりの医療費も増えていないのかもしれない。

医療財政にとって重要なのは、それぞれの時点で医療費がどうなっているかである。その時点において社会全体で支払われる医療費は、その社会が死ぬ間際の人をその時点でどれだけ抱えているかでかなり決まることになる。では、死ぬ間際の人は世の中にどれだけいるのだろうか。

しかし、死ぬ間際の人の数を調べる調査など、実際にはできそうにない（調査された人や家族が怒るだろう。お医者さんも答えにくい）。そこで以下では、日本人は年間どれくらいの比率で死んでいるか、つまり、死亡率を調べてみよう。高齢化が進んでいても死亡率があまり上昇していなければ、一人当たり医療費は高齢化という言葉から想像するほどには増加していないことになる。

高齢化の影響をどう見るか

話が少し変な方向に向かっているようにも思われるかもしれないが、ここで少し具体的な状況を見ておこう。図3－2は、日本全体（男女計）における毎年の死亡率の推移を見たものである。死亡率とは、人口一〇〇〇人当たりどれだけの人が死亡したかを示す数字である、一九五〇年には一一・〇だったものが、一九八〇年には六・一まで低下し、その後は上昇に転じて、二〇一二年には一〇・〇になっている。

これだけでは解釈のしようがないので、つぎのような仮定計算をしてみよう。つまり、一九八〇年における各年齢グループの死亡率がその後変化しなかったら、社会全体の死亡率がどうなったかを計算してみるのである。当然ながら、高齢になるほど死亡率は高くなる。そして、高齢化は二つの効果を持っている。一つは、(死亡率がもともと高い) 高齢層が厚みを増すので、それが社会全体の死亡率を引き上げるという効果である。もう一つは、健康状態の改善を背景として各年齢階層で死亡率が低下し、それが社会全体の死亡率を逆に引き下げるという効果である。

この二つの効果の大きさを具体的に比較するために、一九八〇年を基準年として、その時点における各年齢階層の死亡率がその後も変化しなかったときに、日本全体の死亡率がどうなっていたかを計算してみる。この計算を行うと、図3－2からも分かるように、死亡率は一九八〇年の六・一から徐々に上昇し、二〇一二年には一九・四に達していたことになる。これは、二〇一二年の実績値一〇・〇を大幅に上回る値である。この試算結果はかなり大雑把なものに過ぎず、結果の解釈には慎重でなければならない。しかし、ここからは、私たちが全体として健康になり、かなり長生きするようになっていることを明確に読み取ることができる。

高齢化が進んでも、人々が健康で長生きしているとすれば、高齢化が進むからといってただちに医療費が進むわけではないのである。高齢化が進むと言っても、死ぬのは一回だけである。そして、多額の医療費を支払う時期が死ぬ間際であるとすれば、高齢化にとってむしろ医療費は軽減されるかもしれない。ツヴァイフェル教授の「燻製ニシン仮説」は、高齢化がもたらすこのような逆説的な効果の存在を私たちに気づかせてくれる。この図を見ても、高齢化の進展によって死亡率は半分近くに低下しているから、「燻製ニシン仮説」が正しいとすれば、医療費も半分近く抑制されたことになる。この効果はかなり大きい。

しかし、こうした結果から、医療費にとって高齢化は心配しなくてよいとまで話を進めるのは明らかに行き過ぎである。すでに述べたように、高齢化が死亡率に及ぼす効果には二つの側面がある。高齢層が厚みを増すことによる死亡率の引き上げ効果、長生きによる死亡率の引き下げ効果である。これまでの議論は、後者の効果に関するものである。しかし、前者はどうだろうか。この二つの効果は相殺する性格を持っている。相殺した結果が、図3－2に示された実績の曲線に表れている。実際の死亡率は、この三〇年間に六・一から一〇・一に高まっている。図では穏やかな上昇のように見えるが、六六％もの上昇であり、無視できない大きさである。そして、死亡率が実際に上昇しているということは、高齢化に備わっている二つの効果のうち、死亡率の引き上げ効果のほうが引き下げ効果より大きいことを物語っている。

しかし、この「燻製ニシン仮説」は、高齢者医療のあり方について私たちが思いをめぐらせる重要なきっかけとなっている。ここでさらに話を進めると、この仮説では、死ぬ間際に医療費が集中して使われると想定している。しかし、その死ぬ間際の医療費は、高齢になるほど低くなることはあまり

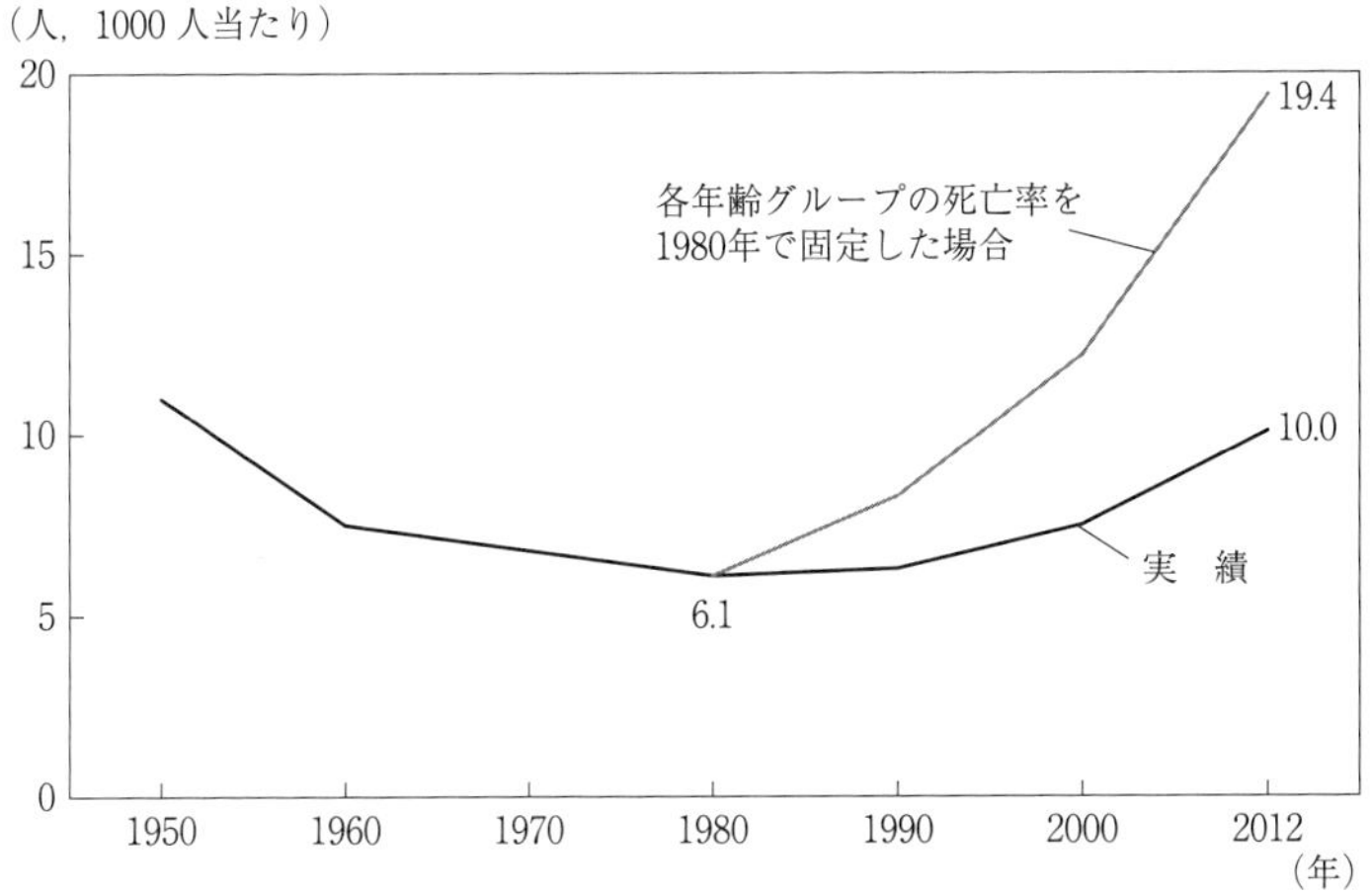

図 3 - 2　日本人の死亡率：実績と仮定計算

出典：厚生労働省「人口動態統計」より作成。

知られていないかもしれない。メディアではしばしば、高額な終末期医療の様子が取り上げられている。それを見ると私たちは、高齢になるほど医療費がかさむと想像してしまうのだが、死ぬ間際の医療費は高齢になるほど低くなるというのが医療分野における一般的な常識である。身も蓋もない話をすれば、高齢になって天寿を全うしそうな人と、まだまだ働ける人とでは、医療サービスに対する需要がおのずと違ってくる。人工呼吸器をつけた延命治療は、メディアでは取り上げられるものの、医療費全体を大きく揺るがすほどのインパクトはないと考えてよさそうである。平均的に見れば、死ぬ間際の医療費が高齢になるほど低くなるという事実は、本来の「燻製ニシン仮説」以上に、高齢化を医療費高騰の原因と見なす一般的な受け止め方に疑問を投げかけるものだと言える。

しかし、この問題はもう少し丁寧に議論しておく必要がある。私たちは、死ぬ間際だけに医療サービスを受けるわけではないからである。高齢になると身体のどこかがおかしくなり、お医者さんにかかったり、薬を飲んだりする。このように、死ぬ間際に至るまでに受ける医療サービスが全体的に増えれば、生涯を通じて必要となる医療費はやはり多くなるはずである。「高齢になるほど医療費は少なくなるので、医療費にとって高齢化は心配する必要はない」という専門家の話を聞いたこともあるが、これはいくらなんでも言い過ぎである。さらに、介護にかかる費用も加速度的に増加している。介護は、高齢者の生活の質を維持するために必要なサービスである。そのサービスも広い意味での医療サービスと考えれば、高齢化の影響はやはり大きいと考えるべきであろう。

注目された ニューハウス論文

高齢化を医療費拡大と結びつける一般的な議論に対しては、ほかにも有力な反論がある。とりわけ、米国における医療費拡大の原因を分析した、ニューハウス教授の論文（一九九二年刊行）は、高齢者医療費の拡大を問題視する論者によって今でもしばしば引用される代表的な論文である。

ニューハウス教授はまず、医療費拡大の原因として一般的に考えられているものとして、①高齢化、②医療保険の普及、③所得水準の上昇、④医師誘発需要（医者が医療サービスに対する需要を誘発するという考え方に基づくもの）、⑤医療サービスの生産性の低さ、という五つを挙げる。そして、米国のデータに基づき、それぞれの要因の大きさを分析している。同教授の分析結果によると、一九四〇年から一九九〇年までの米国における医療費増大に対して、右に挙げた五つの要因を合わせても、説明できるのは増大分の半分を大幅に下回り――おそらく四分の一以下になるだろうと同教授は推察している――、残りは医療技術の高度化で説明できるとされる。同教授はこの結果に基づいて、医療費拡大に伴う経済的損失はそれほど深刻ではなく、医療費削減の必要性は人々が考えるほど切迫していないと主張する。この論文は、発表当時からかなり反響を呼んだ。

「高齢化の影響はたいしたことはない」「医療費拡大のかなりの部分は医療技術の高度化を反映したものだから悪くない」と主張したい国内の論者にとって、ニューハウス論文は頼もしい支援材料としてよく引用されている。この説とは異なる文脈ながら、筆者は自分も出席していたある座談会で「高齢化で医療費が増えるという俗説をまだ信じている人がいる」旨の発言を、別の出席者から耳にしたことがある。おそらく同氏はニューハウス論文を念頭に置いていたと思うが、この論文は本当に正しいのだろうか。正しかったら、少なくとも医療に関する限り、私たちは高齢化の悪夢から逃れることができる。

高齢化要因は四割程度

日本の医療費の問題を考えるためには、米国の医療費を議論したニューハウス論文を鵜呑みにするのではなく、少なくとも日本のデータに基づいて医療費拡大における高齢化要因の重要性をチェックしておく必要があるだろう。ここでは、厚生労働省の「国民医療費」を用いて、一九八〇年度と二〇一〇年度の数字を比較してみる。この三〇年間で、六五歳以上人口の比率は九・一％から二三％へと二・五倍になり、高齢化はかなり進んでいる。一方、一人当たりの医療費は、同期間において年間一三万円から二九・三万円へと二・二倍になっている（いずれも、二〇一〇年の消費者物価で評価した値)。

問題は、この医療費増大のうち高齢化要因で説明できるのはどの程度かという点である。要因分解の一般的な方法は、つぎのようなものである。つまり、各年齢階層の一人当たりの医療費を一九八〇年度で固定して、二〇一〇年度の人口構成比にそれを乗じて合計し、一人当たりの医療費がどうなっていたかを計算してみるわけである。実際に計算してみると、二〇一〇年度における一人当たりの医療費は一九・一万円になっていたことが分かる。つまり、高齢化によって医療費増大の三七％が説明できることになる。ただし、ここでは、年齢階層別に見た一人当たりの医療費の上昇の違いを反映させていない。実際には、高齢層のほうが若年層より一人当たりの医療費の上昇幅が大きいので、その分も考慮すると高齢化の寄与率は四六％に高まる。

したがって、ここ三〇年間の医療費増大のうち高齢化で説明できるのは四割程度と見てよいことになる。四割というのはなかなか評価に迷う数字である。残りの六割には、ニューハウス教授が強調するように、医療技術の高度化を反映した部分も含まれている。その点も強調して、「高齢化で説明できるところは限定的だ」と主張することもできる。しかし、四割という数字は軽視するには高すぎるというのが筆者の評価である。

高齢化は医療費増大の最も重要な要因の一つとなっているというのが、右の試算結果に対する素直な受け止め方だと思う。右に紹介した「燻製ニシン仮説」も、高齢化の医療費への影響を正確に認識するうえで重視すべき指摘ではあるが、医療費増大における高齢化の重要性を軽視してよいとする理屈だと受け止めるのは行き過ぎである。ニューハウス論文についても、同様のことが言える。「高齢化で医療費は増大する」という一般的な言説は、少なくとも日本においては俗説と片づけてよいほどいい加減なものではない。それと同時に高齢化による医療費の増大そのものは自然な姿であり、かなりの部分は受け入れざるを得ないとも考えている。また、私たちが高度な医療サービスを求めるのであれば、そのためにお金がかかったとしてもそれ自体を批判することはできない。問題は、増大する医療費の財源をどのように確保し、医療制度の持続可能性をどう高めるかである。医療を含め、現行の社会保障の仕組みは若年層の負担に大きく依存している。この仕組みは、高齢化のもとでは持続が難しくなる。その問題をどう解決すべきかが重要なのである。

3　親が要介護になったとき

人間も五〇歳を超えると……

筆者は五〇代だが、同じ年代の知り合いから、年末に受け取る喪中ハガキも年々増えてきた。人間も五〇歳を超えると、親と死別する確率も高くなる。元気だった親も、知らないうちに老いている。

中高年が直面する最大のリスクの一つは、親が要介護状態になることだろう。近所でも、親の介護に苦労している話はよく聞く。施設に預けようとしても、なかなか空きがない。知人の中には、親御さんの介護のためにエリート・サラリーマンの地位を投げ打った人もいる。親が要介護状態になると、生活の歯車が狂いだす。

筆者は京都の田舎で生まれ育ったが、子供の頃を思い出すと、自宅に寝たきりの年寄を抱えている家庭は少なくなかった。しかし、「あそこのおじいさん、ちょっとボケてはるで」といった話はあまり耳にしなかったように思う。頭がボケる前に体の具合のほうが悪くなって亡くなる人が多かったのだろう。

医学の進歩は平均寿命の伸長には成功したが、脳の健康維持にはあまり成功していないということかもしれない。体の世話をするだけでも大変なのに、コミュニケーションができなくなると、介護する側が精神的に参ってしまう。

親の介護は子育てとはまったく異なる。明るい展望が持てない。親の介護は、中高年のメンタルヘルスにとって深刻なリスク要因である。親の介護を楽しいと感じる人は、いるかもしれないがやはりかなりの少数派だろう。

親の介護に伴う負担は、少子化でさらに高まる。兄弟姉妹と負担を分割しようとしても、その兄弟姉妹がそもそも少ない。配偶者も同じ状況なので、配偶者の親の介護も考えなければならない。サラリーマンも五〇歳を超えると会社で責任のある地位に立ち、社会的にも重要な役割を果たしていることも多いだろう。辞めるのは難しい。にっちもさっちも行かなくなって会社を辞めても、親の介護を終えて再就職しようとしたときに、雇ってくれるところを見つけるのは至難の業だ。

親の介護と中高年のメンタルヘルス

実は、親の介護が家族のメンタルヘルスに及ぼす影響については、すでに多くの研究が進められている。介護に関わると抑うつ状態が高まるというのは、常識的に考えてもありそうな話である。しかし、これまでの研究にはつぎのような二つの問題点があった。

第一は、これまでの研究の多くは、家族介護に関わっている人とそうでない人で、メンタルヘルスがどのように異なるかを比べた分析になっている。そこでは、性別や学歴など、個人の属性の違いの影響を取り除く工夫も行われているが、観測できない属性の影響までは取り除かれていない。例えば、神経質な人であれば、そうでない人に比べて同じ介護でもつらい思いをするかもしれない。

第二は、中高年が直面するほかのストレスとの比較が十分行われていないことである。確かに、親の介護はストレス要因となる。しかし、熟年離婚と比較すればどうか。また、リストラで失業した場合はどうか。中高年のメンタルヘルスにとって、親の介護がほかと比べてどれだけの重みを持っているかは、まだ十分明らかにされていない。

この二つの問題を、筆者はつぎのように解決しようと考えている。まず、第一の問題については、介護への関与とメンタルヘルスとの関係を、一時点だけで見るのではなく二時点以上で調べて、両者の変化を分析する。例えば、昨年まで介護とは関係なかったのに、今年になって親の介護が始まったとき、メンタルヘルスはどこまで悪化するか。逆に、親が介護施設に入ったり、あるいは死亡したりして介護から解放されたときに、メンタルヘルスはどこまで改善するか。

このように変数の変化どうしを見ると、時間によって変化しない属性の影響をかなり取り除くことができる。こうした分析を行うためには、同じ人の状況を何年も継続して調べる必要がある。

第二の問題には、親の介護に関わっているかだけでなく、その他のさまざまなイベントについても、同じ枠組みでメンタルヘルスとの関係を調べることで対応する。ただし、ここでも、一時点の状況だけを見るのではなく、状況の変化とメンタルヘルスの変化との関係に注目する。例えば、失業していれば、仕事に就いている場合に比べて気分が暗い状態になるはずである。しかし、それも人それぞれだろう。それまで就業していた人が失業したときに、メンタルヘルスはどう変化するか、逆に再就職したときはどうかを、介護の状況変化と同時に調べてみるわけである。

中高年のメンタルヘルス

筆者は、そうした実証分析を実際に行った。以下では、その作業の結果の一部を紹介してみよう。分析に用いるデータは、二〇〇五年時点で五〇〜五九歳だった、男女合わせて約二万六〇〇〇人の中高年について、その後の六年間の生活を厚生労働省が追跡した「中高年者縦断調査」である。

この男女に対して、この調査では毎年メンタルヘルスを調べている。メンタルヘルスを調べる方法には標準化されたものがあり、ここでは、K6という指標を用いる。K6は、調査時点の過去一カ月間において「神経過敏に感じましたか」「絶望的だと感じましたか」といった六つの質問項目に対する答えを、「いつも」「たいてい」「ときどき」「少しだけ」「まったくない」から選んでもらい、順に四から〇《ゼロ》の点数をつけ、六項目の合計値を計算したものである。

Ｋ６のとる値は〇《ゼロ》から二四だが、値が高くなるほど抑うつの度合いが高いことを意味する。筆者の用いたサンプルでは、Ｋ６の平均は三・二二、標準偏差は四・〇二となっている。男女別に見ると、女性のほうがやや高い。

一方、Ｋ６で示されるメンタルヘルスと関係するものとして、つぎの六つの要因に注目する。第一は、当然ながら、回答者が家族の誰かを介護するようになったかどうかである（同居・別居を問わない）。第二は、世帯所得である。世帯所得が、厚生労働省が公表している貧困線（社会全体の所得の中央値の五〇％）を下回る場合、貧困に陥ったと考える。貧困に陥れば、メンタルヘルスも悪化するだろう。

第三は、就業形態である。仕事に就いている状況を基準として、失業（仕事に就かず、職探しをしている）したか、それとも引退（仕事に就かず、職探しもしてない）したかを調べる。ここでも、就業状態そのものではなくその変化が注目点である。

以上の三つは経済社会的な変化であるが、そのほかに家族関係の変化も調べる。すなわち、第四は婚姻関係である。配偶者がいるかどうかに注目する。ここでも、配偶者がいる状態からいない状態に変化（離別や死別）したとき、あるいはその逆（結婚や再婚）の場合に、メンタルヘルスがどう変化するかが注目点である。

第五に、家族との同・別居状況を見る。自分の父親・母親だけでなく、配偶者の父親・母親、子供、それ以外の家族（祖父母、兄弟姉妹）に分けて、同・別居の状況を見る。中高年になってからの親との同居はお互いにストレスの原因になると言われるが、実際はどうなっているのだろうか。

最後に、第六として社会活動への参加とメンタルヘルスとの関係について調べる。近所づきあいやボランティア活動は中高年の生きがいにつながるというが、本当にそうなのだろうか。

介護の心理的負担

調査のスタート時点である二〇〇五年からの六年間における、回答者の介護への関わり方を見ると、全体の二四・五％が家族の誰かの介護に関わっている。そのかなりが自分の親あるいは配偶者の親である。この年齢では、配偶者が要介護状態になっているケースはあまりない。そして、一八・三％が調査期間中に介護を新たに始め、一五・〇％が介護から解放されている。

図3－3は、それぞれの要因がK6の値をどこまで引き上げるかを男女別にまとめたものである。K6の変化幅が大きいものほど上になるように並べてある。棒の色に濃淡の違いをつけているが、濃い棒は統計的に見て有意であり、薄い棒は統計的に見て有意でないことを意味する。ほかの要因についても分析しているが、値も小さく統計的に有意でないので、この図では記載を省略している。

この図からは、興味深いことがいくつか分かる。まず、家族の介護に関与するようになると、男女ともに、K6の値がほかの要因の変化の場合より大きく高まる。K6の上昇幅は、男性の場合は〇・五五、女性の場合は〇・五八で、女性のほうが若干大きい（この差は統計的に有意でない）。この分析では、介護を始める場合と解放される場合とで、K6の変化幅に違いはないと想定している。その点を考慮に入れる必要があるが、介護が中高年のメンタルヘルスにとって重要な出来事であることは、ここからも明らかであろう。

①男　性

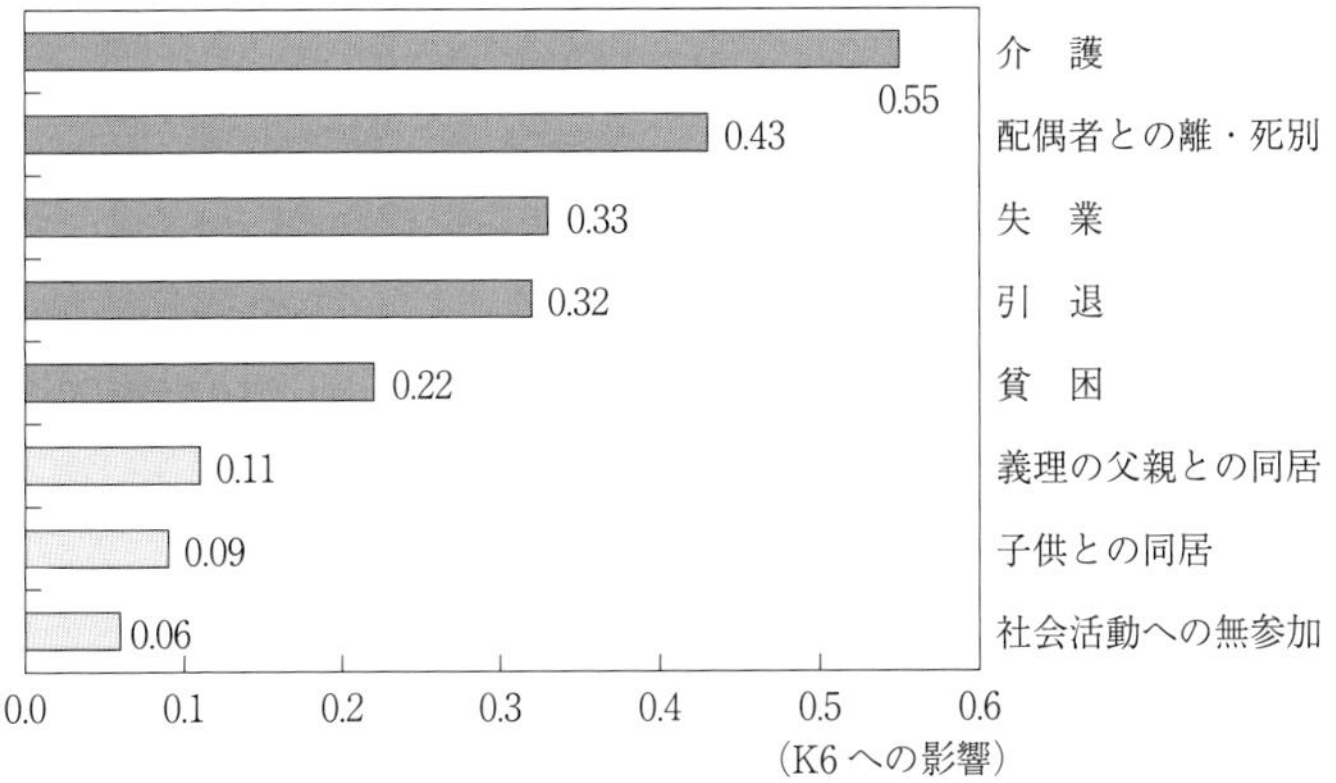

②女　性

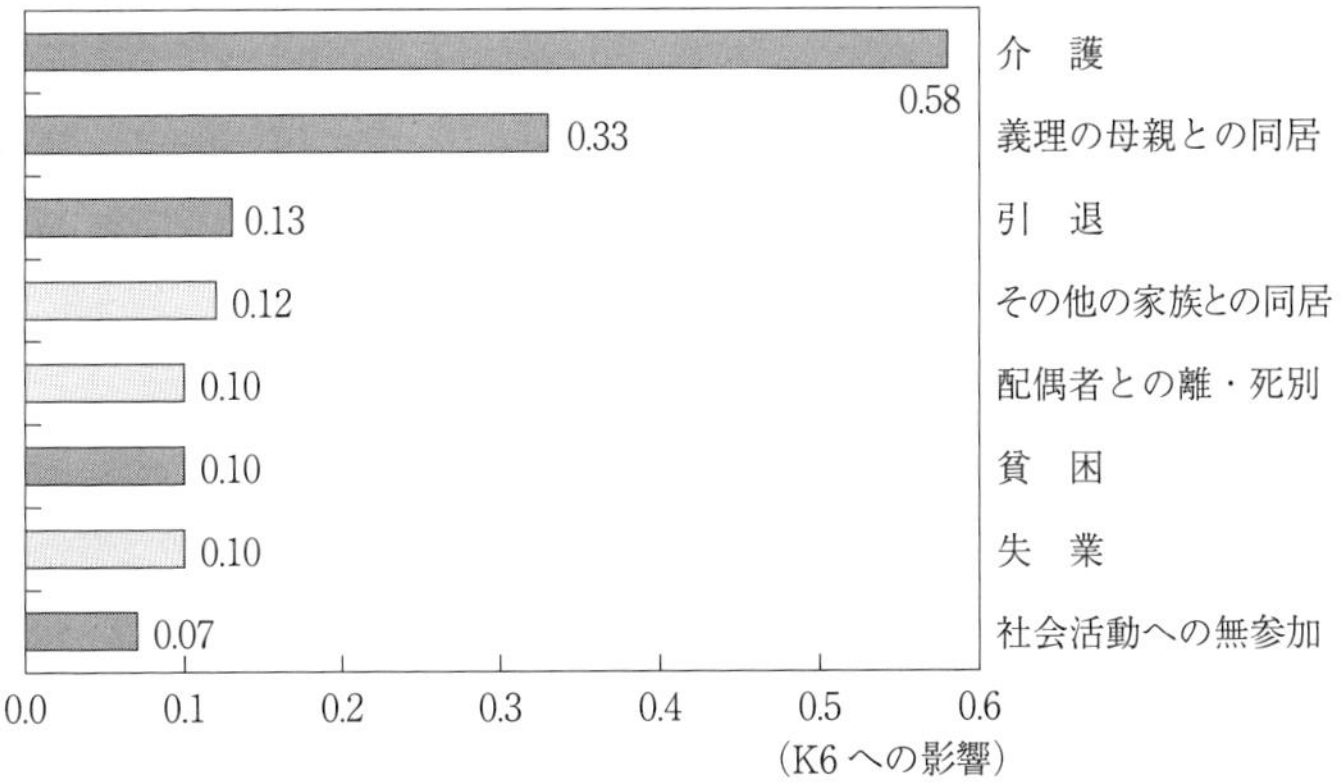

図3－3　中高年のメンタルヘルス（K6）への影響が大きい要因

注：数字は抑うつの度合いを示すK6（0～24）への影響を示したもの。
　　色の濃い棒は統計的に有意（5％水準），薄い棒は有意でないことを示す。
出典：厚生労働省「中高年者縦断調査」に基づき筆者推計。小塩（2014）より引用。

ほかの要因についても見てみよう。男性の場合、ストレス要因の第二位は配偶者との離・死別である。女性の場合は、配偶者との離・死別はあまり関係がない。女性は夫と別れても、あるいは夫に先立たれても、なんとか生きていける。男性は、配偶者がいなくなると精神的にかなりこたえる。女性は強い。だから長生きするのだろう。

男性にとっては、就業形態の変化が重要である。中高年になってからの失業はかなりつらい。男性にとっては、働くということが自己実現になっているのだろう。女性も、就業生活から離れることはストレス要因だが、その度合いは小さい。女性は働いていてもフルタイムでないことが多く、就業とメンタルヘルスの関係は男性より弱いのだろう。

女性のメンタルヘルスへの影響を見ると、介護に比べればかなり見劣りするものの、配偶者の母親との同居が大きなストレス要因になっている。嫁姑の確執がここにも表れている。しかし、男女ともに、それ以外の家族との同居はメンタルヘルスにあまり関係がないようである。一方、貧困に陥ると、男女ともに有意な形でメンタルヘルスにマイナスの影響が出るが、それほど深刻な程度ではない。

最後に、社会活動への不参加を見ると、女性の場合にのみ有意だが、この影響も限定的である。近所づきあいやボランティア活動に参加するほど、生きがいを感じやすくなるという実証研究は少なくない。しかし、そうした活動への参加・不参加は、それ自体が個人の属性にかなり左右され、参加する・しないによってメンタルヘルスが大きく変化する、という性格のものではないようだ。

ここでは、紙幅の制約上、詳細な結果は紹介しないが、介護する対象によってメンタルヘルスへの影響がどう変わるかも筆者は分析している。前出の図に示している介護のメンタルヘルスへの影響は、介護する相手がいろいろ変わっても平均的にどうなるかという数字である。そこに、介護の相手の違いによる影響を追加的に推計するとどうなるか。

推計結果を見ると、男性の場合、介護する相手が変わっても平均的な影響から乖離するケースはない。誰が相手でもほとんど同じである。それに対して女性の場合は、介護する相手が配偶者の母親、つまり姑であると、またその場合に限って、メンタルヘルスは追加的に悪化する。Ｋ６の値で言えば、五割以上高まる。

在宅サービス重視の介護保険でよいのか

昔からある嫁と姑の確執は、現代の介護の場面にも及んでいる。図で示したように、女性の場合、配偶者の母親との同居はかなりつらい。その同居している母親の介護を担当するとなると、ストレスの度合いはさらに高まる。しかも、姑が息子の嫁に介護されると、そうでない場合に比べて要介護度が速く悪化するという実証研究もある。

最近では、遠くに住んでいる親を自宅あるいは自宅の近くに呼び寄せて介護する、「呼び寄せ介護」が増えている。しかし、夫はしばしば身勝手である。自分の親なのに介護を奥さんに任せることも多いだろう。奥さんにとってはたまったものではない。

中高年のメンタルヘルスに関するこうした実証分析からは、公的介護保険に対する政策的な含意も読み取れる。政府は二〇〇〇年度にこの制度を導入したが、保険給付の対象者は当初の予想を大きく上回るペースで増加している。介護給付の規模も、二〇〇〇年度の三・六兆円から二〇一三年度には九・四兆円へと約二・六倍になっている。ところが、施設サービスの給付規模はかなり抑制され、同期間に二・七兆円から三・六兆円への増加にとどまっている。

政府が、居宅サービス、あるいは二〇〇六年度に始めた地域密着型サービスに介護保険給付の重点を置いていることは明らかである。この背後には、施設サービスの一人当たり費用が高く、施設サービスを拡充すると介護保険が財政的にもたないという危機感がある。地域密着型サービス導入は、その対応策として地域で介護サービスを展開しようというものである。しかし、家族が介護の中心的な担い手になるという点では、居宅サービスとあまり変わらない。

介護保険の財政という狭い観点でのみ考えれば、介護給付の力点を居宅サービスや地域密着型サービスに置き、お金のかかる施設サービスはできるだけ抑制するという方針も理解できないわけではない。しかし、その方針のために、要介護状態になった親を抱える中高年のメンタルヘルスは改善しないままである。

親の介護は金銭的・時間的な負担だけでなく、精神面でも大きな負担となる。筆者は、介護サービスを居宅重視から施設重視に方針転換しないと、日本の中高年は精神的に耐えられなくなるのではないかと危惧している。そして、人生の就業生活の締めくくりの段階で親の介護に振り回されることは、本人だけでなく社会的にも無視できないコストとなる。アベノミクスで公共事業を拡充するにしても、地方の道路整備に精を出すより、介護施設の集中整備にお金を使ったほうが社会全体にとってはるかに有益だと筆者は思う。しかし、どういうわけか、予算要求すべき肝心の厚生労働省があまり乗り気でない。中高年は今後とも、親の介護に翻弄されるリスクに直面し続けることになる。これは歓迎すべきことではない。居宅サービスへの依存を続けるとしても、家族介護に対する手厚い政策的な支援が必要になる。

第四章　貧困問題にどう対応するか

1　身近になった貧困問題

パーミルからパーセントへ

本章では、貧困、とりわけ生活保護の問題を取り上げる。一昔前であれば、生活保護はきわめてマイナーな問題だった。生活保護を受けている世帯や個人が、全世帯あるいは全人口に占める比率を保護率という。大学の授業で生活保護の話をする際にはこの保護率にも言及するのだが、一昔前まではパーミル（‰）、つまり、一〇〇〇世帯（人）当たりどれだけの世帯（人）が生活保護を受けているか、という形で見るのが普通だった。

保護率をなぜパーミルで表記してきたのか、実は筆者もよく知らない。しかし、生活保護の受給者が世の中でまったくのマイノリティーだったので、パーミルを使うことにそれほどの違和感はこれまでなかった。実際、個人の保護率は一九八八年から二〇〇二年の間、一％を割り込んでいた。生活保

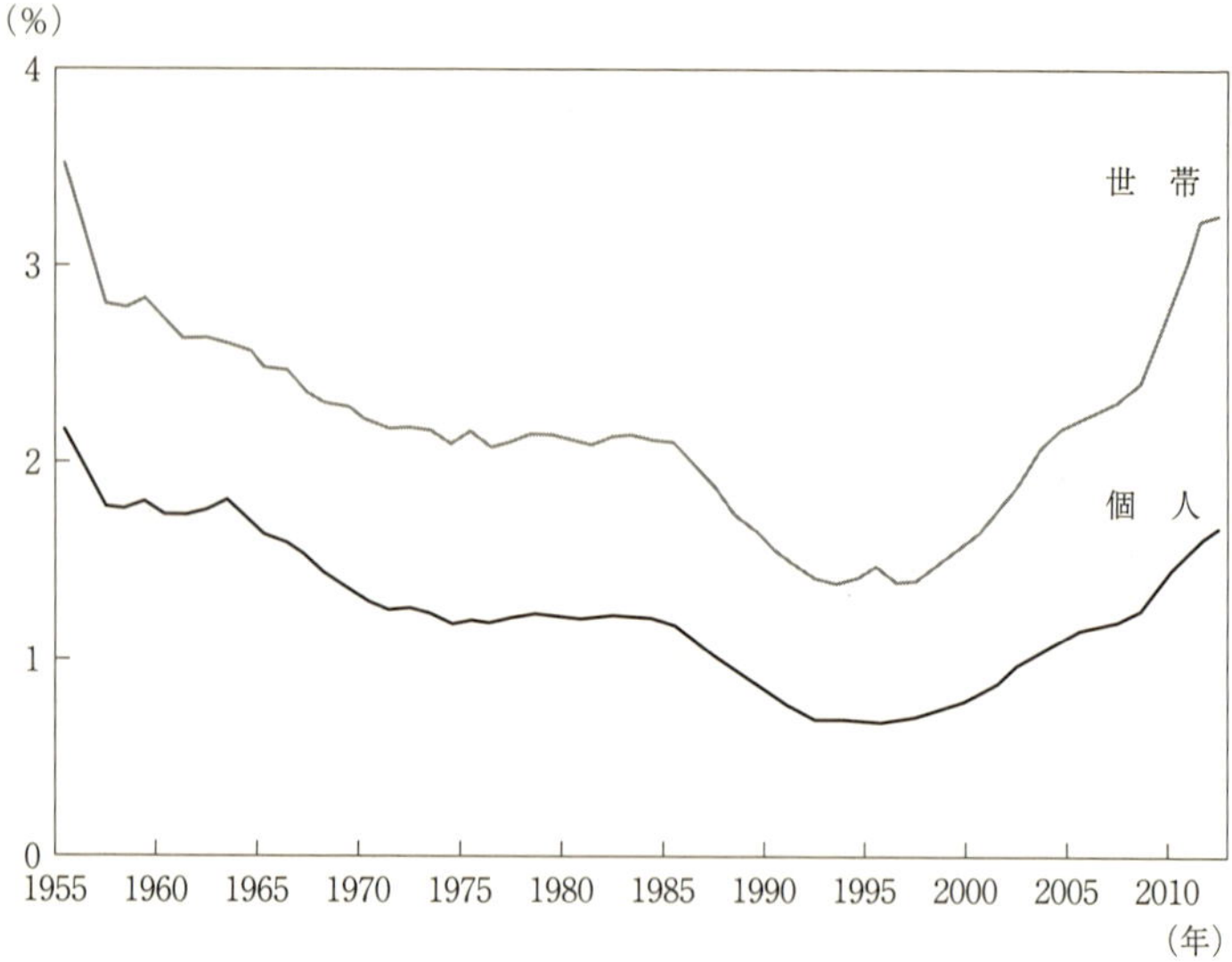

図 4-1　上昇する生活保護の受給世帯，受給者の比率

出典：厚生労働省「社会福祉行政業務報告」「国民生活基礎調査」より作成。

護は、社会保障全体から見ると重要な問題ではなく、多くの人にとってなじみの薄い存在だったのである。

　ところが、最近では保護率をわざわざパーミルで示す必要性はなくなっている。図4-1からも分かるように、ここ数年の保護率の上昇には驚かされる。二〇一二年度の数字を見ると、生活保護を受けているのは約一五六万世帯、二一四万人と過去最高となり、保護率はそれぞれ全体の三・二%、一・六%となっている（厚生労働省「社会福祉行政業務報告」）。

　小学校の三〇人クラスだと、同級生のうち一人ぐらいは生活保護世帯の子供という計算になる。これは、日本が高度成長を始めた頃の水準に匹敵する貧困率である。生活保護の給付総額も、二〇一五年度の国の当初予算では二・九兆円に達しており、社会保障の中で無視できないウェイトを占めるようになっている。

この生活保護をめぐっては、不正受給の問題や保護費の引き下げなど、最近ではメディアでもかなり話題に上るようになってきた。中には、兵庫県小野市のように、生活保護費などをパチンコや競輪、競馬などに浪費する受給者に関する情報提供を市民に求める条例を定めた自治体もある。

生活保護の問題、とりわけ保護費の不正受給の問題は今に始まったものではない。暴力団関係者がからむ不正受給が大きな問題になっていた時期もある。しかし、最近のような注目度は今までなかった。なぜここまで注目されるようになったのだろうか。

政府は二〇一三年、生活保護費を切り下げる方針を打ち出し、翌年度から実施に移している。生活保護費の中核を示す生活扶助を一般的な低所得世帯の消費支出と比較した検証の結果、生活保護受給世帯のほうが相対的に高めになる面もあると分析されたからである。こうした逆転現象の解消やこれまで据え置かれていた物価下落分を反映し、生活保護費を引き下げるというのが今回の改革の重要なポイントだった。

生活保護費の抑制は、社会で最も不利な立場にいる人たちに対する支援を弱めるわけだから、反対の声がもっと上がっても不思議ではなかった。アベノミクスの下で、公共事業に再びお金が回るようになったが、保護費を削るぐらいなら無駄な公共事業に回すお金をまず削るべきだという主張が出てきてもおかしくない。保護費削減の効果は三年間で七四〇億円程度だから、公共事業予算を少し削れば済む話である。なぜ、社会的な弱者への支援をわざわざ弱めるのかという疑問が当然出てくる。ところが、人々の受け止め方は違う。今回の生活保護改革にも直接関わっている知り合いの研究者の話だと、ネットの世界では保護費切り下げを批判するより、歓迎する書き込みのほうが圧倒的に多いそうである。実際、ネット上の意識調査を見ても、切り下げ賛成の声のほうがはるかに大きい。

例えば、生活保護改革の概要の報道直後にヤフーニュースのクリックリサーチが実施した、「生活保護の支給切り下げに賛成？　反対？」という質問には一七万人以上が答えており——この回答数自体、同調査の中でもかなり多く、関心の高さがうかがえる——そのうちなんと八二％が「賛成」である。さらに、前述の小野市の条例に関する「生活保護費の浪費「告発」条例は妥当？」という質問にも約六万九〇〇〇人が回答し、そのうちの実に八九％が「賛成」と答えている。

もちろん、貧困問題に取り組んでいる団体など、保護額切り下げに反対の声を上げている人たちもいる。しかし、切り下げを妥当と感じている人たちのほうがはるかに多いようである。ネット調査に対しては、調査方法や回答者の属性の偏りなどさまざまな問題があるが、人々の感覚をよりストレートに示すところに特徴がある。だから無視できない。保護費切り下げの是非をめぐる世論調査は、大手マスコミでは筆者の知る限りどこも行っていない。結果が怖くて行えないという面があるのかもしれない。

高まる生活保護への関心

生活保護が注目されるのは、生活保護が人々にとって、自分自身の問題としてかつてなく現実味を帯びるようになったからではないだろうか。

フランスの経済学者ピケティ教授のベストセラー『21世紀の資本』の影響もあって、所得格差に対する注目が再び高まっている。しかし、所得格差は日本においてそれほど広がっていない。まずその事実を押さえておきたい。読者の中には、所得格差を示す指標として「ジニ係数」というものがあることをご存じの方も多いと思う。〇《ゼロ》から一の間をとる指標で、一に近いほど不平等を示す。このジニ係数を見ると、確かに二〇〇〇年頃までは上昇していた。橘木俊詔教授のベストセラー『日本の経済格差』（岩波新書）をはじめ、格差ブームを巻き起した数々の「格差本」の多くは、この時点までの統計を使って話をしており、統計と論議の間に時間的なラグ（遅れ）があった。

ところが、二〇〇〇年代に入ってからは、税や社会保障による再分配を行った後の所得で見たジニ係数は一進一退で推移しており、明確な上昇傾向は見られない（再分配を行う前の当初所得ベースでは、ジニ係数は上昇している。この点については、本章3節で改めて議論する）。また、ほかの先進国と比べても、日本は確かに格差の高いグループには属しているものの、目立って格差が大きい国とは言えない。ついでに言うと、格差拡大の原因とされる構造改革を進めた小泉内閣が誕生したのは二〇〇一年四月下旬だから、小泉・竹中流の構造改革で格差が広がったという言説は間違いである。

深刻なのは格差ではなく、むしろ貧困だというのが筆者の見方である。日本の世帯は、押しなべて貧乏になっている。内閣府「国民経済計算」を見ると、一人当たり国民所得は一九九七年に三〇三万円でピークとなった後、二〇〇九年度には二六九万円まで減少している。その後、緩やかながら持ち直しているが、二〇一三年度でも二八五万円であり、一九九七年のピーク水準を五・八％下回っている。しかも、米国や英国の場合とは異なり、日本では「勝ち組」と「負け組」の二極分化は起こっていない。みんな総じて貧乏になっている。だから、ジニ係数のような所得格差を示す指標があまり変化しないのも意外なことではない。

私たちはどうやら、格差という言葉で貧困を語ってきたようである。給料はなかなか上向かない、いつまで経っても正規雇用者にはなれない、いつクビになるかわからない、という状況が一般化すると、生活保護の受給は他人事とは言えなくなる。だからこそ、私たちの関心が生活保護に向かっているのだろう。

「相対所得仮説」の考え方

しかし、それで話は終わらない。生活保護の問題に対する私たちの注目度や受け止め方には、「幸せ」が持っている、いやらしい一面が姿を現している。

私たちの幸せは、他人との比較に左右される。しかも、その他人が自分と同じような属性を持っているほど、その比較は重要となる。

生活保護費の切り下げに対しても、本来なら、「なぜ社会的弱者を困らせるようなことをするのか」と受け止める人が多数派であってもおかしくないのである。しかし、そう受け止めるのは、生活保護とは無関係な、豊かな生活を送っていることが前提となるのかもしれない。生活保護を受けてもおかしくない、あるいは、生活保護の受給者に比べてそれほど豊かな生活を送っているわけでもない場合ならどうか。生活保護の引き下げに八割以上の人たちが賛成するというネット調査の結果は、私たちの気持ちをストレートに反映するものとして重く受け取めざるを得ない。

自分と共通点が多い他人ほど、私たちはその人の置かれた状況が気になる。生活保護費の切り下げを歓迎する声が世の中で意外と多いのは、貧困がそれだけ身近なものとなり、生活保護を受けている人たちとの距離感が縮まったからだ、というのが筆者の推察である。

生活保護費の不正受給は、実は昔からある。しかし、自分が豊かなときは、それほど気にならない。不正受給をする人たちを軽蔑する気持ちは出てくるかもしれないが、怒りはそれほど湧いてこない。自分たちとは違う、遠い世界のことだと思うからである。しかし、自分たちがその世界に近づき、そこに入ってもおかしくない状況になれば、事態は一転する。ネット調査の結果を見ると、残念ながらそう思えてならない。

誤解されては困るが、筆者は、貧乏な人ほど心が貧しいなどと言うつもりはまったくない。筆者が重視したいのは、自分と同じ程度に、あるいは自分より少し貧乏な人たちに不利となる政策に対して、それを是認する層が多数派になるほどに、社会が貧乏になってしまったという状況そのものである。

経済学には、「相対所得仮説」という考え方がある。人々の幸せ――経済学ではそれを示すものとして「効用」という言葉をよく使う――を決める最も重要な要因は、所得（お金）である。しかし、所得が重要だとしても、自分が得た給料の高低だけが問題なのではない。他人、しかも自分と共通点の多い他人の所得との比較も重要である。例えば、ボーナスが五〇万円入って喜んでいたところに、年齢も学歴もあまり変わらないお隣のご主人が一〇〇万円のボーナスをもらっていたことを知れば、喜びはかなり削減される。隣が三〇万円しか稼いでいなかったら、逆にうれしく感じるだろう。

相対所得仮説は、もちろん、五〇万円という自分の所得が効用を高めることを否定しないが、他人との所得の比較の影響を重視する。生活保護に対する関心の高まりや人々の受け止め方には、この相対所得仮説的な考え方で説明できる面がかなりあるように思う。

しかし、ここで急いで但し書きをしておく必要がある。他人の不幸を見て幸せを感じるといっても、他人の不幸があまりにも深刻で、生存そのものに関わるものになると、私たちはそこから幸せなんか感じなくなる。むしろ、その人たちを何とかして助けたいと思う。東日本大震災後に全国、そして世界各国から集まった義捐金・支援金や人的・物的な支援は、そうした気持ちが現れることを強力に物語っている。これに対して、生活保護の切り下げは震災ほどの深刻さを伴わないと感じるからなのか、幸せのいやらしい部分が前面に出てくる。

進む貧困の高齢化

それでは、貧困問題はこれからどうなるのだろうか。アベノミクスのおかげで景気が少し上向くとしても、貧困問題はさらに深刻化するはずである。とりわけ懸念されるのは、「貧困の高齢化」である。現在でも、生活保護の受給者のうち四割以上が高齢者世帯である。しかし、稲垣誠一・国際医療福祉大学教授が具体的に試算しているように、高齢層における貧困の度合いはさらに深刻化する。

貧困の高齢化が進む理由は、いくつかある。第一は、未婚のまま、あるいは結婚しても離婚して老後を迎える女性の増加である。現行の年金制度は、夫婦、さらに言えば、夫だけが定年まで働き、妻は専業主婦で夫を支えるという従来型の夫婦を前提に成り立っている。そのライフスタイルから離れてしまうと、とりわけ女性の場合、年金による老後の生活保障が貧弱になってしまう。正規雇用者として定年まで働き、十分な額の厚生年金や共済年金を老後に受給する女性はまだ少数派である。その一方で、非婚や離婚が増えており、低年金・無年金の高齢女性の貧困化が急速に進む。

第二に、男女ともに雇用の非正規化が進み、公的年金に加入できなかったり、保険料の拠出実績が不十分になったりする確率が高まり、老後に十分な年金を受給できなくなるケースの増大が予想される。定職がなく、親に経済的に依存している若者は、かつてニートとかパラサイト・シングルなどと呼ばれていた。彼らは今や中年に差しかかり、親の年金所得に依存して暮らしている。彼らは社会保険料の拠出実績に乏しいだけでなく、頼るべき親もいずれいなくなるわけだから、悲惨な老後から逃れることはできない。

そして、第三に、年金制度改革の影響もある。若い人たちの経済力や人口構成の変化を反映して、自動的に年金支給額を調整する「マクロ経済スライド」という仕組みが、二〇〇四年の年金改正で導入された（第三章1節参照）。この仕組みは、基礎年金部分にも適用されるので、低成長や高齢化が進むと、基礎年金にしか頼れない低所得高齢者の貧困化に拍車がかかる。

こうした貧困の高齢化に対して、生活保護をはじめとする現行の社会保障制度は十分な備えをしていない。基礎年金部分を税方式に移行するという民主党の年金改革案は、この問題の解決を目指すアイデアの一つだった。しかし、高齢層の貧困問題は、年金制度ではなく生活保護制度で対応すべきだという声も根強く、また、税方式化は消費税率のさらなる引き上げを不可避とするので、実際の改革にはつながっていない。

貧困問題の重要性は、この十数年間に急速に高まってきた。生活保護への関心の高まりや改革案に対する人々の受け止め方には戸惑ってしまう面もあるが、貧困の抱える問題がそこにそのまま反映されている。私たちは今後、貧困問題に真正面から付き合い続けていかなければならない。

2 貧困の持つ多元性

「多元的貧困」という概念

「お金だけでは幸せになれない」「お金よりもっと大事なものがある」という言葉をよく耳にする。所得水準が高いと普通は幸せになれるが、所得だけで幸せが決まるわけではない。お金持ちでも夫婦仲が悪かったり、病気がちであったりすれば、幸せはあまり感じないだろう。幸せは多元的であり、多くの要因で左右される。その裏返しとして、不幸せも多元的であろう。人間が多元的な側面を持っている生き物である以上、当然のことである。

では、貧困についてはどうだろうか。貧困かどうかを見極める最も重要な指標は、やはり所得である。しかし、所得が低いということだけでその人を貧困だと受け止めてよいのだろうか。確かに、所得は人々の行動を大きく左右するきわめて重要な要因である。しかし、同じだけの所得を与えられたとしても、健康でなければ豊かな生活を送ることは難しい。また、これまで受けていた教育が不十分であれば生来の能力を十分発揮できず、その分だけ幸せを享受できないということもあろう。このように、貧困も、所得だけに注目して一元的に捉えると、抜け落ちるものがたくさんありそうである。貧困も、幸せや不幸せと同様に多元的である。

貧困を多元的に捉えるという発想は、ノーベル経済学者アマルティア・センによる「潜在能力アプローチ」を念頭に置いたものである。世の中にはさまざまな財（商品やサービス）が存在する。その財が持っている特徴を活かし、あるいはその特徴を必要に応じて自らの幸せに役立てる行為を、センは「機能」と呼んだ。その機能を発揮できる能力を集めたもの（集合）が、センが言うところの「潜在能力」である。同じ財を与えられても、この潜在能力が高いほど人々はその財をより効果的に利用でき、自分の幸せにつなげることができる。

この潜在能力アプローチは、貧困という概念にも大きな意味合いを持っている。貧困とは、単に所得が低いことではない。人間が発揮すべき潜在能力が何らかの理由で剝奪されている状況こそ、貧困だと捉えるべきだということになる。その場合、具体的な貧困の中身が問題になるが、潜在能力アプローチの概念から考えると、貧困も、所得だけでなく多元的に捉える必要が出てくる。所得だけでなく、教育や生活水準など、人々を取り巻くさまざまな側面を考慮に入れなければならない。こうした発想に基づいて捉えられた貧困を「多元的貧困」（multidimensional poverty）と呼ぶ。

多元的貧困の考え方は、発展途上国の貧困状況を把握するアプローチとしてすでに実用化されている。イギリスのオックスフォード大学と国際連合は二〇一〇年、多元的貧困指標を共同で開発した。そこでは、健康（子供の死亡率や栄養摂取状態）、教育（学校教育年数や就業児童数）、生活水準（料理用燃料、トイレ、飲み水、電気、床面積、資産）という三つの次元で各国が一定水準を満たしているかどうかが調べられ、それに基づいて各国の貧困状態が比較されている。

多元的貧困をどう捉えるか

この多元的貧困の概念が政策上、最も威力を発揮するのは、貧困の度合いがさまざまな面で人々の生活の質を大きく左右する発展途上国の場合であろう。しかし、日本を含む先進国でも、貧困を多元的に捉えることは重要な意味を持っている。日本でも、生活水準は、少なくとも平均的に見れば大きく改善した。しかし、すべての人々が潜在能力を剝奪されずに豊かな生活を送っていると考えてよいだろうか。

貧困を多元的に捉えず、所得だけに注目する一元的なアプローチに話をとどめても、日本の貧困問題は深刻化している。読者もどこかで耳にしたことがあると思われる指標として、相対的貧困率がある。これは、世帯構成員の人数を調整した世帯所得について、社会全体におけるその中央値の五〇％を貧困線と定義し、その貧困線を下回る所得しか得ていない人々が社会全体に占める比率を示したものである。

この相対的貧困率の公式の値は、厚生労働省が「国民生活基礎調査」に基づいて計算している。ここ数年上昇傾向を示し、二〇一二年には一六・一％に達している（一九八五年は一二％）。この値は国際的に見てもかなり上位であり、日本はいつのまにか多くの貧困層を抱える社会になっている。生活保護世帯の増加傾向も、それを裏づけるものである。

二〇一二年時点の貧困線は、一二二万円である。これは、年金など生活保障給付を含み、税や社会保険料負担を差し引いた可処分所得ベースの数字である。一カ月当たり約一〇万円以下で生活している人々が日本人全体の一六％もいるということは、やはり深刻に受け止めておいたほうがよい。

このように所得面で貧困化が進むと、それと連動して所得以外の面でも貧困化が進んでいる可能性も高い。さらに、人々がどのような状況に置かれるかで、貧困化の度合いは大きく異なってくるはずである。日本でも、多元的貧困の状況を統計に基づいてしっかりチェックしておく必要がある。

筆者は、右に紹介した「国民生活基礎調査」（以下、「基礎調査」）の二〇一〇年調査を用いて、多元的貧困の様子を調べ始めている。以下では、そこで明らかになった基本的な事実を簡単に紹介することにしよう。分析に際しては、対象を二〇～五九歳の正規または非正規労働者に限定している（正規労働者には経営者や管理職を含む）。全体のサンプルは一万七六三一人（男性九五四四人、女性八〇八七人）である。自営業者や無業者は、対象に含んでいない。

注目する四つの次元

そこで、どのような次元の貧困に注目するかが問題になるが、外国における先行研究も参考にして、図４－２に示したように、ここでは以下の四つの次元に注目して多元的貧困を考える。

第一は、最も基本的と思われる所得面の貧困である。「基礎調査」の二〇一〇年調査で調べている所得は、前年の二〇〇九年のものである。同年の貧困線は厚生労働省によって一二五万円と設定されているので、ここでも、この水準を下回る所得しか得ていない場合を所得面から見た貧困とみなす。所得が低いと、日常生活のさまざまな面で潜在能力を発揮しにくくなる。

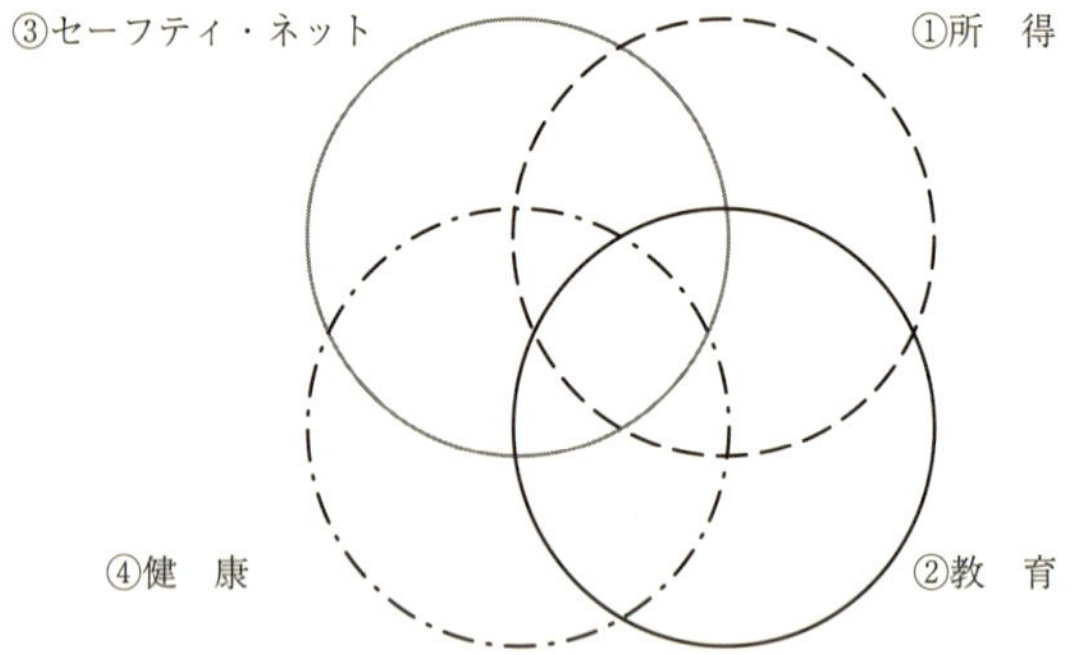

図4－2　多元的貧困の概念

第二は、教育水準（学歴）である。ここでは、最高学歴が中卒である場合を貧困と定義する。学歴の重みは世代によって異なり、ここで用いるサンプルでは、中卒の比率は二〇代で三・五%、五〇代で七・二%となっている。厳密にはこうした違いを考慮すべきなのだが、貧困の線引きを高卒にすると、貧困の比率がかなり高まるので、ここでは中卒で区切る。学歴の低さを貧困と捉えることに抵抗を覚える読者もいるだろうが、学歴が低ければ、ほかの面でその分を埋め合わせる必要が出てくることも否定できない事実である。

第三は、セーフティ・ネットに加入しているかどうかである。「基礎調査」には、医療保険には全国民が加入している建前（国民皆保険）になっているためか、加入・非加入に関する質問項目は含まれていない。しかし、公的年金についてはその質問項目がある。さらに、ここでは分析対象を二〇～五九歳に限定し、加入・非加入を（年金を受給しているかどうかではなく）保険料を支払っているかどうかの違いとして受け止める。公的年金などセーフティ・ネットへの加入が不十分であると、老後の生活保障が不十分となるほか、精神的にも不安定な日々を送る危険性が高くなる。それが、人々の潜在能力の発揮を阻害する。海外の先行研究を見ても、社会保険の非加入を貧困と捉えるものが散見される。

第四は、健康である。健康面で問題があると、そのほかの面で貧困でなくても、日々の生活や労働に支障が生じ、その意味で潜在能力が剝奪される。しかし、健康状態を客観的に把握することはなかなか難しい。ここでは、「あなたは現在、健康面の問題で日常生活に何か影響がありますか」という問いに「はい」と答えた場合に、健康面で貧困であると解釈することにしよう。

このように四つの次元で貧困を捉えるわけだが、それぞれの次元で貧困状況を調べるだけでなく、貧困を多元的に捉えるためにつぎのような工夫をする。すなわち、四つの次元のうち一つ以上の次元で貧困になっているか、同様に、二つあるいは三つ以上の次元で貧困になっているか、そして、四つすべての次元で貧困になっているかを調べる。

一般的には、所得が低ければ、学歴が低い可能性も高くなり、セーフティ・ネットや健康面でも不利な状況になりやすいと推察される。しかし、そのようにそのほかの次元の貧困が所得面の貧困と完全に連動するのであれば、多次元貧困という概念をわざわざ登場させる必要はなく、所得面の貧困だけに注目すればよい。実際はどうなっているのだろうか。

深刻な非正規労働者の貧困

表4－1は、以上の方法で把握した多元的貧困の概念を念頭に置いて、日本の労働者の貧困の様子を要約したものである。労働者全体で見るほか、正規労働者、非正規労働者のそれぞれのグループに分けて比較している。さらに、サンプル数がかなり少ないので解釈

は慎重でなければならないが、単親世帯についても調べている。ここで言う単親世帯とは、五九歳以下の母親と未成年の子供で構成される母子世帯、あるいは五九歳以下の父親と未成年の子供で構成される父子世帯のことであり、約九割が前者である。

まず、労働者全体の数字を見ると、所得面の貧困は七・六％となっている。それに比べると、教育、セーフティ・ネット面での貧困はそれぞれ四・三％、一一・一％とやや低めに、健康面での貧困は一〇・〇％とやや高めになっている。

問題は、こうした貧困がどのように重なり合っているかである。少なくとも一つ以上重なっている人は全体の二一・一％に上っている。所得面の貧困が七・六％だったので、所得面では貧困でなくても、そのほかの面で貧困に直面している人がかなりいることが分かる。

逆に、貧困が二つ以上重なる人は、二・六％とかなり少数派になる。重なる貧困が三つ以上になると、比率はさらに〇・二％にまで低下し、四つになると、無視できるほど低い比率になる。日本の貧困は、さまざまな次元の貧困が重なり合うというより、所得や所得以外のどれか一つの次元で貧困になっているという傾向が強いようである。

それでは、労働者を正規と非正規に分けると貧困の状況はどのように違ってくるだろうか。所得面で貧困な人の比率は、非正規労働者（一三・七％）のほうが正規労働者（四・八％）に比べて圧倒的に高くなっていることが確認できる。また、教育面、健康面でも差があるが、違いの大きさが注目されるのはセーフティ・ネット面である。公的年金に加入していない人の比率は、正規労働者で〇・六％に

表4-1　4つの次元の貧困に直面している人の比率

（単位：％）

貧困の次元	全　体	正規労働者	非正規労働者	単親世帯
①所　得	7.6	4.8	13.7	39.1
②教　育	4.3	3.5	5.9	6.4
③セーフティ・ネット	2.1	0.6	5.5	6.4
④健　康	10.0	9.7	10.6	13.9
①～④のうち				
1つ以上	21.1	17.0	30.1	50.0
2つ以上	2.6	1.5	5.1	12.9
3つ以上	0.2	0.1	0.5	2.5
4つ	0.0	0.0	0.1	0.5
サンプル数	17,631	12,151	5,480	202

出典：厚生労働省「国民生活基礎調査」（2010年）に基づき，筆者推計。

とどまるのに対して非正規労働者では五・五％にまで上昇する。

正規労働者の場合であれば、社会保険料は給与から天引きされるので、セーフティ・ネットから外れることはあまりない。しかし、非正規労働者になると、とりわけ短時間労働の場合国民年金や国民健康保険の保険料は自分で支払うケースが多くなる。また、さまざまな減額・減免措置はあるものの、低所得層ほど負担が相対的に重くなる。そのため、非正規労働者はセーフティ・ネットから外れやすくなる。そうした事情が数字にも反映されている。

以上の結果、多元的貧困の度合いも非正規労働者になると大きく高まる。貧困の次元が一つ以上の人の比率は、正規労働者で一七・〇％であるのに対して、非正規労働者では三〇・一％と大幅に高くなる。さらに、次元が二つ以上の場合でも、正規労働者では一・五％とかなり少数派になるのに対して、非正規労働者では五・一％もいる。

このように、非正規労働者は正規労働者に比べると多くの次元で貧困に直面し、しかも、その貧困が重なりあう度合いが高い。一般的に、非正規労働者は正規労働者に比べると、抑うつなどメンタルヘルス面で大きな問題を抱えていることが知られている。また、生活満足度や幸福感など主観的厚生面でも、非正規労働者が不利な状況に立たされていることを示す先行研究が少なくない。雇用面における不安定さがその大きな要因の一つと考えられるが、ここで注目している多元的貧困の度合いの違いも大きく影響しているはずである。この点を見極めることは、社会疫学や幸福研究にとって今後の重要な研究テーマになるだろう。

単親世帯の貧困はさらに深刻

表4-1では、労働者のサンプルを単親世帯に限定した場合の結果も併せて示している。サンプルは二〇二人とかなり少なくなるが、母子世帯や父子世帯の直面する貧困がさらに深刻であることはここから十分推察できる。実際、三九・一%の人が所得面で貧困線を割り込む生活を余儀なくされている。そのほかの三つの次元の貧困も、全体の平均を大きく上回る。貧困の次元が一つ以上の人の比率も五〇%に上る。所得面の貧困が三九・一%であったことを考えると、単親世帯では所得面の貧困が決定的に重要になっている。

さらに、貧困の次元を二、三、四と引き上げていっても、労働者全体の場合に比べて、貧困率の低下の度合いが限定的になっており、単親世帯が貧困の重なり合いに苦慮している姿が浮かび上がる。こうした深刻な貧困の状況が、子供の発育や教育達成、健康にも望ましくない影響を及ぼしていることは容易に推察される。

以上の説明からも示唆されるように、貧困を所得面だけで捉えるのではなく、多元的に捉えることで多くのことが明らかになる。しかし、今後の研究課題として多くの点が残されている。例えば、人々の幸せにとって、どの次元の貧困が最も決定的な意味を持つのか、そして、社会の貧困問題を見極めるうえで、貧困の多元性をどのように分析に生かすべきなのかといった興味深い問題がある。

その場合、より多くの次元で同時に貧困であることを、社会的に最も優先的に解消すべき貧困だと考えることは、いちおうもっともらしい考え方だと言えるだろう。ところが、表でも示したように、重なる貧困の次元の数を高めていくと、該当する人たちの比率は急速に低下する。そうした少数派の人たちをまず救済する必要があるというのは、確かにその通りかもしれないが、はたしてその理解でよいだろうか。

例えば、重なる貧困の次元を一つ低下しても、人々の幸せがそれほど改善しないとすればどうか。逆に言えば、すでにどこかの次元で貧困だったとき、貧困の次元を一つぐらい増やしても幸せ（不幸）の度合いはあまり変わらないとすればどうか。そうした場合、貧困はその「重複」を重視するよりも、むしろ「幅広く」捉えて支援対象者を設定するというアプローチのほうが、社会政策的には有効だと言えよう。しかし、これらはいずれも実際の統計に基づいて判断すべき事柄である。

今回は、多元的貧困という概念で日本の貧困の状況を大まかに捉えただけに過ぎない。しかし、得られた暫定的な結果だけからも、いろいろなことに思いをめぐらせることができる。日本社会では、これまで以上に貧困問題に直面する度合いが高まっている。多元的貧困というアプローチは、日本の貧困問題の解明とその克服に新たな視点を提供している。

3　再分配政策を見直せ

問題は格差拡大だけか

本節では、貧困をめぐる以上の議論を踏まえ、再分配政策のあり方を評価する。ここでの最大のメッセージは、「日本の再分配政策はきわめて効率が悪い」というものである。日本では、社会保障や税による所得再分配は、「困っている人」を困ったままにしている。財政赤字が拡大している、つぎの世代に負担が先送りされている、と心配する割には、私たちは効率の悪いお金の使い方をしている。ちょっと工夫するだけでかなりの改善ができるのに、ずいぶん勿体ない話である。

所得格差を示す代表的な指標として、ジニ係数という尺度があることは本章1節で紹介した。〇《ゼロ》に近いほど平等、一に近いほど不平等な所得分布になっていることを示す指標である。社会保障や税による再分配を行う前の所得である当初所得ベースでは、このジニ係数は二〇一一年で〇・五五三六であり、過去最高となっている。一九八〇年では〇・三四九一だったので、この三〇年ほどで六割近い上昇となっている。

もっとも、こうした格差拡大を額面通りに受け止めるのが適切でないことも、研究者の間では共通認識になっている。格差拡大のかなりの部分は、高齢化によって説明されるからである。高齢層は所得の平均的な水準が現役層に比べて低いだけでなく、散らばりも多い。その高齢層の人口全体に占める比率が高まれば、それだけで所得格差は拡大する。

さらに、税や社会保障による再分配を行った後の所得を見ると様相がかなり異なってくる。当初所得に年金などの社会保障給付を加え、社会保険料や税金を差し引いた所得を可処分所得という。また、その可処分所得に医療や介護の給付（医療・介護費用のうち自己負担分を除いた、社会保険から給付される分）を上乗せした所得を再分配所得という。これらの所得でジニ係数を計算すると、二〇〇〇年代に入ってから、可処分所得では〇・三九前後、再分配所得では〇・三八前後でほとんど横ばいとなっている。

このように、日本の所得格差は再分配前で見ると大幅に拡大しているのに、再分配後で見ると横ばいで推移している。これだけを見ると、「日本の再分配政策は格差是正のために頑張っている。なかなかやるじゃないか」ということになる。「所得再分配調査」では、この格差是正の大部分が社会保障によるものだという説明もしている。

しかし、読者は、政府がこの一〇年ほどの間に、所得再分配を強化するような政策を展開したという印象をお持ちだろうか。むしろ、雇用流動化を進めるなど、格差拡大につながるような政策ばかり進めてきたと感じる方のほうが多いのではないかと思う。

ここでも、統計のイタズラが働いている。高齢化が進むと、何の制度変更がなくても公的年金など現役層から高齢層への所得移転が大きくなる。高齢層のほうが現役層より所得が低いから、これは社会全体の格差縮小につながる。つまり、再分配政策による格差是正効果が高まっているように見えて

貧困，所得再分配（2009年，等価所得ベース）

18～64歳			65歳以上		
日本順位（OECD平均）			日本順位（OECD平均）		
31カ国中			31カ国中		
0.409	19	(0.417)	0.694	19	(0.713)
0.332	7	(0.305)	0.341	7	(0.287)
18.8	28	(59.6)	50.9	24	(58.0)
31カ国中			30カ国中		
19.7	17	(20.2)	64.2	22	(71.3)
14.4	3	(9.9)	19.4	6	(13.1)
26.9	27	(48.8)	69.8	24	(79.2)

上位。
いた31カ国の比較。ただし，65歳以上の相対的貧困率はカナダを除く30カ国の比較。

も、その大部分は高齢化の進展で説明できるのである。

再分配前後で違う日本のパフォーマンス

日本の再分配政策のあり方をより客観的に評価するためには、国際比較が有益である。ここでは、三四の先進国が加盟しているＯＥＣＤ（経済開発協力機構）のデータを用いて、日本の再分配政策を諸外国と比較してみよう。具体的には、各国の所得を、世帯規模の違いを調整した等価所得ベースで見る。等価所得とは、その世帯所得を世帯人員の平方根で除して、その世帯に属する各個人（子供も含む）に割り当てたものである。社会全体の格差も、世帯所得ではなく、各個人に割り当てられた等価所得で計算する（冒頭に紹介したジニ係数は、世帯所得ベースの数字である）。

表４-２では、再分配する前の当初所得と、再分配後の可処分所得のそれぞれについて、すでに紹介したジニ係数（上段）と、相対的貧困率（下段）の日本の値とＯＥＣＤ加盟国内における順位をまとめたものである。相対

表4-2　国際的に見た日本の所得格差，

	全　体		
	日本順位（OECD 平均）		
ジニ係数	31カ国中		
当初所得ベース	0.488	13	(0.467)
可処分所得ベース	0.336	6	(0.306)
改善率（%）	31.1	22	(34.1)
相対的貧困率（%）	31カ国中		
当初所得ベース	32.0	5	(28.1)
可処分所得ベース	16.0	4	(10.9)
改善率（%）	50.0	25	(59.6)

注：（1）米国，オーストラリアは2010年の値。順位はいずれも高いほど
（2）OECD加盟34カ国のうち，ハンガリー，メキシコ，トルコを除
出典：OECD.stat. より筆者作成。

的貧困率とは、各国において等価所得の中央値の五〇％を貧困線とし、所得がその貧困線を下回る人の全体に占める比率を計算したものであり、貧困の度合いを示す代表的な尺度の一つである。なお、この表では、社会全体のほか、一八〜六四歳の現役層、六五歳以降の高齢層に分けた場合の結果も示している。

ここでは二〇〇九年の数字を使っているが、米国とオーストラリアは二〇一〇年のデータを使っており、ハンガリー、メキシコ、トルコの三カ国はデータがないので対象から除いている。計三一カ国の比較だが、六五歳以上の相対的貧困率だけ、データのないカナダを除く三〇カ国の比較となっている。さらに、再分配後にジニ係数や貧困率がそれぞれ何％改善（低下）したかも計算し、その値の順位づけも行っている。

この表からは、いくつかの興味深い事実が分かる。まず、ジニ係数で把握した所得格差を見ると、日本は再分配前の当初所得ベースでは、三一カ国中高いほうから数

えて一三位、成績は真ん中よりやや悪い、といったところである。一方、再分配後の可処分所得ベースで見ると、日本の順位は六位に高まる（悪化する）。三一カ国中の六位だから、日本は所得格差の大きなグループに属している。

これは、日本にとって残念な結果である。再分配前で見ればまあまあの成績なのに、再分配後で見ると成績はかなり悪くなる。再分配による格差の改善効果を見ても、三四・一％の改善となっているものの、三一カ国中二二位にとどまる。冒頭では、日本の再分配政策は「よくやっている」と思える調査結果を紹介したが、国際比較で見ると平均点に遠く及ばない。

年齢階層別に分けた結果を見ても、様子は全体の数字とほとんど変わらない。というか、再分配の力不足の様子は、どちらの層でも、全体で見た場合より明確になっている。特に、現役層における格差の改善率は二八位、つまり、最下位から数えて四番目という情けない結果である。

日本国内における通常の理解は、非正規労働の拡大などで賃金格差が拡大し、それが格差拡大につながっているというものだろう。確かに、それは間違っていない。しかし、日本の現役層の当初所得のジニ係数〇・四〇九は三一カ国中一九位であり、ＯＥＣＤの平均〇・四一七を若干下回っている。つまり、日本の労働市場が現在生み出している所得格差は、国際的に見ると「たいしたことはない」程度のものなのである。私たちがもっと問題にすべきなのは、再分配政策の効果が国際的に見てかなり限定的だという点である。

相対的貧困率はどうか。全体で見ると、当初所得では五位、再分配所得でも四位と悪い。筆者は、当初所得ではもっと成績が良いのではと思っていたが、ここまで悪い数字は意外だった。日本はほかの国より高齢化が進んでおり、しかも、当初所得は年金を含まないので、当初所得ベースでも貧困率が高めになるということだろう。

再分配政策は貧困軽減でも力不足

しかし、ここでも、より残念なのは再分配政策による貧困率の改善効果の順位が二五位とかなり悪いことである。日本の再分配政策は、貧困是正に対して力不足である。そして、現役層と高齢層に分けると、ジニ係数の場合とよく似た結果が得られる。どちらの年齢階層でも、当初所得ベースで見ると貧困率はOECD平均よりも良好であり、順位も悪くない。しかし、再分配後の可処分所得で見ると途端にパフォーマンスが悪くなる。

再分配後でも貧困があまり軽減されていないことは、OECDが二〇〇八年に発表した所得格差や貧困に関する国際比較の報告書（*Growing Unequal?*）でも明らかになっている（調査時点は二〇〇〇年代半ば。日本の数字は二〇〇三年）。この報告書では、子供がいる世帯に限定して相対的貧困率（再分配後）を計算しているが、それによると、日本の貧困率は一二・五％であり、OECD全体の一〇・六％をやや上回っている（三〇カ国中一二位）。

しかし、そのうち働いている大人が一人しかいない世帯、つまり、シングル・マザーやシングル・ファーザーの世帯に限定すると、日本の貧困率は五八・四％（OECDの平均は二一・二％）となり、二位のメキシコを約二〇％ポイントも上回るダントツ一位となっている。

状況は、高齢層においても同様である。高齢層全体の貧困率は二〇・五％（OECD平均は一三・七％）だが、単身世帯に限定すると貧困率は四七・四％（同二五・〇％）まで高まり、順位も三〇カ国中四位に上昇する。

ヨーロッパに旅行すると、街中で物乞いに出くわすことも少なくない。日本でもホームレスの人たちを見かけることが多くなったが、ヨーロッパで見られるような極度の貧困状態はまだ限定的なのかもしれない。しかし、右に紹介した数字は、日本の貧困の度合いがほかの先進国から見ても深刻であることを示すものでもある。しかも、貧困問題は、現役層・高齢層いずれの層においても社会経済的に不利な立場に立たされている人たちの間で集中的に発生している。それが所得再分配政策を行う前ならまだ救いようがあるが、再分配後に見られる事実であることに注意すべきである。

年齢階層間の所得移転に偏重

日本の所得再分配は、そのかなりの部分が現役層から高齢層への所得移転という形をとっている。現役層は税金や社会保険料を政府に支払い、政府はそのお金を財源にして高齢層に社会保障給付を行う。社会保障は、私たちが日常生活を送るうえで直面するさまざまな社会的リスクに対して備える仕組みである。そうしたリスクは高齢時に集中的に現実のものになるから、現役層から高齢層に所得が移転するのは自然なことであり、それ自体は批判できない。しかし、国際比較から考える限り、その仕組みでは解決できない問題がかなりありそうである。

第一に、現役層から高齢層に所得が移転されるからといっても、高齢層の中には十分支援を受けないまま「困っている人」が結構いる。これは、公的年金の仕組みを考えれば容易に理解できる。厚生年金など被用者向けの公的年金に入っていた人は、一階部分の基礎年金（定額部分）と二階部分の報酬比例部分の合計を受給する。しかし、自営業や非正規雇用者だった人は一階部分の基礎年金しか受け取らない。もちろん、保険料に違いがあるからだが、所得水準は後者のグループの人のほうが低い。さらに、厚生年金の報酬比例部分は、現役時の賃金が高かった人ほど額が大きくなるわけだから、高齢層内の格差是正にはつながらない。

保険料の拠出実績が乏しく、無年金や低年金に置かれた高齢者は、貧困リスクに晒されることになる。しかし、現行制度は正規雇用者や経済的な生活基盤がしっかりした自営業者を想定した仕組みなので、それ以外の「規格外」の高齢者への支援は弱い。さらに、公的年金等控除といった年金所得を税制上優遇する仕組みは、結果的に高所得高齢層に有利に働き、高齢層内部の所得再分配を限定的にしている。

第二に、現役層でも低所得層を支援する再分配の仕組みは十分でない。もちろん、税制の仕組みを見ると、低所得層に対する税負担を軽減する工夫がさまざまな形で行われている。しかし、税制による支援の限界は、税をマイナスにすることができない点にある。日本の所得税制にはいくつかの所得控除の仕組みがあり、低所得層は課税対象から外れる。しかし、それ以上の支援は税制によってはできない。

低所得層対策としては生活保護制度があるが、生活保護を受けるためには厳格な資力審査（ミーンズ・テスト）をクリアする必要がある。それもあって、生活保護を受給してもおかしくない世帯の中で実際に受給している世帯の比率（捕捉率）は、二〜三割にとどまっている。さらに、生活保護を受けると、勤労所得を増やすほど保護費が削減されて就業意欲が抑制されるため、生活保護を受け続けるという「貧困の罠」という問題が付きまとう。

諸外国を見ると、勤労所得に応じて給付付きの税額控除を行う例が少なくない。課税最低限を引き上げるのではなく、税額を控除し、その控除額が税額を上回る場合は、その分を課税者に給付する、というのがこの給付付き税額控除である。また、高齢者向けの給付に力点を置いている日本に比べると、子育て支援など現役層向けの社会支出が充実している。

さらに、日本の社会保険料の負担は、低所得層ほど相対的に高めとなる逆進的な特徴を持っている。国民年金や国民健康保険に、（所得水準に応じて減免措置は講じられているものの）定額の部分があるからである。非正規雇用の状態に置かれて被用者保険に加入できない低所得層の場合、これはセーフティ・ネットから外れてしまう要因になりかねない。日本の社会保険には「困っている」人を支援しないという側面がある。

「困っている人」をまず助けよう

日本の社会保障は少子高齢化の下で多くの問題を抱えているが、アベノミクスは社会保障には大きな関心を寄せていない。日本がデフレ的な状況から回復し、公共依存型の経済成長を続ければ、社会保障の問題は解決されるという楽観論があるように思える。

一方、社会保障改革をめぐる論議を見てみると、所得格差といっても、世代間格差が争点となっている。経済学者は、高齢層に比べて現役層が不利になっている世代間格差を問題視し、現行制度の見直しを求める。公的年金の積立方式への移行論などがその代表例である。それに対して、政府や社会保障の専門家は、『厚生労働白書』（特に二〇一二年版）等を通じて、「私的な扶養から社会的な扶養に移行する過程では、世代間格差が生じるのは当然」といった反論を展開している。

筆者は、世代間格差に対する問題意識やその是正策はきわめて重要であり、政府や一部学者の主張には現行制度を必要以上に擁護するバイアスがかかっていると考えている。しかし、経済学者がいくら世代間格差の是正を目指す改革を提案しても、高齢者向けの給付削減を求める以上、政治的には受け入れにくい。政府も対抗上、現行制度の擁護につい力が入ってしまう。そうなると、話はなかなか前に進まない。現役層から高齢層への所得移転に偏重し、貧困是正に手薄な現行制度はそのまま続く。

世の中には、「困っている人」がいる。しかもその困り方の度合いは国際的に見ても深刻である。だから、年齢とは関係なく、とにかく「困っている人」を「困っていない人」が助ける仕組みを強化するにはどうすればよいか、という観点から議論を始めるべきである。年寄りにも若者にも、「困っている人」もいれば「困っていない人」もいる。年齢や世代で区切って議論をすると、議論が空回りしてしまう。日本の再分配政策は、先進国の中で明らかに落第点を与えられている。この事実をまず認識すべきである。

第五章　子育て支援をめぐる課題

1　子供数は回復するか

出生率はどう計算するのか

筆者の勤務している大学は、キャンパスが市民に公開されている。そのため、学生や教職員だけでなく、お年寄りが絵を描いていたり、若い母親たちが乳母車を押していたり、なかなかなごやかである。近所の保育園の子供たちも大勢やってきて、元気よく遊んでいる。小さな子供たちが周りにいると幸せな気分になれるのは、筆者だけではないだろう。

本章では、子供の話を取り上げる。子供数が少なくなっていることは、日本の抱える大きな問題の一つである。本書でこれまで取り上げてきた社会保障も、少子化が進んでいなければ、改革する必要はほとんどない。子供が順調に増えていけば、社会はなんとか維持・発展できる。しかし、少子化はそれとは逆方向の動きである。なんとかならないものか。

最初に、こういう話をするときに必ず出てくる出生率の意味を説明しておこう。一人の女性が生涯に出産する平均的な子供数の推計値を、「合計特殊出生率」という。その値は、その年において、一五〜四九歳の女性の年齢別出生率（その年齢の女性が産んだ子供数÷その年齢の女性の人数）を平均して求められる。

本来であれば、生まれ年が同じ女性を一五歳から四九歳まで追っていき、平均して何人子供を産んだかを調べるべきなのだが、それだと四九歳まで待つ必要があるので、それぞれの時点で一五〜四九歳の女性の出産状況を調べているわけだ。だから、日本のように晩婚化・晩産化が進んでいると、合計特殊出生率は実勢より高めの値を示すことに注意する必要がある。

日本の合計特殊出生率は、一九六〇年代には二前後だったが、その後急速に低下し、二〇〇五年には一・二六となった。それから幾分持ち直し、二〇一五年には一・四五となっている。将来はどうか。国立社会保障・人口問題研究所は定期的に将来人口推計を公表しているが、政府の長期的な政策運営の前提となる「中位推計」（二〇一七年四月推計）によると、出生率はこれまでの推計よりは高めになるものの、二〇六五年でも一・四四にとどまると見込まれている。

このように、日本の出生率はひとまず底入れし、累積的な低下は回避される見通しだが、それでも出生率は人口の再生産に必要な二を大きく下回り続け、少子化傾向はこれからも持続することになる。

このような出生率の低下は、欧米諸国でも共通して見られる。その理由として私たちの頭にまず思い浮かぶのは、女性の社会進出だろう。女性の所得機会が増加することにより、子育てのために就業をあきらめたり、勤務時間を短縮したりすると所得の損失が生じる。こうした子育ての機会費用の高まりが出生率の低下につながってきた、というのが常識的な考え方である。実際、どこの国でも女性の就業率の上昇と出生率の低下は明確な形で同時進行している。この事実に基づく限り、女性の就業率が上昇すると出生率が低下する、と結論づけてもよさそうである。

女性の社会進出で子供は増えるのか

ところが、時系列的な変化ではなく、同じ時点で女性の就業率と出生率との関係を見ると、むしろプラスの相関があることが分かっている。OECD（経済協力開発機構）加盟国のデータを見ても、女性の就業率が高い国ほど出生率が高めになっている。この事実に基づいて、「出生率を引き上げるためには男女共同参画を進め、女性の就業率を高めるべきだ」といった主張を耳にすることがある。今では懐かしい言葉になってしまった「小泉チルドレン」の一人、猪口邦子参議院議員も、少子化対策・男女共同参画担当の大臣だった二〇〇五年頃にこの主張を展開し、話題になった。

女性の就業率と出生率との間にプラスの相関が見られるという事実は、その意外性のために日本だけでなく外国でも注目されており、その解明の研究も進んでいる。ただし、ここで注意すべきなのは、OECD加盟国の間における両者の相関関係は、一九八〇年代前半までは常識に沿う形でマイナスであったが、八〇年代に入って相関関係が不明確になり、その後プラスに転じているという点である。

なぜそうなったのか。ケーゲルというドイツの人口学者は、この問題を扱った論文を二〇〇四年にすでに発表している。ケーゲル教授は、それぞれの国で出生率に影響を与える、観察されない固定的な要因があると想定して、その要因の影響を制御した場合の分析結果を報告している。それによると、女性の就業率と出生率との間のマイナスの相関関係は、新しい時点のデータを含めても続いている。つまり、女性の社会進出が進むと出生率が低下するという常識的な関係は、完全には間違っていないことが確認されているわけである。

しかし、それと同時に、そのマイナスの相関関係が最近になるほど弱まることも、ケーゲル教授らによる別の研究で明らかになっている。したがって、相関関係の時系列な変化に、根拠がまったくないわけではないようである。

日本でも、都道府県別に見ると女性の就業率と出生率との間には、かなり緩やかではあるがプラスの相関関係が見られる。このプラスの相関関係も、OECD加盟国の場合と同様、一九八〇年代後半に入ってから見られるようになったことが知られている。そして、ほかの先進国と同様に、女性の就業率の上昇と出生率の低下は日本でも同時進行している。

こうした事実から判断すると、女性の就業率と出生率との相関関係は安定的ではなく、時代によって変化する性格のもののようである。したがって、相関関係がマイナスからプラスに転じた理由こそ解明する必要がある。例えば、子育て支援策のおかげで、女性が働きながらでも子育てを無理なくできるようになり、マイナスの相関が弱まったということかもしれない。ケーゲル教授もその可能性を指摘している。

しかし、子育て支援策だけで、相関関係がマイナスからプラスに転じたことをきちんと説明できるのか、筆者は懐疑的である。男女共同参画を進めると少子化に歯止めがかかるといった類の話は、「風が吹くと桶屋が儲かる」的なところがある。そもそも、少子化対策と男女共同参画は別の次元の政策であり、少子化対策のために男女共同参画を推進するというのは、よく考えてみるとおかしな話である。

研究者の立場から言っても、少子化対策の効果を検証することはとても難しい。なぜかというと、子育て支援の充実度（保育所の整備率や児童手当、医療費補助の額など）と子供数との間にプラスの相関関係が観測されたとしても、両者の間に因果関係があるとは結論づけにくいからである。保育所が整備されたから子供数が増えたのか、子供数が増えたから保育所が整備されたのか。因果関係は、公表されたデータだけからでは読み取りにくい。第三の要因が両方に影響している結果、相関関係があるように見えているだけかもしれない。

もちろん、こうした問題を統計的にきちんと処理した実証研究も外国ではいくつかある。しかし、子育て支援が子供数にプラスの影響を及ぼすことを統計的に確認した実証研究は、筆者の知る限り国内ではあまり見当たらない（保育所の整備や育児休暇が女性の就業を促進する効果は、結構確認されている）。

若者の結婚離れと出生率の低下

さらに言うと、女性の就業率が出生率に対して持っている意味合いも、未婚女性と既婚女性とではまったく異なるはずである。女性の就業行動と出生率との関係をきちんと分析するためには、国全体や都道府県ごとに集計されたデータではなく、女性一人ひとりの行動を、時間を追って調べた調査（そういうタイプの調査をパネル調査と言う）から得られるデータを用いて行う必要がある。これは、今後の研究が期待されるところである。

ここではこの問題にこれ以上深入りせず、国全体のデータを用いて、出生率低下の要因を別の角度から考えてみる。筆者は、子育て支援云々よりも、若者の「結婚離れ」が少子化の原因ではないかと考えている。その仮説の妥当性を簡単にチェックしてみたい。

日本の場合、婚外子（法律上の婚姻関係にないカップルから生まれた子供）の比率は全体の二％を若干上回る水準で安定的に推移している。したがって、出生率は、①各年齢においてどれだけの比率の女性が結婚しているか（または、どれだけの比率の女性が未婚のままでいるか）、②既婚女性（配偶者のいる、あるいは配偶者と離死別した女性）のうち子供を産んだ者は何人いるか、という二つの要因の掛け算でほぼ決まることになる。ほかの先進国では婚外子の比率がかなり高いので、このような単純な要因分解はできない。

まず、第一の要因を見てみよう。日本では近年、若者の晩婚化・非婚化の顕著な進行が見られる。総務省「国勢調査」によると、一九七〇年から二〇一〇年にかけて、未婚率は二〇～二五歳では二〇・九％から五八・九％へ、二五～二九歳でも七・七％から三三・九％へと大幅に上昇している。この傾向は、明らかに出生率にブレーキをかけている。

第二の要因はどうか。国立社会保障・人口問題研究所の資料によると、配偶者がいる、あるいは配偶者と離死別した女性一〇〇人当たりの出生児数は、一九七〇年から二〇一〇年にかけて、二五～二九歳では二五・九人から二三・九人へとやや減少しているが、三〇～三四歳では九・五人から一五・

七人へと大きく上昇している。

したがって、出産のタイミングが遅くなっているだけで、既婚女性の出生率は全体として見るとあまり低下していないようにも見受けられる。そうだとすれば、出生率の低下傾向は未婚率の上昇だけでかなりの程度説明できることになる。その点をもう少し詳しく見ていこう。

ここでは、つぎのような試算をしてみよう。まず、合計特殊出生率が二・一〇だった一九七〇年を基準時点として選ぶ。そして、それぞれの年齢階級における未婚率が一九七〇年の値で固定され、低下しなかったと仮定したときに、一九七〇年以降の各時点における出生率がどうなるかを計算してみる。ここでは、結婚しさえすれば、各年において実際に観測された、各年齢階級における既婚女性の出生率（例えば、三〇～三四歳の既婚女性が一人当たり何人の子供を産んだかという数字）で子供が生まれると想定している。このケースをケースⅠと呼ぶ。

もう一つのケース、すなわちケースⅡでは、各年齢階級における既婚女性の出生率が一九七〇年からまったく変化しなかったと仮定する。ここでは、各年齢階級における未婚率は、それぞれで実際に観測された値を適用する。

ケースⅠにおいて計算される出生率は、実際の出生率をおそらく上回るだろう。その上回る分は、出生率の低下のうち未婚化で説明できる分と考えることができる。そして、既婚カップルが昔に比べて子供を少ししか産まなくなっているからこそ少子化が進んだ、という説明が正しいのであれば、ケースⅡで計算される出生率が、実際の出生率を上回っているはずである。

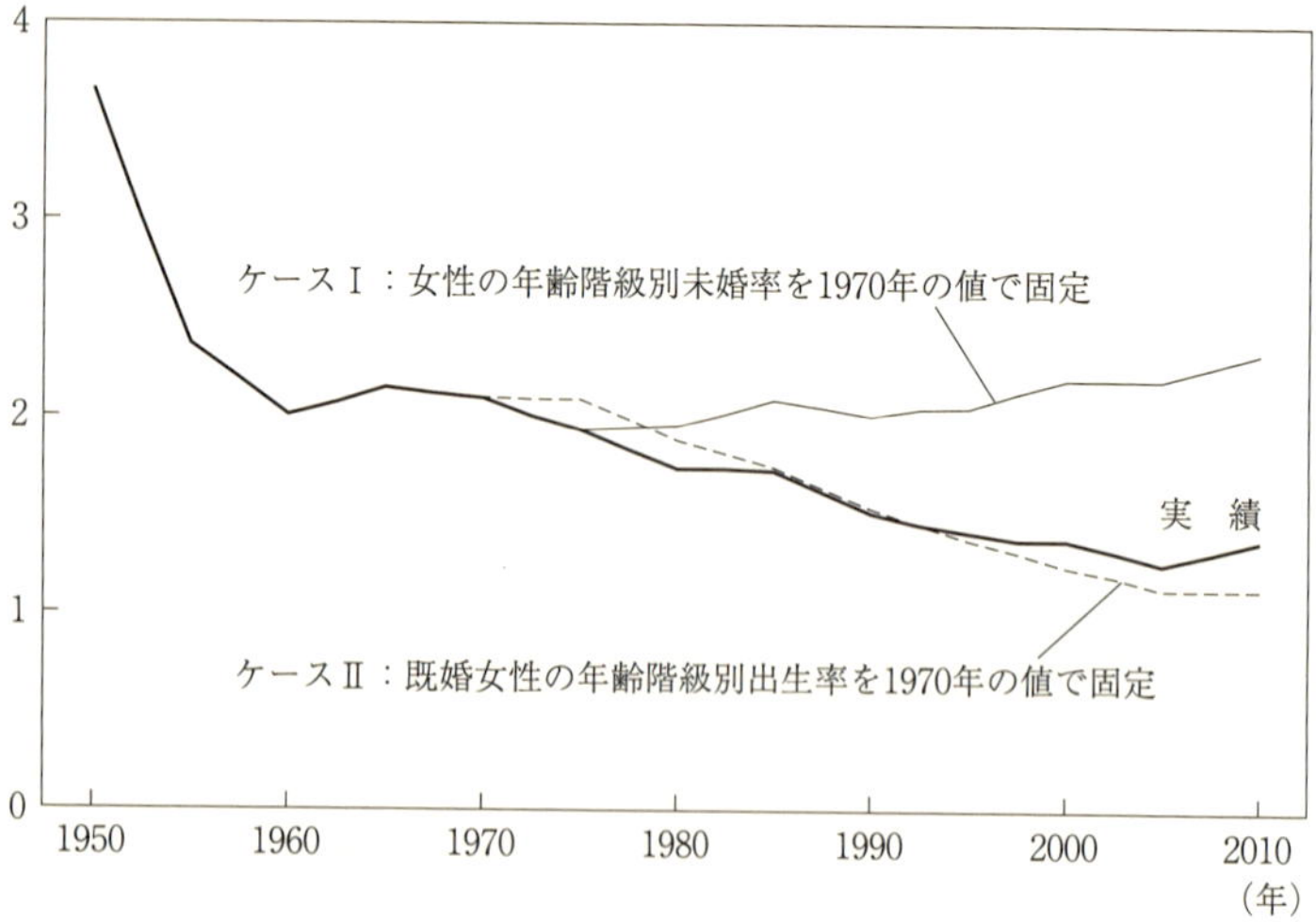

図5-1　合計特殊出生率の変化の要因分解

出典：総務省「国勢調査」厚生労働省「人口動態統計」に基づき，筆者推計。

それでは、試算結果を見てみよう。図5－1がそれをまとめたものである。ケースⅠで試算される出生率は一九七〇年から横ばいないしわずかな上昇傾向を見せており、二〇一〇年では二・三三になっていたはずだと試算される。この値は二〇一〇年の実績値を大幅に上回っているだけでなく、基準時点であった一九七〇年の実績値をも若干ながら上回っている。ということは、この四〇年間における少子化の進行は未婚化の高まりでほとんど説明でき、既婚カップルが子供を生まなくなっていることは理由になっていないことが分かる。

そこで、ケースⅡの結果も見ておこう。図によると、ケースⅡで試算される出生率は実績値とほぼ同じような低下傾向を見せ、二〇一〇年には一・一四という値をとっている。この値は同年の実績値を若干下回っている。したがって、男女は昔のように結婚さえしていれば、出生率は低下していなかったことになる。

この二つのケースの結果を踏まえると、日本でこれまで出生率が低下してきたのは、人々が昔に比べて結婚しなくなったからだ、という説明で十分だということになる。身も蓋もない言い方になってしまうが、データから判断する限りそう結論づけるしかない。もちろん、ここでの計算はかなり粗っぽく、人口学の専門家から多くの問題が指摘されそうである。しかし、この試算結果から示唆されることがまったくの間違いとまでは言えないと思う。

ややしつこいようだが、既婚カップルが子供を産む度合い（出生力）がそれほど低下していないことをチェックしておくために、「完結出生児数」という数字にも触れておこう。完結出生児数とは、結婚持続期間が一五〜一九年の夫婦に生まれる平均的な子供数のことである。国立社会保障・人口問題研究所がほぼ五年に一度実施している「出生動向調査」によると、この完結出生児数は一九七〇年代以降、二人を若干上回る水準で安定的に推移してきた。ところが、二〇一〇年にこの完結出生児数が初めて二人を割り込んで一・九六となり、メディアでも注目されたことがある。

しかし、晩婚化の傾向を受けて第一子の出産時期が遅れていることを考えると、完結出生児数が低下するのはむしろ自然な姿である。おそらくこれからも徐々に低下していくだろう。だから、完結出生児数の低下からただちに「カップルにとって出産・子育てが難しくなっている」という一般的な結論を導き出すのは早急すぎる。そう結論づけることで、出産・子育て支援の強化という政策提言に自然とつながることにはなるが、その政策提言そのものは正しいとしても、データに基づいた議論の立て方という点からすると、そこは少し慎重であるべきだと筆者は考えている。

遠回りが結局、近道に

子育て支援が重要であることは筆者も十分認識しているし、その効果については次節で詳しく議論する。しかし、日本でこれまで進んできた少子化のかなりの部分は、既婚後のカップルの出産・子育てを取り巻く環境の変化というより、若者がなかなか結婚にたどり着けないことで説明できるというのが筆者の見方である。

非正規雇用の比率が高まるなど、所得・雇用環境が不安定となり、先行きが不透明になっている状況下では、生涯を共にするパートナーを見つけることはこれまでより難しくなっている。実際、非正規雇用者だと結婚が遠のくことを示した実証研究も国内でいくつかある。結婚前と結婚後のどちらの要因が重要かという問いかけをされたとすれば、筆者は結婚前のほうがはるかに重要だと答える。

既婚カップル向けの子育て支援策の拡充も重要だが、それ以上に、結婚が超えられないハードルになっている若者が増えている状況をもっと問題にしなければならない。公教育や就業支援をさらに強化するほか、非正規雇用でも差別なくカバーされるような形でセーフティ・ネットを整備することを通じて、若年層に経済的な力をつけさせ、将来の見通しを明るくすることは、たとえ遠回りになったとしても、最も効果的な少子化対策になるはずである。

既婚カップル向けの子育て支援策はむしろ、少子化対策と切り離したほうがよいのではないか。既婚女性にどんどん子供を産ませ、総人口の規模を一定水準に維持すべきだという発想は、あまりセンスがよいとは言えない。そもそも女性の支持を得られないだろう。むしろ、子育て支援は、子供を産み育てるという人間本来の営為を社会全体で温かく支援し、その営為を阻害する要因をできるだけ排除するという観点から進めるべきである。

2 女性の就業と出生率

女性が働くほど子供は増えるのか

前節では、女性の就業率と出生率との関係を取り上げた。女性が社会進出すると出産・子育てになかなか手が回らず、出生率は低下するというのが普通の発想であろう。ところが、OECD加盟国のデータを見ると、女性の就業率が高い国ほど出生率がむしろ高くなる傾向が確認できる。この事実をどう解釈するかという問題をそこで取り上げた。本節では、この女性の就業率と出生率との関係、そして家族支援策のあり方についてもう少し掘り下げて考えてみる。

そのためにまず、つぎのことを確認しておきたい。つまり、一時点において、女性の就業率と出生率との間にプラスの相関が観測されたとしても、そこからただちに「女性が働くほど子供は増える」という因果関係を読み取ることは明らかな間違いである。この話は、大学あるいは高校や中学校でも、統計の見方を説明するときに教わることだと思う。しかし、この基本ルールを守らず、初歩的なミスを犯す人が少なくない。

しかし、一方的な因果関係を想定する説明は、経済の分野では結構行われている。例えば、「一〜三月期のGDP（国内総生産）は、民間の消費支出が好調だったので、高い伸びを示した」という説明をよく耳にする。この説明はそれ自体としては間違っていないが、GDPが人々の所得でもあることを思い起こすと、GDPが高い伸びを示したから消費が伸びたという可能性も十分考えられる。一般的に、統計から因果関係を読み取ることは意外と難しいことなのである。

女性の就業率と出生率との間にプラスの相関があることを示したグラフはとても印象的であり、各方面に大きなインパクトを与えてきた。日本だけでなく、諸外国でもこのプラスの相関はかなり注目されている。女性の就業促進・家族支援策を積極的に進めてきた国々の政府も、政策を正当化する材料として利用する傾向が見られた。

しかし、研究者の間ではどうだったのだろうか。このグラフは二〇〇〇年代に入ってから注目されだしたようだが、人口学の分野でも大きな話題になっていた。しかし、当然ながら、きわめて否定的に受け止められてきた。筆者は、知人の人口学の研究者にその辺の事情を教えてもらったことがあるが、海外の人口学の学会でも、この問題をわざわざ取り上げるセッション（分科会）が設けられたことがあったそうである。因果関係を否定するような事実も簡単に指摘できるので、「女性が働くほど子供は増える」という類の話は相手にしないほうがよい、という認識が研究者の間では一般的になっているようだ。統計学の入門書を見ても、統計を読む際の初歩的なミスを生む代表的な例として、このグラフを紹介しているものもあるそうである。

そもそも女性就業や出産・子育てを取り巻く環境やその変化は国によって大きく異なり、それを考慮しなければ何とも言えないというのが、やはり常識的な考え方であろう。その点を確認するために、ここで単純な思考実験を行ってみよう。読者は、横軸に女性の就業率、縦軸に出生率をとったグラフを頭に思い浮かべていただきたい。

今、世界がＡ国、Ｂ国という二つの国で構成されていたとしよう。ある年のデータを調べると、Ｂ国はＡ国に比べて女性の就業率は高く、出生率は逆に低かったとする。このとき、このグラフでは、Ｂ国はＡ国の右下に位置している。このグラフを見ると、女性の就業率が高いほど出生率は低くなるという、マイナスの因果関係を推測したくなる。

ところが、その後の一〇年間に、両国の状況がつぎのように異なったと仮定する。すなわち、Ｂ国では、女性の就業率も出生率も変化しなかった。これに対してＡ国では、女性の就業率は変化しなかったものの、出生率は大きく落ち込み、Ｂ国の値を下回ってしまったとする。このとき、グラフ上では、Ａ国とＢ国の位置関係は昔から大きく変化し、Ｂ国はＡ国の右上に位置することになる。

つまり、一〇年後のグラフを見ると、女性の就業率が高いほど出生率はむしろ高くなるという因果関係を読み取ろうという気持ちになる。ところが、この一〇年間に起こったことは、Ａ国で出生率が落ち込んだという変化だけである。その事実を知っていれば、そんな因果関係を読み取ろうとは思わないだろう。

各国に固有の要因を取り除くと

以上は極端な例だが、一時点の統計だけから相関を読み取ることがいかに危険かを分かっていただけたと思う。しかし、だからと言って一国の状況を時系列に調べるだけで話が済むわけではない。世の中に存在する変数は、時が経つにつれてトレンド（傾向）として増加したり、減少したりするものがかなり多い。そのようにトレンド性の高い変数どうしの相関を見ると、仮に両者の間に理論的に明確な関連性が考えられなくても、マイナスあるいはプラスの高い相関が見られることが少なくないのである。

それではどうすればよいか。やはり、一国だけでなく多くの国の状況を、そして、一時点ではなく異なる時点の状況を見比べる必要がある。それと同時に、国ごとによって異なる事情をきちんと考慮に入れなければならない。以上の点を踏まえた分析手法としては、「固定効果モデル」と呼ばれる手法がある。このモデルでは、各国に固有でしかも変化しない効果の影響が取り除かれる。それによって、女性就業と出生率との間の関係のうち、各国の事情の違いで説明できる部分が取り除かれるわけである（ただし、それでも因果関係が捉えられるわけではないことには注意が必要である）。人口学の世界でも、この手法に基づく研究が二〇〇〇年代以降、積極的に進められており、研究が蓄積されつつある。

固定効果モデルを用いたこれまでの研究を見ると、女性の就業率と出生率との間には、やはりマイナスの関係があるという結論に至っているものが少なくない。やはり、「女性が働くほど子供は増える」という言説は、そのままでは受け入れられないのである。

しかし、これまでの研究を眺めてみると、分析対象となるデータを新しいものにするほど、女性の就業率と出生率との間のマイナスの相関が弱まっている傾向を示しているものもある。したがって、両変数の関係は時代とともに変化しているようである。

筆者は最近、OECD加盟国のうち二〇カ国について、一九八〇年から二〇〇九年までの女性の就業率と出生率のデータを入手した。先行研究の扱っているデータは、二〇〇〇年前後までのものが多い。もっと新しいデータまで分析対象を広げると、結果はどのように変化するだろうか。以下では、筆者が最近行った分析の結果の一部を簡単に紹介してみよう。

弱まるマイナスの相関

女性の就業率と出生率との間の相関は、一九八〇年代までは同じ時点で見ると毎年マイナスになっていた。それが、八〇年代以降になるとプラスに転じ、それ以降はプラスの時代がかなり続いている。それを考えると、新しい時点まで対象期間を延ばすと結果は先行研究の一般的な結果とは違ってくるのでは、と思えてくる。

それと同時に、家族支援策の充実が出生率の回復にどこまで効果があるかも、少子化対策のあり方を考えるうえで重要である。この点に関しても数多くの研究が進んでいるが、政府が家族支援を拡充すると出生率が引き上げられることを確認したものがいくつかある。しかし、家族支援のタイプによって効果に違いがあり、国や時期によっても結果が異なるので、政策効果については何とも言えないところがある。

その点も、ついでに調べておくことにする。OECDは、年金や医療給付、生活保護など政府が国民向けに支出する額を「社会支出」としてまとめるとともに、その中身についても細かく公表している。ここでは、家族を支援するために支給される「家族社会支出」の対GDP比と出生率との関係も同時に調べてみる。

具体的な分析に際しては、女性の就業率や家族社会支出の対GDP比、そして失業率によって翌年の出生率を説明し、しかも各国固有の要因の影響を取り除く固定効果モデルを推計する。ここで、出生率の値を翌年のものにするのは、例えば、子供が生まれると離職する確率が高くなるといった、この分析で注目したいと考えているのとは逆方向の影響をできるだけ取り除くためである。また、失業率の動向を考慮するのは、各国におけるマクロ経済の変化が出生率に及ぼしている影響を制御するためである。

そして、出生率を説明するモデルを推計する期間について、ここでは、①一九八〇〜一九九九年、②一九八五〜二〇〇四年、③一九九〇〜二〇〇九年という三種類を考える。つまり、いずれも二〇年間だが、五年ずつずらしていくわけである。③が最も新しい期間になっている。

以上のモデルを実際のデータに当てはめた結果をまとめたものが、図5-2である。この図の左半分は、それぞれの期間において、女性の就業率が一%上昇したときに、翌年の出生率がどれだけ変化するかをまとめたものである。

一方、図の右半分は、家族社会支出の対GDP比が一%上昇したときに、出生率がどれだけ変化するかを示している。数字の横にアスタリスクがついているが、その個数が多いほど統計的に有意であることを意味する。数字にアスタリスクがついていない場合は、その数字が統計的に有意ではないことになる。

最初に、女性の就業率と出生率との関係を見てみよう。期間①では、女性の就業率が一%上昇する

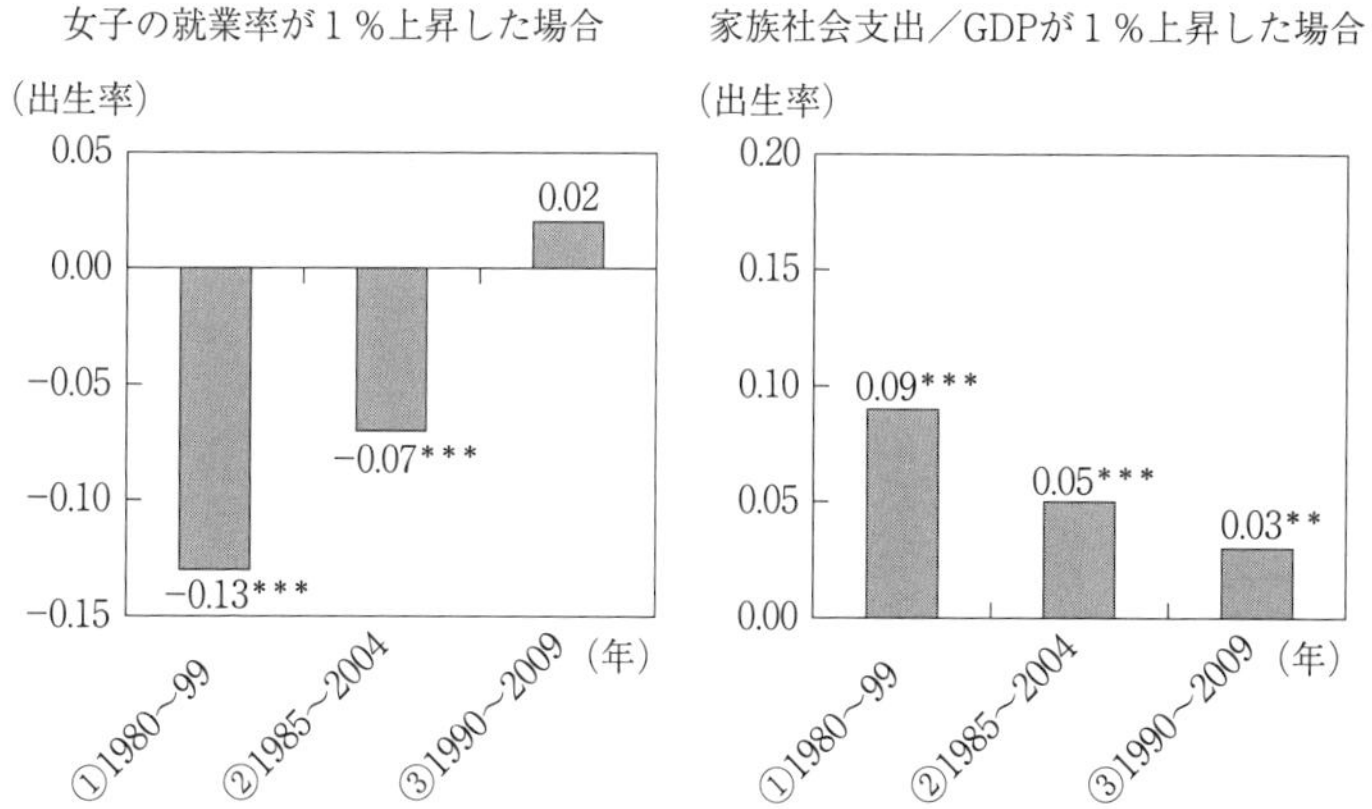

図５-２　出生率はどれだけ変化するか（OECD 加盟国）

注：OECD 加盟国のうち 20 カ国を対象。*** $p<0.001$，** $p<0.01$
出典：筆者推計。

と、出生率は〇・一三低下していた。この関係は統計的にかなり有意であり、女性の就業率と出生率との間にマイナスの相関が存在していたことが分かる。期間を五年ずらした期間②になると、出生率の低下は〇・〇七と、やや小幅になる。ただし、統計的にはかなり有意な状態が続いている。

つまり、期間①と②の結果を見ると、女性の就業率と出生率との間には、プラスではなくマイナスの相関があること、しかし、その相関が弱まっていることが確認できる。この結果は、これまでの研究の一般的な結果と整合的である。

ところが、対象期間をさらに五年間ずらした期間③になるとどうだろうか。女性の就業率が一％上昇すると、出生率は〇・〇二だけむしろ上昇している。しかし、この値は統計的に有意ではない。つまり、最近のデータを用いると、女性の就業率と出生率との間には明確な関係が見られなくなっているのである。

一方、家族支援と出生率との関係についてはどうだろうか。期間①では、家族社会支出の対ＧＤＰを一％引き上げると、翌年の出生率は〇・〇九上昇していた。この値は、統計的に有意である。期間②、期間③と対象期間をずらしていくと、家族支援が出生率を統計的に有意な形で引き上げる関係は続くものの、その効果の大きさは〇・〇五、〇・〇三と小さくなっていくことが分かる。

変化の背景にあるもの

以上の分析は、かなり単純化されたモデルに基づくものである。出生率の数字は翌年のものにし、各国に固有の要因の影響は取り除くといった工夫を行ってはいるものの、因果関係が正確に把握できているわけではない。したがって、結果の解釈は慎重でなければならない。それを十分考慮したうえで、分析結果から何が言えるのか、推測を加えながら話を進めてみる。

まず、新しいデータを用いるほど、女性の就業率と出生率との間のマイナスの相関が弱まっていく、という事実はやはり最大の注目点である。先行研究では、両者の相関がマイナスだという事実の認識に力点を置く傾向があった。しかし、現実の統計を見ると、状況は少し変わってきているようだ。

どうしてだろうか。女性が社会進出すると、出産・子育てのためにあきらめざるを得ない所得（機会費用）が高まる。だから、女性の社会進出は、それ自体としては子供数を引き下げるはずである。実際、その傾向は、昔のデータでは明確に確認することができた。

しかし、女性の社会進出が進むと、そうではなくなってくる。出産・子育てと就業を両立させる制度の確立や、家族支援策の強化を求める声が次第に高まっていく。各国政府もそれに応え、子育て支援を強化する。そうした動きが強まり一般化すれば、出産・子育ての機会費用が低下し、女性の就業率の上昇が出生率の低下につながるという経路が弱まることになる。このような変化が、この二つの変数の相関の変化に反映されていると考えられる。

一方、家族支援策の出生率引き上げ効果が、統計的には有意であるものの、期間を新しいものにするほど低下しているのはなぜだろうか。効果がどんどん高まってもおかしくない。しかし、それとは逆のことが起こっていることを説明する理由としてはつぎのようなものが考えられる。

まず、家族支援策はどの国でも拡充しているので、さらに拡充しても、追加的な効果は次第に低下していくのかもしれない。つぎに、家族支援策は女性が働きやすい環境づくりにつながり、賃金を得るチャンスを高めるが、それ自体は、女性の出産・子育ての機会費用を高め、子供数の増加にブレーキを掛ける可能性もある。さらに、これは人口学の研究者から指摘されたことだが、どの国でも晩産化傾向が進んでいるので、家族支援策を拡充しても、子供数の引き上げにあまりつながらなくなっている、ということも考えられる。

子供数が順調に回復すれば、財源不足や世代間格差に直面する社会保障を始めとして、現在の社会制度が抱えるかなりの問題は無理なく解決できる。どのような改革を行っても有利になる世代と不利になる世代が生まれ、すべての世代を同時にハッピーにすることは難しい。子供数が回復すれば、そうした八方塞がりの状況も少しは改善される。だから、筆者も出産・子育てを支援する仕組みをもっと整備すべきだと考える。

しかし、それと同時に、女性の就業行動と出生率との関係、そして、家族支援策が出生率の引き上げに及ぼす影響については、データに基づいてもう少し丁寧な分析をしておいたほうがよいと思う。一時点に見られる相関だけで「女性が働くほど子供は増える」と単純に考えることは、やはり間違いである。しかし、完全に否定してよいのかと問われると、なかなか答えにくい状況になっている。子育て支援の効果にも、どこまで期待してよいのか分かりにくい面がある。有効な政策を考えるためにも、さらなる研究が必要である。

3　子供は親を選べない

親を選べないことによるリスク

本書ではこれまで、社会保障のあり方についていろいろ検討してきた。社会保障は、病気になったり、要介護状態になったり、あるいは高齢になって所得を稼げなくなるリスクを社会全体で分散する重要な仕組みである。しかし、どのような親の下に生まれ、どのような家庭環境で育てられるかも、私たちの人生を左右する大きなリスクである。

劣悪な家庭環境で育てられることは、私たちにとって最も避けたいリスクの一つだろう。しかも、このリスクはほかの社会的なリスクとは性格が大きく異なる。病気になるリスクは、私たちの日頃の心掛けで少しぐらいなら軽減できる。塩分や脂肪の少ない食事を摂り、運動を心掛ければ、病気になるリスクは低下するだろう。年老いて働けなくなっても、若いうちに頑張って働いておけば、その蓄えでなんとか生活できる。このように、通常考えられる社会保障の対象となるようなリスクは、自分で少しは軽減できる。

ところが、子供が直面するリスクは、子供自身にはまったく操作できない性格のものである。まさしく、「子供は親を選べない」。経済学の用語で表現すれば、どのような親によって産み育てられるかは、子供から見ると完全な「外生変数」なのである。まったく無防備な形で世の中に生まれてくる子供にとって、問題の多い親の下に生まれ、育てられることは、自分では操作できないリスクである。

虐待・ネグレクトによる心の傷

とりわけ深刻な状況は、愛情を注いでもらえるはずの親から虐待を受け、最悪の場合は命を落とす子供もいることである。

厚生労働省の調査では、児童相談所での児童虐待相談件数は、調査の始まった一九九〇年度では全国で一一〇一件だったが、二〇〇〇年には一万七七二五件、二〇一三年度には七万三七六五件と加速度的に増加している。虐待問題の啓発活動によって虐待への意識が高まり、児童相談所への通告や相談が増えたという面ももちろんあるだろうが、ここまでの増加ぶりには注目すべきである。

同様に、警察庁の調査でも、全国の警察が摘発した児童虐待事件は、二〇〇三年の一五五件から二〇一三年には四六七件へと大きく増加している。検挙内容としては、身体的虐待（七二％）の比率が圧倒的に高く、性的虐待（二二％）がそれに続くが、ネグレクト（怠慢または拒否）や心理的虐待もそれぞれ三％となっている。生まれたばかりの子供の養育を放棄したり、殺してしまったりするという悲惨な事例も報じられている。

筆者は、子供時代に親から受けた虐待が、大人になってからのメンタルヘルスにどのような影響を及ぼすかを調べたことがある。東京大学の川上憲人教授を代表とする研究プロジェクトの下で、首都圏の四つの市区に住む約三三〇〇人のデータを用いた分析がそれであり、以下ではその結果の一部を紹介しよう。

この調査では、子供時代（小中学校時代）に両親から肉体的な虐待やネグレクトを受けたかどうかを尋ねると同時に、調査時点のメンタルヘルスの状況を調べている。サンプルのうち、両親から肉体的な虐待を受けた経験のある者は六・五％、ネグレクトされた経験のある者は二・二％となっている。

一方、メンタルヘルスとしては心理的ストレスの度合いに注目するが、その度合いを調べる方法には標準化されたものがあり、ここではK6という指標を用いる。第三章3節でも説明したように、K6は、いくつかの質問項目に対する回答を集計して指標にしたものであり、〇《ゼロ》から二四までの値をとる。日本人の場合、このK6が五以上あると、心理的なストレスがあると判断される。また、一三以上になると重症精神障害と判断される。さらに、この調査では、過去一年間に本気で自殺を考えたこと（自殺念慮）が一度でもあるかも訊いている。

分析に際しては、子供時代に親から虐待を受けた経験がある者にとって、K6が五または一三以上になるリスク、あるいは自殺念慮のリスクが、そうでない者のリスクに比べ何倍あるか――その値を「オッズ比」という――に注目する。オッズ比が一を上回るほど、虐待やネグレクトを受けた経験が、大人になってからのメンタルヘルスに悪い影響を及ぼしていることになる。逆に、オッズ比が一を下回ればよい影響を及ぼすことを意味し、一に近いと両者の間には統計的な関係があまりないことになる。この調査では、虐待やネグレクトの経験は昔を思い出して回答してもらっているので、完全に正確とは言えないが、大まかな傾向は把握できるだろう。

結果をまとめたのが、図5－3である。ここでは、比較のために、虐待やネグレクトの経験だけでなく、子供時代における学校でのいじめや両親の離婚・死別の経験についても、大人になってからのメンタルヘルスへの影響を見ている。

この図からは、さまざまなことが分かる。例えば、虐待を受けた経験のある者（左端）に注目すると、K6が五以上となり、心理的なストレスがあると判断されるリスクは、そうした経験のない者に比べて二・五一倍になっている。このオッズ比の値は、かなり高い（図には示していないが、統計的にもかなり有意である）。さらに、重度精神障害があるかどうかに注目すると、オッズ比は三・七三へと上昇する。自殺念慮に至ると、その値は五・九一に達することになる。

精神的な度合いの高いネグレクトになると、その経験のある者のメンタルヘルスはさらに悪化する。比較的軽度な心理的ストレスでもオッズ比は三・六一になっており、自殺念慮では実に一〇を上回る。親による虐待やネグレクトの影響がいかに深刻なものであるかが、こうした結果から確認できる。

まず解消すべき「子供の貧困」

学校でいじめられた経験についてはどうか。ここでは、学校で暴力や無視などが一二カ月以上続いたケースをいじめと定義している。その経験が大人になってからのメンタルヘルスにマイナスの影響を及ぼすことは、虐待やネグレクトの場合と同様である。しか

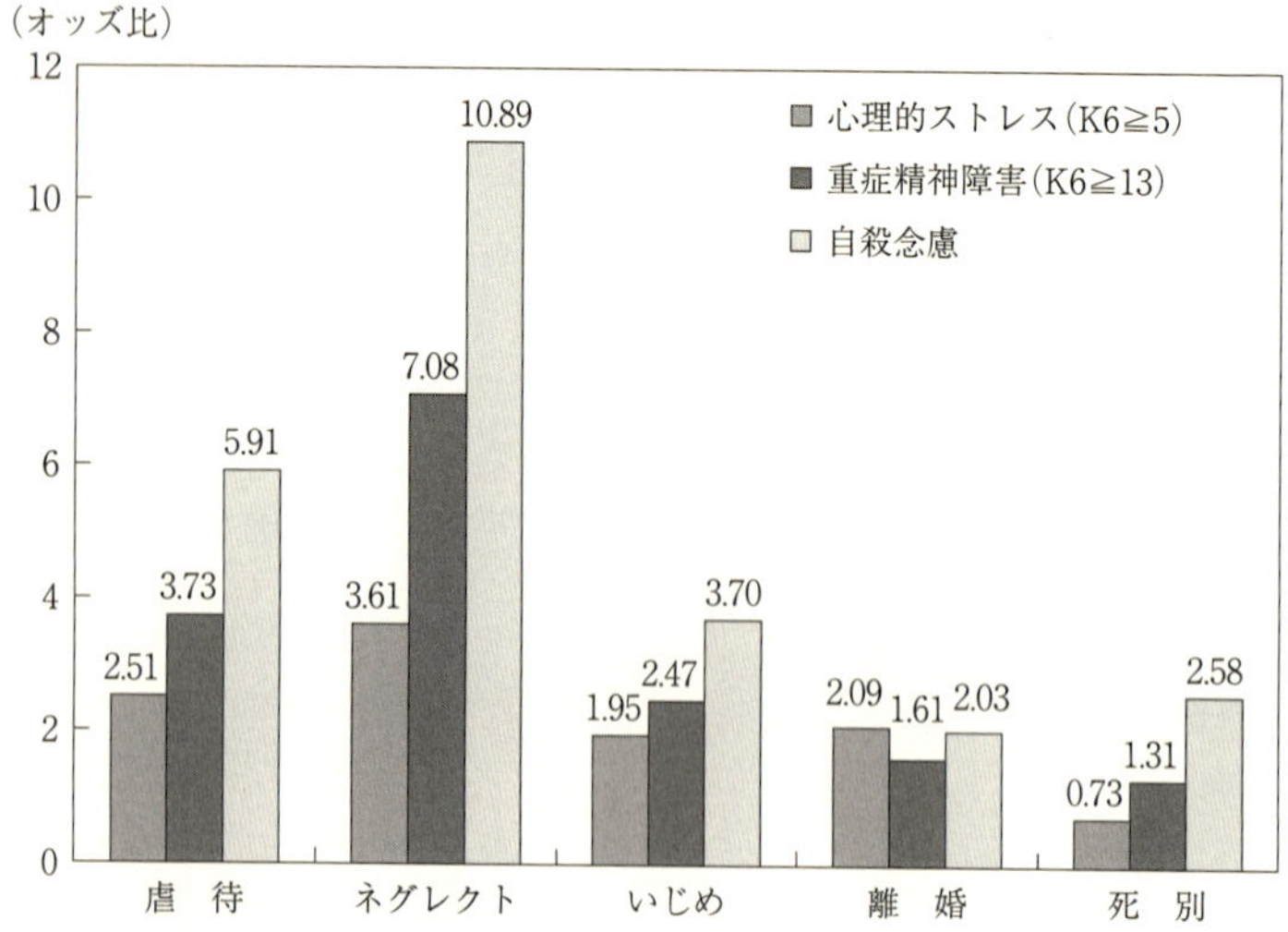

図 5－3　子供時代の経験と大人になってからのメンタルヘルス

注：K6，オッズ比の説明は本文参照。
出典：筆者推計。

し、計算されたオッズ比から判断する限り、その度合いは虐待やネグレクトの場合を大幅に下回る。

確かに、学校でクラスメイトからいじめられた経験が、心の傷となるのは否定できない。しかし、クラスメイトは所詮他人である。いじめられても、学校から帰ってきて温かく迎えてくれる親がいれば、少しは心が癒されるだろう。しかし、愛情を注いでくれるはずのその親から虐待を受け、ネグレクトされることは、子供にとって計り知れないショックとなる。そのショックから受けた傷は心の中に深く刻まれ、生涯にわたってストレス要因として働く。

比較のために、子供時代に親が離婚した者、あるいは親と死別した者のメンタルヘルスに目を向けてみよう。図からも分かるように、そうした経験のない者に比べると、大人になってからのメンタルヘルスはよくない。しかし、親による虐待やネグレクトの経験を受けた者に比べると、その度合いははるかに軽微である。重症精神障害に陥ったり、自殺を考えるに至ったりするリスクの場合、特にそれが言える。筆者の判断をここではっきり書いておいたほうがよいだろう。虐待やネグレクトをするような親であれば、いなくなってしまったほうが子供にとってははるかに望ましい。

しかし、このような話の進め方には大きな問題がある。というのは、虐待やネグレクトの問題を、出来の悪い親の問題と解釈しておしまいにすることは、社会科学のアプローチとして失格だからである。愛情を持って子供を生み育てるという、生物学的な裏づけもあるはずの行動を、親がとれなくなるのはなぜか、それを考えなければならない。

不安定な雇用・所得環境の下に置かれ、社会的な支援も受けられずにストレスばかりがたまる親が、抵抗できない子供に対する虐待やネグレクトにストレスの捌け口を見出しているということであれば、問題は社会全体で解決すべきものとなる。そして、虐待やネグレクトの原因究明の解決策の検討は社会科学者が取り組むべき重要な課題となる。筆者もそれを認識し、現在、少しずつ研究を進めているところである。国立社会保障・人口問題研究所が二〇一三年一二月に発表した「先進国における子どもの幸福度――日本との比較　特別編集版」によると、日本の総合順位は三一カ国中六位と比較的高めである。しかし、「子供の貧困」の度合いを示すいくつかの指標で評価される「物質的な豊かさ」の順位は二一位とかなり低い。

これは、子供を抱えた日本の若い世帯が、不安定な雇用・所得環境の下に置かれ、したがって子供もさまざまなリスクに晒される状況にあることを示唆するものである。そこに虐待・ネグレクト増加の原因があるとすれば、子供を虐待・ネグレクトから守る措置を緊急避難的に講じるとともに、「子供の貧困」問題の解決を目指した雇用・所得政策を強化することが必要となる。

第六章　働くことの意味を問い直す

1　働くことは幸せか

労働は「不効用」なのか

大学で経済学を勉強した読者ならご存じだと思うが、経済学の教科書では、労働は個人の「効用」（utility）を引き下げる「不効用」（disutility）として想定されている。個人は、与えられた所得の下でさまざまな経済行動を行い、効用を最大化する。しかし、労働は所得を得るために渋々行うのであって、労働そのものは効用にとってマイナスとなると経済学の教科書は説明する。その不効用を受ける見返りに、労働者は賃金を得ることになる。

このような経済学の説明には、賛成できるところもあるが、できないところもある、というのが人々の普通の受け止め方ではないだろうか。確かに、働くのはつらい。残業は適当にして、家に帰って家族と一緒に過ごしたいと思う。しかし、仕事にやりがいを感じ、誇りに思う人も少なくないはずである。得意先と困難な交渉を繰り返し、大きな成果を得たときの達成感は、何物にも代えがたい喜びとなる。

しかし、働き方も重要である。正規雇用者であれば、定年まで雇用が保証され、昇進や昇給もある程度期待できる。しかし、非正規雇用者であれば、雇用期間が終わればつぎの仕事を探さなければならない。社会保険も、会社は面倒を見てくれない、ということであれば、不安な毎日を送らなければならない。本書でもたびたび指摘しているが、非正規雇用の状態のままだと、セーフティ・ネットから抜け落ちる危険性がある。

私たちは、日頃の生活にどこまで満足して生活しているか。その度合いを生活満足度というが、それを左右する要因としても労働は重要な役割を果たしているはずである。非正規雇用者が全体の四割近くに達し、雇用が流動化している現代では、社会全体が陰うつになり、私たちはいつも総じてどんよりした気分で生活を送っているのかもしれない。

今回は、労働と私たちの生活満足度との関係について考えてみる。ただし、抽象的な話はやめて、具体的な数字に基づいて議論することにしよう。

労働は生活満足度を左右するか

実は、労働と幸せの関係についてはすでに数多くの実証分析が蓄積されている。労働すれば賃金が得られるので、所得という経済変数を経由すれば、労働は幸せにプラスに作用する。そこまでは、わざわざ分析しなくても察しがつく。しかし、その所得を経由した効果を除けばどうだろうか。働くということは、それ自体として人々の幸せを高めるのだろうか。

筆者らは、三〇代から五〇代の約六〇〇〇人を対象にした大規模なインターネット調査を実施し、中高年の就労・家庭生活や主観的厚生に関する実証研究を進めている。以下では、このデータを用いて、就業形態と生活満足度の関係を大まかに調べた結果を紹介することにしよう。

実際に推計に使ったサンプルは、男性三一一七人、女性二八二〇人の計五九三七人である。最近では、インターネットを使った社会調査がしばしば行われている。パソコン操作やインターネットに慣れ親しんでいる人にサンプルが偏るなど、データに歪みがあるかもしれず、信頼性に問題がないわけではない。読者はそれを念頭に置いて、以下の議論に付き合っていただきたい。

筆者らが行った調査では、「全体的に考えて、現在の生活にどれくらい満足していますか」という質問をして、「とても不満」「不満」「どちらかというと不満」「どちらかというと満足」「満足」「とても満足」という六段階で生活満足度を答えてもらっている。ここでは、このうち、「とても不満」「不満」「どちらかというと不満」のうちどれか一つを答えた場合を「生活満足度が低い」と解釈することにする。全体では、その回答の比率は四〇・七％となっている。

つぎに、就業形態を、「正規雇用者」（経営者・役員を含む）、「非正規雇用者」（パート・アルバイト、派遣社員、契約社員、嘱託）、「自営業者」（自由業を含む）、「無業者」（専業主婦・主婦パートを含む）の四つに分類する。全体に占める比率を見ると、正規雇用者四二・三％、非正規雇用者一六・四％、自営業者七・四％、無業者三三・九％となっている。無業者が多いのは、サンプルに専業主婦が多いからのようである。

そして、正規雇用者に比べて、ほかの三つの就業形態にある人たちが「生活満足度が低い」と感じるリスクが何倍高いかを示す、「オッズ比」と呼ばれる指標を計算してみる。このオッズ比は本書でもたびたび登場してきたが、一を上回るほどリスクが高くなることを示す指標である。

ただし、ここではつぎの四つの点に注意する。第一に、働くことの意味は男女によって異なるかもしれないので、推計は男女別に行う。第二に、女性の場合、無業といっても、専業主婦・主婦パート（公的年金のいわゆる第三号被保険者）とそうでない就業形態とでは状況が違うと考えられるので、女性については、専業主婦・主婦パートを含む場合とそうでない場合を考える。第三に、すでに述べたように、就業形態と所得（本人所得）とは密接な関係があるはずなので、所得の影響を取り除かないケースと取り除いたケースで推計結果を比較する。最後に、いずれの場合であっても年齢や学歴、婚姻関係の影響は取り除く。

「影響を取り除く」といっても具体的にどうするのか、疑問に思われる読者もいると思う。こうした処理は、すでに定型化されたものがあるのだが、ここでは紙幅の制約上、説明は省かせていただく。

男女間でどう異なるか

得られた推計結果は、表6－1にまとめてある。アスタリスクがたくさんついているほど、そのオッズ比が一から離れていることを、統計的に自信を持って言えるということを示している。また、カッコで九五％信頼区間というものが示されているが、これはこのオッズ比が九五％の確率で取り得る値の上限と下限を示したものである。この信頼区

表6－1　正規雇用者に比べて，生活満足度が低くなるリスクは何倍か

（単位：オッズ比）

	所得の影響を取り除かないケース		所得の影響を取り除いたケース	
	オッズ比	95％信頼区間	オッズ比	95％信頼区間
男　性				（サンプル数3,117）
非正規雇用者	2.18***	（1.70，2.81）	1.41*	（1.07，1.86）
自営業者	1.48**	（1.16，1.89）	1.07	（0.82，1.38）
無業者	2.45***	（1.90，3.17）	1.47*	（1.08，2.01）
女　性（専業主婦・主婦パートを含む）				（サンプル数2,820）
非正規雇用者	1.60***	（1.23，2.08）	1.44*	（1.09，1.92）
自営業者	1.40	（0.87，2.25）	1.30	（0.80，2.13）
無業者	1.04	（0.82，1.32）	1.13	（0.83，1.54）
女　性（専業主婦・主婦パートを除く）				（サンプル数1,365）
非正規雇用者	1.52**	（1.17，1.98）	1.36*	（1.02，1.81）
自営業者	1.29	（0.80，2.08）	1.18	（0.72，1.94）
無業者	1.66**	（1.17，2.36）	1.72**	（1.14，2.58）

注：被説明変数は，6段階の生活満足度のうち下位の3段階の場合を1，そうでない場合を0とする二値変数。基準は正規雇用者。年齢，学歴，婚姻状態の影響は制御済み。
＊＊＊ $p<0.001$，＊＊ $p<0.01$，＊ $p<0.05$。
出典：筆者推計。

間に一が含まれなければ、オッズ比は高い確率で一から離れていることになる。

この表から、つぎのような点が確認できる。まず、男性の場合について、所得の影響を取り除かないケース（第一段左半分）を見てみると、生活満足度が低くなるリスクは、正規雇用者に比べて無業者は二・四五倍、非正規雇用者は二・一八倍になるなどかなり高くなっており、統計的に見ても十分有意になっていることが分かる。

所得の影響を取り除くとどうなるか（右半分）。自営業のオッズ比は一・〇七と一からあまり変わらなくなるが、無業者は一・四七、非正規雇用者は一・四一となり、統計的にも有意のま

までである。つまり、男性の場合、所得の影響を除いても、仕事に就いていないこと、あるいは、仕事に就いていても非正規雇用の場合は、生活満足度が正規雇用者の場合に比べて低い、ということが確認できたわけである。非正規雇用者と無業者との差が小さくなるという事実も、注目されるところである。ここでは、所得の影響は取り除いてもそうした結果が得られたことに特に注意していただきたい。

それでは、女性の場合はどうか。まず、サンプルに専業主婦・主婦パートを含めた場合を見てみよう（第二段）。ここでは、専業主婦・主婦パートは無業者として分類されている。非正規雇用者にとって、生活満足度が低くなるリスクが、所得の影響を取り除く前（左半分）でも、取り除いた後（右半分）でも、正規雇用者に比べて有意に高くなるのは男性の場合と同じである。しかし、無業者のオッズ比はいずれの場合も一から有意に離れていない。女性の場合、無業といっても、専業主婦・主婦パートであれば、配偶者である夫に経済的に依存して生活できる場合が多いので、生活満足度を見ても正規雇用者と大きな差はない、ということなのかもしれない。

そこで、女性のサンプルから専業主婦・主婦パートを除いて、結果がどうなるかを調べてみよう（第三段）。非正規雇用者だけでなく、無業者においても、所得の影響を取り除かなくても、取り除いても、生活満足度が低くなるリスクは正規雇用者に比べて高くなる。専業主婦・主婦パートをどう扱うかは労働経済学の分野でもしばしば問題になるが、生活満足度のような主観的厚生の分析でも扱いに注意が必要である。専業主婦・主婦サンプルからパートを除くと、無業者の性格が男性のそれに近くなり、したがって、男性の場合と同じような結果が得られたのではないかと考えられる。

正規雇用者以外はやはり不利

こうしたタイプの分析は、同じ時点における就業形態と生活満足度との相関関係を見ただけなので、そこから因果関係を読み取ることについては慎重でなければならない。しかし、両者の間の大まかな関係を読み取るだけなら、大きな問題はないだろう。

ここで紹介した分析結果から第一に言えることは、私たちにとって働くという行為は、所得が得られるということの影響を除いても、生活満足度の向上につながる、ということである。働くことは、しばしばつらいことであり、ストレスもたまることもよくある。しかし、経済学の教科書が想定するように、「不効用」として片づけておしまい、というわけにはいかない。労働は、それ自体によって私たちを幸せにしてくれる。

ところが、第二に、働くといってもその働き方が重要な意味を持つ。正規雇用者に比べると、非正規雇用者の生活満足度は明らかに低い。その低さは、所得の低さを反映している面ももちろんある。しかし、ここでの分析から分かるように、非正規雇用者の生活満足度の低さは、所得の違いによる影響を取り除いても十分残ってしまうのである。

この結果は、生活満足度という観点から見て、日本では非正規雇用という働き方そのものに大きな問題があることを示唆するものである。正規雇用者に比べて不安定な雇用環境に置かれ、セーフティ・ネットから外れるリスクも含め、さまざまな生活不安に直面させられることが多い非正規雇用者は、働くことから本来得られるはずの幸せを、十分に享受できていないことになる。

もちろん、すべての非正規雇用者がその就業形態を不本意な形で選択したわけではない。総務省統計局「労働力調査」によると、非正規雇用という就業形態に就いている者のうち、「正規の職員・従業員の仕事がないから」を理由に挙げた者は、二〇一四年一～三月期から七～九月期にかけて一七・〇～一七・六％で推移し、全体の五分の一を下回っている。しかし、ここでの推計結果から判断すると、生活満足度に関する限り、非正規雇用者が不利な立場に立たされていることは事実のようである。

「罠シナリオ」の妥当性

非正規雇用をめぐっては、国内外でさまざまな実証研究が進められている。近年、とりわけ注目されているのは、いったん非正規雇用に入ると、なかなかそこから抜け出せないという、「非正規雇用の罠」ともいうべき状況である。例えば、横浜国立大学の近藤絢子准教授は、大学や高校を卒業して最初に就く職（初職）が正規以外であると、現時点の就業形態も正規以外である割合が高いことを、大規模な社会調査に基づいて示している。

実は、この問題はヨーロッパでもしばしば問題にされてきた。ヨーロッパでは、学校を卒業後、ただちに正規の職に就くことはそれほど一般的でなく、有期の雇用契約によって非正規雇用者として就職する場合が多い。そこで問題となるのは、そうした非正規雇用者として就業生活をスタートした者が、いつまで経っても非正規雇用の状態にとどまるのか、それとも、非正規雇用の時期の経験が踏み石となって、正規雇用への道が開かれるのか、である。

前者を「罠シナリオ」（entrapment scenario）、後者を「踏み石シナリオ」（stepping-stones scenario）と呼ぶ。ヨーロッパでは近年、労働市場に入る際の就業状態が各国で多様化していることもあり、このどちらのシナリオが当てはまるかが雇用政策上の大きなテーマとなっている。そして、ヨーロッパで行われた多くの先行研究を見ると、後者の「踏み石シナリオ」に軍配を上げるものが多い。

ところが、前述の近藤論文は、日本ではむしろ「罠シナリオ」が成り立つことを示唆しており、その結果は私たちの実感にも近い。実際、東京工業大学の稲垣誠一客員教授と筆者は、この近藤論文と同じような発想に基づき、初職が非正規であった者は、その後の人生における生活満足度やメンタルヘルス面でもマイナスの影響を受けることを明らかにしている。

さらに、最近では、仕事上のストレスが雇用者のメンタルヘルスに及ぼすマイナスの影響が、良好な人間関係など「職場の社会関係資本」（workplace social capital）によって緩和されることを示す研究も進んでいる。こうした研究は、非正規雇用の進展による職場の雇用関係の多様化が、雇用者のメンタルヘルスにも大きな影響を及ぼす可能性を示唆するものである。

働くことで幸せになれる社会を

筆者は以上の議論に基づいて、非正規雇用はよくない働き方であり、正規雇用化をどんどん進めるべきだ、と主張したいわけではない。もし、日本でも「踏み石シナリオ」が成立するような形で労働市場が流動化し、正規雇用者と非正規雇用者との間に賃金や福利厚生等の面で大きな差がなかったとすれば、就業形態と主観的厚生との間に有意な関係が見られなくなる可能性も十分にあるからである。そのとき、非正規雇用を望ましくない働き方だと評価する根拠はなくなる。

非正規雇用が不利な働き方であり、そして、いったんそこに入ると不利な状態からなかなか抜け出せないという状況こそ改める必要がある。若年労働者の労働市場においても、「踏み石シナリオ」が成り立つような環境を整備する必要があるだろう。避けるべき最悪の対応は、企業が非正規雇用をもっぱら人件費削減のための手段として位置づけ、正規雇用者が自らの既得権益の擁護にのみ力を入れ続けることである。

さらに、現行の社会保険制度が正規雇用を暗黙の前提として出来上がっているという点も無視できない。非正規雇用者は、被用者保険でカバーされないだけでなく、自営業や農林業従事者を加入者として想定した国民健康保険や国民年金からも抜け落ちる危険性が高い。社会保障の仕組みについても、税制と組み合わせることにより、非正規雇用者をセーフティ・ネットの枠内にとどめる取り組みが求められる。そのためには、被用者保険の適用範囲を、短時間労働などのために被用者保険に加入できない非正規雇用者にも拡大する必要があるだろう。同時に、所得税の所得控除を圧縮して給付付き税額控除を導入し、低所得層には、税額を還付する代わりにそれで社会保険料と相殺するという仕組みも考えられる。これによって、低所得層も社会保険料を拠出したという実績が得られるので、セーフティ・ネットから排除されることはなくなるだろう。

労働は本来、経済学の教科書での想定とは異なり、人々を幸せにする営みのはずである。どのような就業形態を選択するにせよ、すべての人たちが働くことで幸せになる社会を目指すべきである。

2　非正規雇用とセーフティ・ネット

増加する非正規雇用

日本では雇用の非正規化が着実に進んでいる。総務省の「労働力調査」によると、役員を除く雇用者のうち、パート・アルバイトや派遣・契約社員、嘱託その他で構成される非正規雇用者の割合は、一九八四年二月の時点では一五・三％にとどまっていた。ところが、二〇一五年四～六月時点では、非正規雇用者の比率は三七・四％にまで上昇している。実に、雇用者三人のうち一人以上が非正規で働いていることになる。

こうした雇用の非正規化の背景には、グローバル化や価格競争の激化がある。コスト削減を余儀なくされた企業は、社会保険料の事業主負担などコストがかかる正社員の雇用抑制を進めてきた。また、労働者派遣法の見直しなど労働市場の規制緩和も、企業のそうした動きを促したというのが一般的な見方だろう。最近では、非正規化の抑制を目指す雇用法制の動きもあるが、グローバル化や価格競争激化の波が止められないとすれば、企業がよほど長期的な視野に立った人事戦略を練らないかぎり、非正規化の動きは大きく変化しないだろう。

ここで問題になるのは、現行の社会保障制度や雇用制度が基本的に正規雇用を念頭に出来上がっているということである。私たちは、会社員であるにせよ、公務員であるにせよ、正規雇用者として働いているかぎり、家族も含めてその恩恵を十分に受けることができる。社会保険料は給料から天引きされ、医療や年金などセーフティ・ネットから外れることはない。大企業や官庁であれば、福利厚生もしっかりしている。ところが、いったん非正規になると、同じ雇用者なのにその恩恵にあずかることが難しくなる。それにとどまらず、非正規雇用者をむしろ苦しめている面も現行制度にあるかもしれない。

本節では、非正規雇用者にとってのセーフティ・ネットの問題を、とりわけ医療・年金の保険料負担に注目して検討してみる。現行の社会保険は、民間企業や官庁に正規雇用されている人たちを対象とする被用者保険と、そうでない人たちを対象とした保険に二分される。厚生年金や組合健保、協会けんぽ、共済組合などが前者である。後者の仕組みとしては、国民年金(以下、国年)や国民健康保険(以下、国保)であるが、そうした仕組みは本来、自営業者や農林業者を念頭に置いたものである。

ところが、最近では、後者の国年や国保の加入者の中に、雇用者の比率が大幅に上昇している。企業や官庁に雇用されているのに、被用者保険に加入せず、社会保険料を給与からの天引きではなく自分で支払っている人たちである。しかし、国年や国保はもともと、所得が雇用者所得とは言い切れず、事業所得的な面も強い職業、あるいは収入と経費の区切りがつけにくい職業に就いている人たちを念頭に置いた仕組みである。したがって、保険料負担のあり方についても、所得との関係が初めからあまり意識されていない。しかし、非正規雇用者は正規雇用者と同様、会社から受け取る給与が収入のほとんどを占める。そのために、保険料負担の面でいろいろと問題が出てくる。

非正規雇用者が保険料負担において直面する最大の問題は、低所得になるほど負担が重くなるという逆進性である。この逆進性は、被用者保険の場合は基本的に存在しない。賃金に比例する形で保険料を徴収しているからである（高所得層ほど負担率が高くなるという累進性もないが）。ところが、国保や国年の場合は違う。国保の保険料には、所得に比例する所得割だけでなく、世帯当たりの平等割や加入人数による均等割がある。平等割や均等割は、所得が低くなるほど負担が相対的に重くなり、逆進的に働く。もちろん、低所得層には保険料の軽減措置が適用されるが、実際には逆進性はなかなか解消されない。

保険料の逆進性

厚生労働省が社会保障審議会医療保険部会（二〇一四年五月一九日）に提出した資料を見ると、市町村国保・保険料の所得（いわゆる「旧ただし書き所得」）に対する比率は、所得が二〇〇万円以上では一三％以下であるのに対して、所得が五〇〜一〇〇万円、一〇〇〜一五〇万円、一五〇〜二〇〇万円の層では、それぞれ一八・八％、一五・六％、一四・〇％となっている。国年の場合は、保険料の逆進性を明確に示す政府統計はなかなか見当たらないが、状況は基本的に同じであろう。さまざまな減免措置があるものの、保険料が定額になっていることが、逆進性の大きな原因となる。

こうした状況をさらに詳細に見るため、厚生労働省「国民生活基礎調査」（二〇一〇年）に基づき、保険料負担の様子を調べてみよう。国保・国年の保険料負担の逆進性だけでなく、被用者保険の保険料負担とも比較してみる。まず、対象を世帯主が二〇〜五九歳、夫婦と未婚の子のみの世帯に限定する。そのうえで、第一に、世帯主が国保の被保険者である世帯と、それ以外の世帯（つまり、世帯主が組合健保などの被用者保険の被保険者である世帯）に分け、当初所得に対する保険料負担の比率を所得階級別に比較する。当初所得とは、税や社会保険料を差し引き、年金など社会保障給付を加える前の所得のことである。

第二に、それと同じような比較を、世帯主が国年の被保険者――厳密に言えば国年の第一号被保険者――とそうでない世帯（つまり、世帯主が厚生年金などの被用者保険の被保険者である世帯）に分け、年金保険料について行ってみる。

国保の被保険者と国年の被保険者とは、いずれも被用者保険に加入していないのでかなり重複する。そこで、第三に、世帯主が両方の被保険者である世帯と、いずれの被保険者でもない世帯（おそらく正規雇用者が主体）との間で、社会保険料（医療・年金・介護・雇用各保険の保険料の総額）の当初所得に対する比率を調べてみる。

低所得層ほど重い負担

結果をまとめたものが、図6－1である。ここでは、年収（当初所得）が一〇〇～五〇〇万円の低・中所得層の様子を見ている。一番目の図は医療保険料の負担を比較したものだが、世帯主が国保に加入している場合、保険料負担は一〇〇～二〇〇万円の世帯では所得比五・九％となり、所得が高まるにつれてその比率が低下していく（四〇〇～五〇〇万円の世帯では三・七％）。一方、世帯主が被用者保険に加入している場合は、保険料負担は所得比三・一～三・六％の間で推移し、所得水準との連動性は薄い。

これらから明らかなように、国保の保険料負担は逆進的であるが、被用者保険の場合はそうではない。すでに述べた通り、保険料の徴収の仕方が違うからである。さらに、どの所得階層を見ても、保険料負担は、国保被保険者のほうが幾分高いことが分かる。

二番目の図は、年金保険料について見たものである。医療保険の場合と同じように、国年は被用者保険と異なり、逆進的になっている。国年の保険料には国保と同様、さまざまな減免措置がある。し

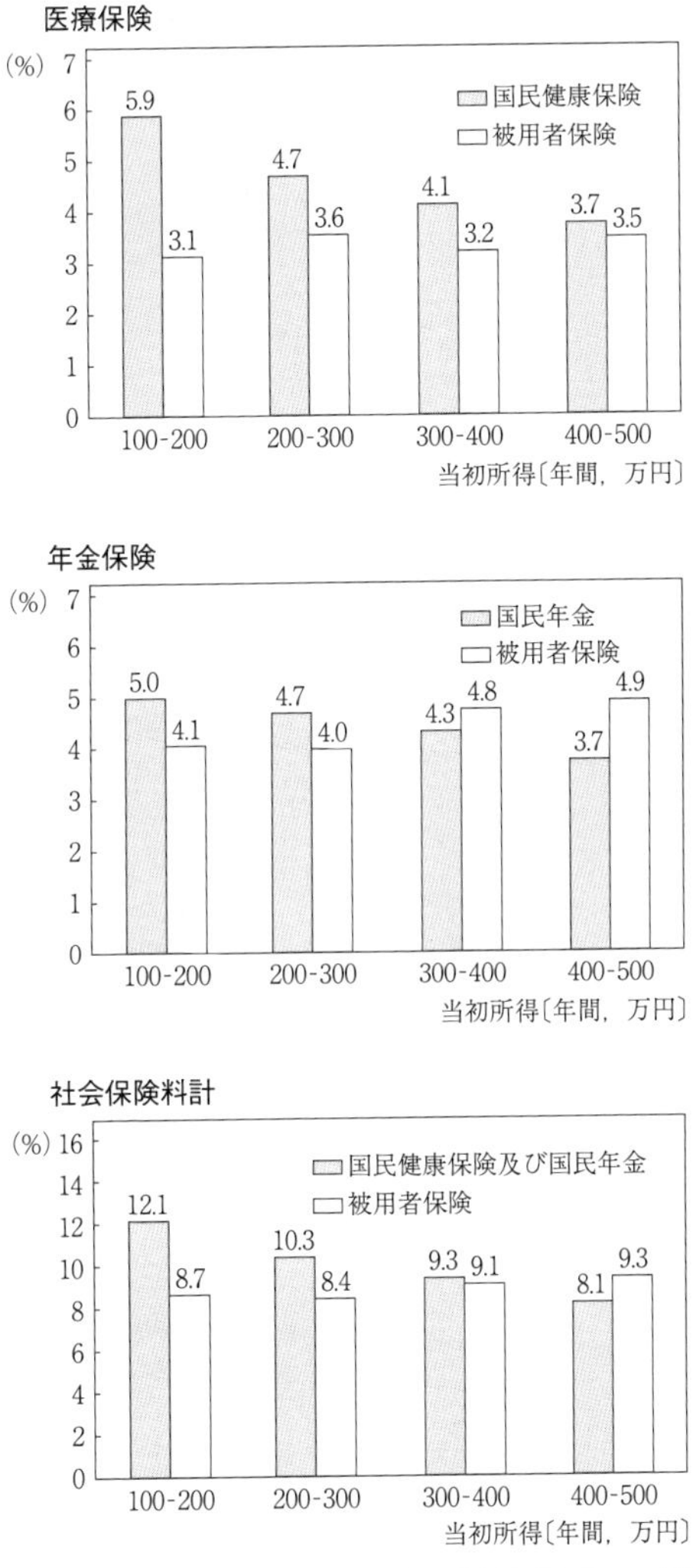

図6-1　所得階級別に見た社会保険料負担（2010年）

注：世帯主が20～59歳，夫婦と未婚の子のみの世帯。

出典：厚生労働省「国民生活基礎調査」(2010年）より筆者作成。

かし、それでも逆進性は残る。ただし、年収が三〇〇〜四〇〇万円以上になると、国年被用者のほうが負担の所得比は低めになる。

そして、三番目の図は、すべての社会保険料を合計した場合の比較である。被用者保険の場合は、保険料負担は八・四〜九・三％の間で推移し、逆進性も累進性も見出しにくい。社会保険料が、基本的に賃金に比例して支払われる構造になっているからである。一方、国年・国保に加入している場合は、負担率そのものは年収が三〇〇〜四〇〇万円以上になると、被用者保険の加入者より低めとなるが、それより所得が低い層では高めとなる。より注目すべきなのは、やはり負担の逆進性である。国年・国保に加入していると、保険料負担は低所得になるほど高まり、年収が一〇〇〜二〇〇万円の層では一二・一％となる。四〇〇〜五〇〇万円の中所得層の八・一％に比べて、四％ポイントも高くなっている。

保険料を支払える人はまだよい

すでに述べたように、国保や国年はもともと、自営業者や農林業者を念頭に置いて出来上がった仕組みであり、保険料と所得との連動性があまり意識されなかったように思われる。しかし、最近では非正規雇用者として私企業で働き、被用者保険に加入していない（あるいは加入できなかった）人たちの国保・国年への加入が大幅に増えている。そうした人たちの所得は相対的に低く、国保や国年の保険料の逆進性に直面することになる。逆進性と言えば、消費税を頭に浮かべる人が多いと思うが、逆進性の重みとしては、社会保険料のほうがむしろ重要であろう。

しかし、逆進性に苦しみながらも保険料を支払える人たちはまだよいかもしれない。より深刻なのは、所得が低いために保険料を支払えない人たちである。低所得層の保険料の未納・未払いの率の高さ、保険料の収納率の低さは統計的にも確認できる。

例えば、厚生労働省「国民年金被保険者実態調査」（二〇一一年）では、国年保険料の滞納状況を調べている。調査時点において、二年間まったく保険料を支払っていない者を「1号期間滞納者」という。第1号被保険者のうちこの1号期間滞納者の比率は所得が低い層ほど高くなり、年収が一〇〇～三〇〇万円程度であれば三一％を超える。さらに、同省「国民健康保険実態調査」（二〇一四年度）によると、地方自治体が徴収すべき国保の保険料（税）額に対して、実際に徴収できた額を示す収納率は、年収が五〇〇万円以上の世帯では九六・九％に達しているのに対して、一〇〇万円前後では九一％程度にとどまっている。

第一章3節で述べたように、社会保険は言わば会員制の仕組みである。それに加入し、保険料という会員費をきちんと納める限り、制度の恩恵を享受することができる。しかし、加入しなかったり、加入しても保険料の拠出が滞っていたりすると、支援を受けられないか制約される。社会保険の「排除原理」と言われる特徴がそれである。日本の年金・医療保険制度は「国民皆年金」「国民皆保険」と呼ばれるように、全員参加型の優れた仕組みである。しかし、社会的に最も支援が必要な人たちほど、そのセーフティ・ネットの恩恵を受けにくいという状況は、逆説的というほかない。この問題は、非正規雇用比率の上昇に伴って深刻化する傾向にある。

保険料負担の逆進性は放置できるものではないし、定額の、あるいは定額部分を持つ保険料そのものを正当化することも難しい。厚労省が社会保障関係の審議会等に提出する説明資料を見ても、現行の国保・国年の保険料のあり方については、同省も見直したいという意向が見え隠れする。それでは、どのような形で改革を進めるべきだろうか。

改革の第一の方向は、被用者保険の対象範囲を拡大することであろう。国保・国年は、もともと自営業者や農林業者を念頭に置いた仕組みであり、被用者保険としてはなじみにくい面がある。それにもかかわらず、非正規雇用者を大量に抱え込むようになっている。それを考えれば、組合健保や協会けんぽ、厚生年金といった被用者保険の対象を非正規労働者にも拡大する必要がある。ヨーロッパでは、雇用者であれば、賃金が一ユーロであっても被用者保険の対象になる国が少なくない。実際、日本でも、被用者保険の適用範囲拡大は徐々に進められてきている。

筆者も、この方向は基本的に望ましいと考えるが、改革へのハードルはかなり高い。非正規雇用者の拡大は、社会保険の雇用主負担を回避して人件費を浮かすという企業の意向を背景に進んできたものである。被用者保険の適用範囲拡大は、それと完全に逆行することを企業に強いるわけだから、業界からの風当たりは当然強くなる。実際、これまで進められてきた被用者保険の対象範囲の拡大も、流通業界を中心に産業界の反発を受け、当初の計画から見るとかなり小規模なものにとどまっている。法人税の軽減などと組み合わせて行わなければ、企業はなかなか改革を受け入れないだろう。

所得の見直しとセットで

第二の方向は、保険料負担のあり方を所得税制の見直しとセットで考えることである。現在の所得税にはさまざまな所得控除の仕組みがあるが、これは社会保険料の負担に苦しんでいる低所得層の支援策としてはあまり効果的でない。所得控除の拡充は、限界税率の高い高所得層にむしろ有利に働く。

それでは、どうすればよいか。まず、所得控除を簡素化して税額控除のウェイトを高める。そして、低所得層には、収めるべき税額を控除が上回る分を給付するという、給付付き税額控除の仕組みを導入する。税金がマイナスになるわけだから、現行の所得税では非課税にとどまっている低所得層支援が強化されることになる。しかし、さらに話を進める。すなわち、低所得層に対しては、給付されるべき税額を保険料負担と相殺する。低所得層はこれによって保険負担が軽減され、保険料を拠出しやすくなる。拠出実績がしっかり残っていれば、セーフティ・ネットから排除されたり、その恩恵を制限されたりすることもなくなる。

この第二の方法は、一橋大学の田近栄治名誉教授らがかつてから提唱してきたものだが、ヨーロッパではオランダなどすでに導入している国もいくつかある。社会保障を充実させるためには、どうしても社会保険料を引き上げるしかない。しかし、それは低所得層の生活を直撃し、最悪の場合は社会的排除につながる。そうしたディレンマに直面しているヨーロッパ諸国では、低所得層をターゲットとした税制改革が、重要な解決策としてすでに位置づけられている。

社会保障と税の一体改革と言うと、社会保障給付を充実させるために消費税率を引き上げる、といった議論が出てくるのが普通である。しかし、セーフティ・ネットをより強靭なものにするために、社会保障と税制を一体的に改革するというのが、本来の一体改革の姿であろう。そのためにまず取り組むべきなのは、急速に拡大している非正規雇用者が直面している、セーフティ・ネットのほころびを直すことである。この作業は、社会保険の見直しだけでは対応できない。税制の見直しと一体的に進める必要があるし、そのほうが効果的である。

読者のご自宅の近所に、もう中年に差しかかっているのにパートやアルバイトなど非正規の仕事にしか就かず、親の年金に頼って生活している人はいないだろうか。近所でなく、知り合いでもよい。最近では、一、二の例はすぐに思い当たるようになっているのではと思われる。すぐに思い当たるということは、日本全体ではかなりの数に上るはずである。そうした人たちは、社会保険料をきちんと支払っていない（支払えない）率が高いだろう。いまは親の年金で何とか暮らせるとしても、その親が他界すれば頼る先がない。結婚せず、子供もいない人も多いだろう。高齢化は、人口構成の高齢化にとどまらず、貧困の深刻化、しかも高齢層における貧困の深刻化をもたらす。

家族にも頼れず、セーフティ・ネットの枠外に置かれ、生活保護を受けるしかない高齢者がこれから急増する可能性は低くない。現行の社会保障は、こうした経済社会の変化を十分に想定していない仕組みである。とりわけ、非正規雇用者の増大は、現行制度にもともと含まれていたものの、今までは顕在化しなかった脆弱な部分を顕在化させている。しかも、その問題は不安定な所得・雇用環境に置かれた非正規雇用者の人たちの間で集中的に発生している。「国民皆年金」「国民皆保険」という世界に誇るべき長所を名実ともに維持するためにも、非正規雇用者のセーフティ・ネット強化を目指した社会保障・税制改革が必要になる。

3 専業主婦という生き方

男の役割 女の役割

「今度生まれてくるときは男のほうがいいか、それとも女か」と問われたとき、読者はどう答えるだろうか。筆者は男だが、答えるのに悩む。男のライフスタイルには選択肢の幅はあまりないが、女の生き方は多様に見える。中でも、専業主婦という生き方には、男としてかなり興味がある。結婚して仕事を辞め、家事や育児に専念するという人生は、どのようなものなのだろうか。もちろん、男性でも専業主「夫」になることはできるが、日本ではまだまだ少数派である。だからこそ、専業主婦という生き方に興味が湧いてくる。

しかし、この専業主婦という存在は、社会政策をめぐる論議の中で評判があまりよくない。「男は外で働き、女は家を守るという役割分担は時代遅れだ」という批判は、かなり昔からある。また、女性の働き方に関しては、「女性の能力を活用するためにも、女性の就業率がM字型になっている（出産・子育て期に低下する）状況を改めるべきだ」といった主張がすでに定番になっている。

それに加え、「男女共同参画」「ワークライフ・バランス」という言葉も市民権を得て久しい。そこでも、家事に専念する専業主婦という生き方はあまり肯定的に受け止められていない。男女間でライフスタイルが大きく異なるのはあまりよろしくない、という判断が働く。

そもそも専業主婦は、外国では日本ほど一般的でない。筆者が担当する大学院のゼミには、中国人の留学生もよく参加するが、中国では専業主婦という生き方はまず考えられないという。中国ではずいぶん前から、夫婦は共稼ぎが当たり前になっている。

しかし、その日本でも夫婦のいる世帯のうち共稼ぎ世帯が占める比率は現在約六割まで上昇してきた。専業主婦は、有配偶女性のライフスタイルとしては次第に少数派になりつつある。そこで問題になるのは、公的年金の第三号被保険者制度（後述）や所得税の配偶者控除などに代表されるように、社会保障や税の仕組みが専業主婦に有利な仕組みとして機能していることである。この仕組みを時代の流れに合わせて改めるべきだ、という意見はかなり強い。

ところが、政治家の間ではまだまだ保守的な意見が強いようだ。専業主婦に有利な現行制度を改めることは家族制度の崩壊につながり、日本社会の美点を損なうという発想で、改革に消極的な声がしばしば出てくる。最近では、所得税の配偶者控除の廃止に対する批判論がその代表的な例である。

同じ生き方を目指すべきか

このように、専業主婦に対しては、その存在を否定的に捉え、なくしていくべきだと考える立場と、それを守っていくべきだとする立場がある。筆者はどう考えるか。

経済学者的なバイアス（偏り）が掛かっていることを自分でも認めているが、つぎのように考えている。

第一に、女性が専業主婦という生き方を選ぶと有利になり、そうでなければ不利になる、あるいはその逆になるような社会の仕組みは基本的に是認できない。社会制度のあり方としては、女性がどのようなライフスタイルを選ぼうとしても、制度がその選択に中立であることが望ましい。

現在の仕組みは、意図的ではないにせよ、有配偶女性が働くことにブレーキを掛けている。さらに、働き方にもバイアスが掛かっている。有配偶女性が正規雇用者として働き続けることは、かなり難しいのが現実である。女性が潜在的に持っている能力を、就業を通じてできるだけ社会に活かすことを望ましいことだと考える限り、これはけっして望ましくない状況である。

第二に、社会の仕組みが右のような意味で中立的になっていれば、専業主婦という生き方を選ぶかどうかは、まさしく女性の選択に委ねてよい事柄であり、他人がとやかく言うべき性格のものではない。男性についても同じことが言える。結婚すれば外での仕事は妻に任せ、自分は家事や育児に専念するという、昔ながらの役割分担を交換するカップルがいてもよい。もちろん、そのまったく逆の役割分担もあって構わない。カップルが自由に決めたらよいことである。

世間で喧伝されている男女共同参画やワークライフ・バランスというスローガンからは、男女がどのような場面でも同じような役割を果たすべきだというニュアンスの主張を筆者はどうしても感じてしまう。もちろん、社会の望ましい変化のベクトルとしては、女性がより社会で活躍し、男性は家庭生活により貢献するという形をとるはずである。それ自体は望ましいことだと筆者も考えるが、男女ともに同じような生き方をすべきだとまで主張するのは行き過ぎだと思う。

しかし、ここでいろいろ理屈をこねてもあまり生産的ではない。専業主婦という生き方が、女性をはたして「幸せ」にしているのかどうかを実際の統計で確認しておこう。ここで取り上げるのは、本章1節でも紹介した、筆者らが行ったインターネット調査の結果である。この調査は三〇～六〇歳の男女約六〇〇〇人から回答を得ているが、ここでは、分析対象を有配偶女性二〇六一人に限定しよう。通常の生活の中での意識を調べたいので、失業中の者は対象から除く。また、夫と離別・死別した女性ははじめから含めない。

専業主婦ははたして幸せか

「幸せ」の度合いを知るために注目する回答は、結婚満足度と生活満足度の二つに関するものである。まず、結婚満足度については、この調査では、「あなたは、現在の結婚生活にどのくらい満足していますか」という質問に対して、「満足している」「どちらかといえば満足している」「どちらともいえない」「どちらかといえば不満」「不満である」という五つから選択させている。以下では、このうち「満足している」「どちらかといえば満足している」のどちらかを選んだ者を結婚満足度が高いと考えよう。

二番目の生活満足度については、「全体的に考えて、現在の生活にどれくらい満足していますか」と尋ねている。この問いには、「とても不満」「不満」「どちらかというと不満」「どちらかというと満足」「満足」「とても満足」という六つの選択肢があるが、このうち「どちらかというと満足」「満足」「とても満足」のうち一つを選んだ者を生活満足度が高いと考えることにする。

有配偶女性については、公的年金にどのような形で加入しているかに注目する。すなわち、民間のサラリーマンや公務員の夫に扶養されている第三号被保険者なのか、それとも、雇用者としてあるいは自営業者として就業し、保険料を拠出している第一号・第二号被保険者なのか、という区別である。第三号被保険者は年収ゼロというわけではなく、一三〇万円未満であれば、夫に扶養されたとみなされ、保険料の拠出を免除されている。生活費の足しにするためにスーパーでパートの仕事を週に二・三回しているという女性も、そこに含まれる。そして、パートにも出ず、まったく収入を得ていない専業主婦もこの第三号被保険者に含まれる。

一方、妻が第一号・第二号被保険者の場合は、その夫婦がいわゆる共稼ぎであると考えてよい。妻は自営業の場合（第一号）や雇用者の場合（第二号）に分かれるが、ここでは、会社で正社員（経営者・管理職を含む）つまり正規雇用者として働いているか、それ以外の働き方をしているかに注目して、このタイプの妻を二つのグループに分けてみる。正規雇用者とそれ以外では、働き方やその家庭生活との関わり合いがずいぶん異なると推察されるからである。

結果をまとめた表6－2を見てみよう。二〇六一人のサンプル全体のうち、第三号被保険者は一四一六人（六九％）、そのうち、無業の専業主婦は一二四九人（六一％）である。この調査で得られた専業主婦の比率は、日本全体で調べた場合よりやや高めになっている。インターネット調査なので、時間的余裕がある専業主婦が調査により多く参加しているようだ。

その一方で、正規雇用者は二〇八人（一〇％）とかなり少ない。日本社会では、少なくとも有配偶者に関する限り、正規雇用者としてバリバリ働いている女性はまだまだ少数派であり、共稼ぎ夫婦にお

表６－２　有配偶女性の結婚満足度と生活満足度

	結婚に満足している者の比率（％）	生活に満足している者の比率（％）	サンプル数
有配偶女性全体	74.6	70.5	2,061
第３号被保険者	76.9	71.7	1,416
うち　無業の専業主婦	77.2	72.5	1,249
第１号・第２号被保険者（共稼ぎ世帯の妻）	69.1	67.1	645
うち正規雇用者	74.5	73.1	208
うち正規雇用者以外	67.3	65.4	437

出典：筆者推計。

ける妻の働き方としては正規雇用者以外が主流のようである。もちろん、仕事で忙しいから、パソコンに向かって調査に答えることなんて無理という理由で、正規雇用者からの回答が少ないであろうことは念頭に置いておく必要がある。

それでは、専業主婦の「幸せ」はどうなっているのだろうか。まず、結婚満足度について見てみると、専業主婦のうち七七・二％が結婚に満足している。簡単なパートで稼ぎを生活費の足しにしている妻を含む第三号被保険者に範囲を広げても七六・九％となっており、共稼ぎ夫婦の妻である第一号・第二号被保険者の場合の六九・一％に比べるとやや高い（この違いが統計的にも有意であることも確認できる）。

この結果を見る限り、専業主婦の結婚満足度は高めである。夫の所得が高いほど妻の就業率が低くなる傾向は、「ダグラス＝有沢の法則」として古くから知られている。女性も稼ぎのよい夫と結婚できれば、自分で働く必要もなく、結婚生活にもまあまあ満足できる、ということなのだろうか。それに比べると共稼ぎ世帯の妻の結婚満足度は低めなので、やはり専業主婦は相対的に幸せだという結果になりそうである。

ところが、結論を急がずに表をもう少し詳しく見てみよう。共稼ぎ世帯の妻のうち、正規雇用者に絞ってみると結婚満足度は七四・五％とかなり高くなり、専業主婦に比べて遜色ない値になっている。したがって、共稼ぎになると、結婚満足度が落ちるというのは不正確な言い方であることが分かる。正規雇用者としてしっかり働いている妻は、専業主婦ほどではないものの、結婚満足度はかなり高いのである。結婚満足度が低いのはむしろ、正規雇用者以外の働き方をしている妻のほうである。

正規雇用の妻の生活満足度は高い

それでは、生活満足度についてはどうか。結婚満足度を尋ねる場合は、もちろん、ともに毎日を過ごす夫に対する満足度が評価の中心となるだろう。しかし、生活満足度に関する回答では、夫だけでなく、自分の働き方や所得、夫以外の家族との関係、居住環境など生活のさまざまな側面が評価の対象となっているはずである。

そこで結果を見ると、無業の専業主婦のうち七二・五％が生活に満足していることが分かる。第三号被保険者全体では、七一・七％だ。これに対して、共稼ぎ世帯の妻である第一号・第二号被保険者を見ると、生活に満足している者は六七・一％とやや低くなる。ここでも、女性は専業主婦にとどまったほうが生活満足度は高くなると結論づけたくなる。実際、そのようなニュアンスで紹介される調査結果は世の中に数多く存在する。

ところが、結婚満足度の場合と同様、正規雇用者の妻に絞ってみると、七三・一％が生活に満足している。意外なことに（意外なことでないのかもしれないが）、この値は無業の専業主婦のそれをやや上回っている。共稼ぎ世帯の妻の生活満足度が低めになっているのは、正規雇用者以外の形で働いている妻たちの生活満足度が低いことが原因である。

社会で正規雇用者として働き、その結果として自らの報酬をしっかり得るという働き方から、女性は高い満足を得ている。彼女らの生き方は、家庭にとどまり、家事に専念している専業主婦のそれとはずいぶん異なり、満足度の中身も大きく異なっているだろう。しかし、専業主婦に比べて、正規雇用者の結婚満足度が遜色なく、生活満足度ではむしろ幾分高めになっているという結果は、やはり注目してよい。

有配偶女性の中で結婚満足度や生活満足度が相対的に低いのは、専業主婦でもなく、バリバリ働いている正規雇用者でもなく、その中間的な働き方をしている女性たちなのである。筆者は、この事実のほうが重要だと思う。結婚や生活に満足している者の比率はいずれも七〇％を割り込み、専業主婦や正規雇用者と比べて見劣りする。

「専業主婦になるためには、夫の稼ぎが低すぎて無理だ。かといって、結婚や出産・育児のためにいったん職場から離れると、正規雇用者として復職することはかなり難しい。非正規で働くしかないが、あまり多くの収入を得ると、第三号被保険者でなくなり、社会保険料を自分で負担するしかない。その保険料負担を覚悟し、非正規で働くと、正規雇用者と同じような仕事内容なのに、賃金は低く、昇進もなく、福利厚生でも差がつけられる」――。そうした経験をしている女性はけっして少なくないはずである。結婚して育児をしながら、あるいは子育てを終えた後も正規雇用者として働き続けられるのは、ごく限られた女性たちである。

このように考えると、女性にとって幸せなのは専業主婦か、それとも働き続けたほうがよいのか、といった二分法的な問いかけにあまり意味のないことが分かる。専業主婦になるためには、夫の稼ぎが十分高いことが必要である。しかし、そんな夫がすぐに見つかるわけではない。一方、働き続ける、とりわけ正規雇用者として働き続けるためには、かなり一流の会社に採用してもらうしかない。もちろん、高度な技能や専門技術を身につけたり、自分で起業したりすれば、充実した就業生活を送ることができるだろうが、すべての女性がそれをできるわけではない。

ライフスタイルの選択に中立的な仕組みに

最近では、若い女性の専業主婦志向が高まりつつあることを示す社会調査がよく報告される。そうした結果を、若者の保守回帰と受け止めてよいかどうかは判断に迷うところである。仮に専業主婦志向が高まっているとしても、若者の雇用環境が全体的に悪化している状況では、専業主婦になれる確率は高まらない。しかも、大学や高校を卒業してから正規雇用として働き始めないと、配偶者を見つけるチャンスそのものが限られてしまうことを報告する研究もある。

では、どうすればよいだろうか。政策の方向としては、つぎの二つが考えられる。

第一に、女性が結婚・出産後も働き続けたいと考えたときに、その選択が不利にならないように雇用システムを改めるべきである。もちろん、出産・育児休暇を設定したり、復職のための制度を整備したりすることにはコストがかかる。しかし、その女性がせっかく蓄積してきた人的資本の成果を活用できなければ、企業にとっては長期的に見て必ず不利となる。長期的な成長を目指す余裕なんかもはやないということであれば、政府はそれこそ雇用システムを改革するための政策的な支援を企業にすべきであろう。

第二に、女性が専業主婦にもなれず、正規雇用者として働くことができず、非正規雇用者として働かざるを得なくなったとしても、それ自体が不利にならないように現行の社会制度を改める必要がある。とりわけ、この改革は、幼い子供を抱える、所得の低い若いカップルにとって必要だろう。ほかの先進国でもしばしば見られるように、所得税の仕組みの中に、子供数に連動して有利になるような給付付き税額控除の仕組みを導入することも考えられる。また、正規・非正規に関係なく、厚生年金や組合健康保険のような社会保険を雇用者にできるだけ広く適用すべきである。

このように、専業主婦の幸せを考えていくと、女性の働き方や就労・子育て支援のあり方にまで議論が及ぶことになる。

第七章　経済学で教育を語れるか

1　経済学から見た教育

本章では、経済学で教育の問題を考えてみる。しかし、そもそも経済学なんかにそんなことができるのかと危惧する向きもあるだろう。しかし、経済学の中でも教育経済学という研究領域は随分前から確立している。経済学の立場から教育を考える場合、最も基本的な理論の一つは、「人的資本論」と呼ばれるものである。

人的資本論の発想

人的資本論は「なぜ人はお金を支払ってわざわざ教育を受けるのか」という問いに対して、「教育を受けて生産性を高め、高い賃金を得るためだ」と答える。教育は将来の所得獲得のための投資だというのが、この人的資本論のポイントである。人間をあたかも機械や工場のように、モノやサービスを生産するための資本として捉えるわけである。

これは随分と経済学的な考え方だが、この人的資本論を確立した米国の経済学者ベッカー教授はそれでノーベル賞を受賞している。この人的資本に対応する日常用語として「人材」がある。しかし、この人材という言葉は、日本の教育界ではつい最近までタブー視されてきたと聞いたことがある。経済発展や産業界のために役に立つ人間を育てるのが教育の役割だと言われると、カチンとくる人は今でも多いだろう。

日本では、教育というとお金もうけとは関係のない、深淵で崇高なものだという受け止め方のほうが一般的かもしれない。筆者も、生身の人間を育て上げていく教育を、人的資本論という観点だけで捉えると、そこに含まれる大事なものがごっそり抜け落ちてしまうという思いを強く持っている。

しかし、それと同時に、食べていくための手段を身につけ、経済発展を支え、社会全体の幸せを高めていくための投資として、教育を捉えるという観点はやはり重要だと思う。天然資源に乏しく、国内の購買力の拡大にも限界がある日本にとっては、技術進歩に力を入れ、外国が喜んで買ってくれる商品やサービスを絶えず開発していくしか、生き残るすべはない。そのために、教育はきわめて重要な役割を果たすことになる。教育は、食べていくための手段を人々に与える。

自民党政権になって、旧来型の公共工事を中心とする「国土強靭化」政策が展開されている。これは、民主党政権における「コンクリートから人へ」政策の逆転である。しかし、コンクリートにどんどんお金をかけて経済成長を維持するというのは、どう考えても無理な話である。強靭にすべきなのは、国土ではなく人間のはずである。万札を刷り増したり、公共工事をしたりすれば、景気は確かに上向くだろう。しかし、持続的な経済成長を実現できるかどうかは、それを支える人的資本の質と量にかかっている。

このように考えていくと、政府は人的資本の形成、つまり教育にもっと力を入れるべきだということを今回の結論に持っていくことが自然な流れになるかもしれない。筆者も、教育の重要性は強調してもしすぎることはないと思う。ただし、教育のあり方をめぐる議論は、一筋縄ではいかない。

日本と韓国の違い

筆者は最近、韓国の研究者と一緒に、経済社会のさまざまな面について両国の共通点や違いを議論する機会を得た。その際、教育が一つのテーマになった。

そこで、図７－１を見てみよう。これは、ＯＥＣＤ（経済協力開発機構）が発表した、加盟国の教育状況に関する調査（*Education at a Glance 2013*）の結果に基づき、教育費がＧＤＰ（国内総生産）に対してどれだけの比率を占めるかを国際比較したものである。

この図からまず気づくことは、日本が教育に掛けるお金の少なさである。公的支出・私的支出を合わせた教育支出のＧＤＰ比は五・一％にとどまり、比較可能な加盟国の中では下から四番目になっている。もっと情けないのは、ＧＤＰの三・六％にとどまっている公的支出であり、こちらは最下位となっている。公的支出の比率が最下位になったのは、これで四年連続である。

お隣の韓国はどうか。公私を合わせた教育支出のＧＤＰ比は七・六％と、ＯＥＣＤ全体で堂々の第三位、日本と対照的である。しかし、日本と似ている点もあり、教育支出に占める私的支出の割合が高く、日本が二九・三％であるのに対して、韓国も三八・四％となっている。日韓両国は、（チリを除

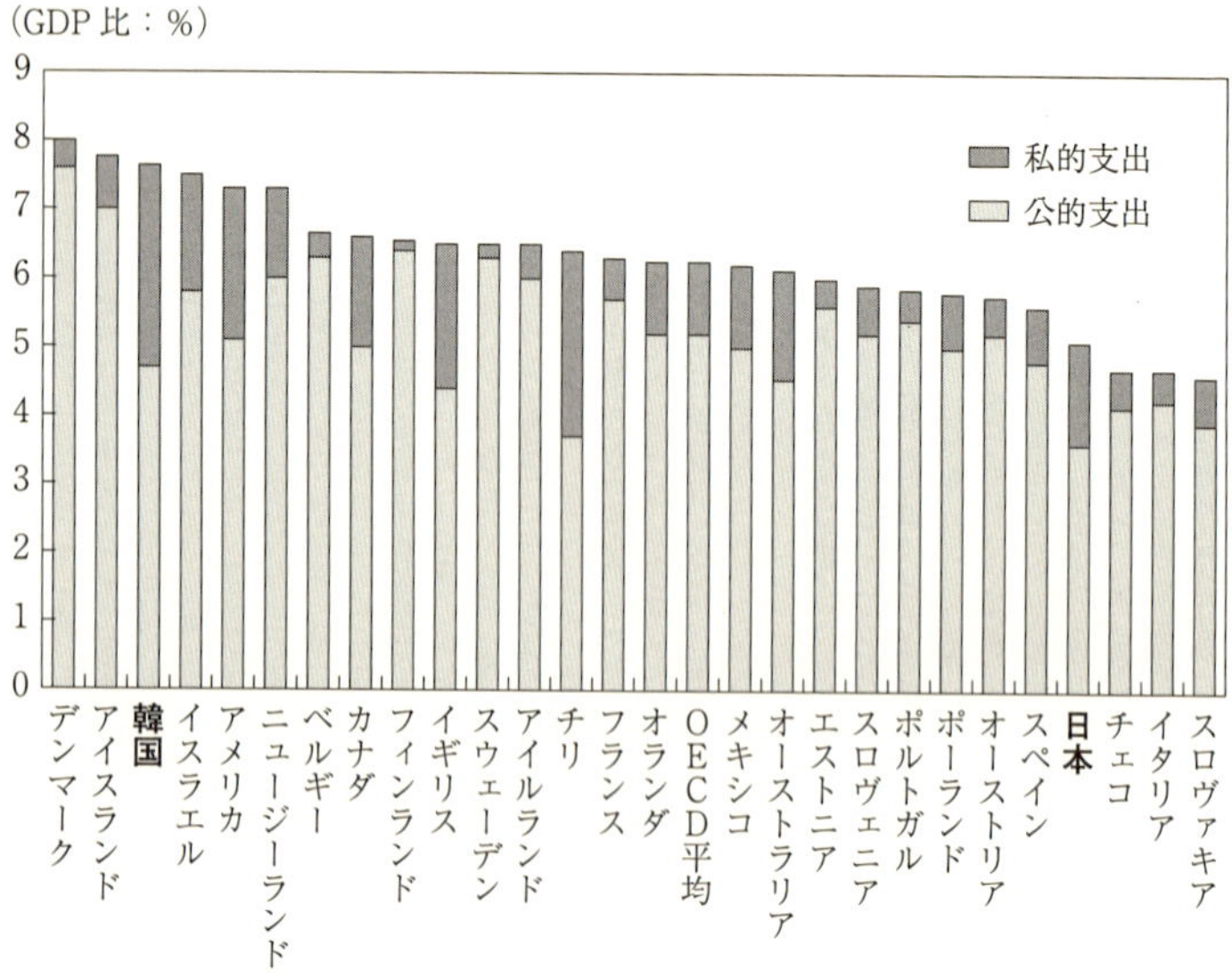

図7－1　教育支出のGDP（国内総生産）に対する比率：国際比較

出典：OECD, *Education at a Glance 2013.*

くと）ほかの国より教育の私的支出に対する依存度がかなり高い。

　さらに、この図には示していないが、日韓両国の「家計調査」を用いて世帯の消費構造を比較すると、教育に対するお金のかけ方がかなり違うことも確認できる。

　日本では、教育に掛けるお金の割合は、所得が高い世帯ほど高くなる。当たり前のことに思えるかもしれないが、これは教育支出が階層性を持つことを意味する。日本では、低所得層はすでに教育から手を引いている。もちろん、貧困のために子供にお金を掛けられないという経済的理由がその背景にある。それだけでなく、子供の教育に無関心な層の厚みも無視できなくなっている。これは、私的支出に多くを依存している日本の教育にとって危険な状況である。

所得格差が、教育を通じて親から子供に継承されていく可能性が高まっているからである。

これに対して韓国では、世帯所得に教育費が占める割合は、もちろん世帯所得が高まるにつれて上昇するものの、その勾配が日本に比べるとかなり緩やかである。つまり、韓国では教育に対する力の入れ方が低所得層でもそれほど落ちない。これは、教育を通じた所得格差の世代間継承が日本ほど進まないことを示唆している。

さらに、大学教育の中身を見ても、韓国の一流大学では英語での授業もごく普通に行われているようである。経済学に限ってみても、かなりの比率の教員が若いときに海外の大学で博士号を取得しており、しかも海外で教壇に立った経験も持っている。韓国では、英語による教育も日本以上に円滑に進んでいるようだ。

筆者は以上の点を踏まえて、人的資本形成という観点から見て、韓国の教育は日本よりかなりうまくいっているではないか、と韓国の研究者に指摘した。ところが、彼らは一様に怪訝な顔をする。確かに、韓国人は教育に力を入れている。しかし、入れ過ぎだという。大学あるいは大学院を卒業させるまでに、韓国の親は子供一人当たり数億ウォン（数千万円）のお金を掛ける。それで元が取れるのであればまだよいが、まったく元が取れないことが問題だという。

実際、サムスン電子や現代自動車など韓国を代表する大企業では、エリート社員であっても四〇代半ばで事実上退職を求められると言われる。いくら高給取りといっても、四〇代半ばでのクビはつらい。彼らは退職後、外資系のコンサルタント会社などに再就職したり、自分で起業したりするようだが、リスクがある。韓国では、教育に多額のお金をつぎ込んで一流大学を卒業したとしても、その後の職業生活が保証され、バラ色の将来が約束されているわけではない。

しかも、若いうちに退職を余儀なくされるので、それまでに稼げるだけ稼ごうと無理に頑張るサラリーマンも多く、精神的な問題を抱えている人も少なくないという。それにもかかわらず、韓国の親は子供の教育に限界までお金をつぎ込む。「この教育地獄を何とかしてほしい」というのが、韓国の研究者の口から出てきた言葉だった。

シグナルとしての学歴

人的資本論的に考えると、教育にお金を掛ければ掛けるほど収益が上がるので、高い教育熱そのものが間違っているとは言えない。教育から手を引く層が増えている日本に比べれば、韓国のほうが少なくとも国全体として見ればマシだという言い方もできる。しかし、韓国の異常とも言える教育熱を見ると、大学後に高収入を狙うという目的だけでは、人々の教育に対する需要は説明できないようにも思える。

そこで、人的資本論だけでは捉えきれない教育の側面を考えてみよう。第一に紹介するのは、「シグナリング理論」と言われる考え方である。教育は生産性を高める手段では、実はない。大卒、あるいは一流大の卒業者といった学歴は、その人の優秀さを他人に示すシグナルとしての役割を果たす。人々は、そのシグナルを手に入れるためにお金を出す——というのが、このシグナリング理論の考え方である。この場合、教育は生産性を高める必要はない。

韓国では日本と異なり、一流大学の範囲がかなり限定されている。国立のソウル大学を頂点とする一握りの大学しか一流とはみなされないため、一流大学のシグナルとしての価値はかなり高いとされる。所得面に限定した狭い意味での投資効果という点ではリスクはあるものの、一流大学卒というシグナルは高いお金を掛けて獲得を狙うだけの値打ちが十分ある、ということなのだろう。その意味では、学歴を得るためにお金を掛ける行為も立派な投資であり、人的資本が教育を投資としている点では人的資本論と同じである。

日本において、そのシグナルとして最高の価値を持っているのは、一昔ほどではないものの、東大卒という肩書であろう。そのため、東大卒の人は、他人との日常会話の中でも自分が東大卒であることをそれとなくほのめかす傾向があると言われる。東大卒だと言うことは、自分の頭の良さを他人に最も知らせるための、最も手っ取り早いシグナルである。

こんな話もある。最近では大学院重点化政策のおかげで、大学院に入ることがかなり容易になっている。文系では、ほぼ「全入」だと考えていただいてもよい。そのために、大学入試ではなかなか入れないトップ大学の大学院にもどんどん学生が入ってくる。そうした学生の中には、最終学歴を少しでも高めて箔をつけるという、いわゆる「学歴ロンダリング」(略して「学ロン」)を狙った者が少なくない。

ところが、ここ数年における修士の就職活動を眺めていると、この学ロンの効果は完全に剝げてしまっているように思える。特に文系の場合、修士の学力が怪しいことに企業はすでに気づいている。全入なのだから、当たり前といえば当たり前である。ある大手証券会社の採用担当者から直接聞いたこともあるが、「ウチでも文系の院生を何人か採用するが、学部がどの大学だったかしか見ていないよ。大学院の名前なんか判断材料にしない」と明言していた。筆者も大学院教育に携わっているが、そうはっきり言われると立つ瀬がない。

消費としての教育

教育需要を支える教育のもう一つの側面は、消費としての教育である。これまで説明してきた人的資本理論やシグナリング理論は、教育を受けること自体が目的なのではない。生産性を高めること、学歴を得ることが目的であって、教育はその目的を獲得するための手段であり、投資である。しかし、私たちは、どちらにしても明確な目標を打ち立て、その目標達成に向けて教育を受けているだろうか。

もちろん、司法試験に合格するために法科大学院に通う、医師免許を得るために医学部で勉強する、あるいは大学や高校に入学するために学校や塾で追加的な勉強をする、という場合は、教育を受けることは手段として明確に位置づけられる。しかし、現在の韓国のような過熱とも言える教育需要は、教育を手段として捉えるだけでは説明できないように思える。

教育には、明らかに消費としての側面がある。しかも、そこでは話をややこしくする要素が少なくとも二つある。一つは、その消費を決定する主体が、教育を受ける子供本人ではなく、教育を子供に受けさせる親である場合が多いことである。自分の子供が、普通の勉強だけではなかなか入れない難関校に通っていることで、親はとてもハッピーになる。近所の人たちに対しても自慢できる。親の自己満足に付き合わされる子供にとっては、迷惑な話である。

もう一つは、教育が消費だと言っても、自主的に消費するわけではない、という点である。他人も子供の教育に力を入れているから、自分が手を抜くわけにはいかない。そこでは、教育は強いられた消費となっている。教育の成果が不確実で、「元がとれない」リスクが十分高くなっても、消費に外からの強制力がかかっていると、人々は冷静に判断できない。自分で自分の首を絞めることになるのは分かっていながらも、親は子供の教育にお金を掛ける。そんな理由で、教育にいくらお金をつぎ込んでも何もうれしくない。

さらに、投資としての教育にも奇妙な側面がある。というのは、教育の成果が不確実だからこそ、親は教育にお金をつぎ込んでしまうというところが教育にはあるからである。もし、自分の子供の学力やそれが将来どこまで伸びるかが、現時点で正確に分かっていれば、教育にお金をつぎ込んでも無駄だと思う親が出てくるだろう。しかし、今の成績はもう一つだけれども、このまま鍛えればいい線までいくかもしれない、という期待が少しでも残っていれば、お金をつぎ込むのを今やめるのは勿体ないと思えてくる。だからこそ、親は子供を塾に通わせたり、家庭教師をつけたりして、教育にますますお金をつぎ込むことになる（この話は、本章3節で改めて考えてみる）。

韓国における教育熱の背後では、教育のこうした奇妙な側面が絡み合っているように思える。日本でも一昔前は受験戦争という言葉も聞かれたが、今では「お受験」という特殊な分野を除くと教育に対する需要は昔に比べて冷えている。それと同時に、教育はこれまで以上に階層性を強めている。どちらの国の問題が深刻なのか判断は難しいところだが、教育については建前やきれいごとだけでなく、病理的な側面にも目を向ける必要がある。

2　教育成果の測り方

本節では、教育成果をどう測るかという問題を取り上げる。読者の記憶にもあると思うが、小学六年生と中学三年生が対象の全国学力・学習状況調査（全国学力テスト）の学校別の結果を公表すべきかどうかという議論が盛り上がったことがある。文部科学省は、来年度から市区町村の教育委員会の判断で公表できる仕組みも検討しているようだが、公表に消極的な声も強い。

学校別結果は公表すべきか

原則論を言えば、全国学力テストも国民が納めた税金で実施されたものだから、本来なら得られた情報をできる限り国民の前に開示すべきである。個人情報ならまだしも、学校単位のデータであれば、あえて隠しておく必要はない。

人々の受け止め方はどうか。文部科学省が二〇一三年七月に行った調査によると、都道府県知事では公開に賛成四四％、反対二四％と賛成派が多いが、都道府県教委になると賛成四〇％、反対四三％と反対派が多くなる。より教育現場に近い区市町村教委では、賛成一七％に対し、反対が四倍超の七九％に達している。学校でも、賛成二〇％、反対七八％と反対派が圧倒的に多い。一方、保護者は賛成四五％、反対五二％であり、反対派がやや優勢といったところである。

また、最近では、静岡県が二〇一三年九月に成績上位校の校長名を公表したほか、大阪市教委も一〇月、市立小中学校に成績の開示を義務づける規則改正を行った。どちらかと言えば、流れは公開のほうに向かっているようだ。

外国ではどうか。筆者は教育の専門家ではないので、詳細は承知していないが、イギリスの例が興味深い。日本の文部科学省に相当するイギリスの教育省（Department for Education）のウェブサイトを見ると、少々びっくりする。Performance Tables というページがあり、そこにある空欄に学校名を記入してクリックすれば、学力に関する学校別の詳細な情報がただちに分かってしまうからである。学校名が分からなくても、学校名のリストがあるので、そこをクリックすればよい。読者も、是非アクセスしていただきたい。

ただし、そこでは、学校の平均点といった情報よりも、学力の各レベルに属する生徒の比率やその変化、付加価値（後述）の度合い、ハンディキャップのある生徒とそうでない生徒の間のギャップの縮小度合いなど、学校の取り組みをしっかり把握しようとする姿勢がうかがわれる。学校のランキングを意識した情報公開ではけっしてない。

さらに、生徒教員比率やフルタイム教員の比率、平均給与、生徒一人当たり支出など学校教育の質を測定するための基礎的な情報がかなり揃っている。とりわけ、筆者が注目するのは、各学校における free school meals の支給資格者比率——日本流に言えば、低所得のために給食費が免除されている生徒の比率——が、contextual information として公表されていることである。ここで言う contextual informationとは、その学校がどのような社会経済的な環境に置かれているか、もっとはっきり言えば、その学区の世帯が平均的に見てどこまで貧困かを示す情報、といった意味である。日本でこんな情報を出そうとすれば、強い反発を受けるのは目に見えている。

イギリスの例を持ち出したのはほかでもない。日本の現状では、教育関係者の多くが想定しているような、あるいは一般の人たちがイメージしているはずの学校別の成績公開は、行ってもあまり意味がないと言いたいからである。筆者は、経済学者の端くれであることもあり、教育に市場原理や競争メカニズムを導入するのはけしからん、といった昔からある見方には強い抵抗を感じる。したがって、学校別の成績を公表すれば学校間の競争が深刻化して教育がダメになる、といったタイプの主張には賛成しかねる。

そのうえで、筆者が学校別の成績公開に積極的になれないのは、今のままでは、それが学校教育の適切な評価や教育改革につながらない可能性がきわめて高いからである。そして、そのような問題を改善しないまま、全国学力テストをこのまま実施し続けることは、税金の使い方として問題が多いと考えている。以下では、こうした点を念頭に置いて、経済学が教育成果をどのように捉えようとしているのか説明しよう。

「教育の生産関数」という発想

経済学では、教育成果を測定する場合、「教育の生産関数」という概念を用いることが一般的である。そこでは、教育成果は、テストの点数など、数字で示されるものが採用される。テストの点数ではなく、学校を出てから稼ぐ賃金に注目する研究もある。

「テストの点数や賃金を、教育の成果と考えること自体間違っている」といった超越的な批判は根強い。

確かに、点数や賃金以外にも、教育の重要な成果と考えられるものはたくさんあるだろう。しかし、教育には、生きていくための手段を習得するという重要な役割があることを忘れてはならない。その役割に大きく関連する学業成績や賃金を無視した教育論は、有害ではないかもしれないが有益でもない。

教育の生産関数はその教育成果を決定する基本的な要因として、①教育の質や量、②個人・家庭環境要因、③「入口」時点の学力、という三つに注目する。そして、それぞれの要因を用いて、生徒ごとあるいは学校平均の点数を説明するモデルをデータに当てはめ、各要因がそうした教育成果に及ぼす影響を統計的に分析する——というのが、教育経済学のオーソドックスな分析手法である。

この三つの要因のうち、教育政策にとって最も重要なのは、言うまでもなく、①教育の質や量である。一クラス当たりの生徒数、先生一人に対する生徒の数はどれだけか、授業時間はどうか、図書館は整備されているかといった教育環境のほか、先生はどれだけ経験豊富か、修士・博士号を取得しているかなど、さまざまな要因が考えられる。さらに、生徒一人当たりの教育費など、財政面の要因に注目することも少なくない。

中でも、クラス規模や生徒／先生比率が教育成果に及ぼす影響は、教育予算にも関連するので、昔から数多くの実証分析が蓄積されてきた。しかし、分析は容易ではない。例えば、クラス規模について言えば、小クラスにすると成績が上がるかどうかがよく問題となるが、成績とクラス規模の相関を単純に見るだけでは不十分なのである。というのは、生徒の成績が悪いのでクラス規模を小さくしたというように、成績↓クラス規模という逆の因果関係も考えられるからである。このため、教育経済学では、この問題をどう処理するかが重要なテーマとなっていた。

しかし、そうした問題を解決する手法が確立されたとしても、学校や教員による取り組みの成果を正確に把握するためには、教育成果に影響を及ぼすそれ以外の要因の影響を取り除く必要がある。そこで特に注目されるのが、②個人・家庭環境要因と③「入口」時点の学力という要因なのである。

重要な個人・家庭環境要因

それでは、まず、個人・家庭環境要因について考えてみよう。両親が高学歴で収入も高く、教育に熱心であれば、同じ学校に通っていても成績は良いというのが常識的な理解だろう。また、イギリスの教育省が free school meals の支給資格者比率に注目しているように、その学区の社会経済的状況も教育成果に大きく影響する。

さらに、生まれ月の影響も無視できない。日本の場合で言えば、一～三月が誕生月のいわゆる「早生まれ」の生徒の成績は、そうでない生徒より統計的に有意な形で低いことが確認されている。

このような個人・家庭環境要因は、学校や教員では操作できない性格のものである。特に、社会経済的に不利な立場にある家庭、あるいは地域で育っている子供たちが、勉強に力が入らず、成績がよくないのは、残念ながら現実の姿である。しかし、そうした子供たちが数多く通う学校の点数が悪いからといって、その学校の教育が悪いと評価することは明らかに間違っている。学校の特徴を大きく左右するのは、その学校に通っている子供たち自身、あるいはその子供たちを育てている家庭や地域なのである。

しかし、現在議論されているような、学校別成績公開の是非は、こうした重要な問題を軽視している。いや、そのように批判するのは間違っているのかもしれない。学校別成績の公開に反対する人たちはむしろ、個人・家庭環境要因をコントロールしないままの学校別成績の効果が、学校だけではなく、その学区やその学区に住んでいる人々の社会的なランクづけにつながることを強く懸念しているはずである。

筆者は、そうした懸念は正しいと考えている。某県の学校の点数が高いとか、そこではこうした取り組みが行われている、といった事例がしばしば報道されるが、個人・家庭環境要因を制御していない限り、そうした事例をいくら紹介しても科学的な意味はない。

全国学力テストについて言えば、幼稚園出身者に比べて保育園出身者の点数が低いことも話題になった。これも、子供を幼稚園と保育園に通わせた親の属性の違いをきちんと制御しないと、両者の教育を比較できない。同様に、朝ごはんをしっかり食べている子供は成績が良いことも分かっているが、これも朝ごはんそのものの効果なのか、それとも朝ごはんをしっかり食べさせている家庭の環境が重要なのかを見極めないと、巷のトンデモ言説と同じレベルの話となる。

しかし、教育政策にとって、より危険なことは、個人・家庭環境要因を制御しないまま、その学校の点数が悪いことを、その学校の教育が劣悪である証拠だと一方的に解釈し、学校の予算や人員を削減してしまうことである。そうなると、その学校の教育が本当に劣悪になってしまう。そうした学校に通っている子供たちこそ、より丁寧に教育して、社会に出るときに不利にならないようにすべきなのに、それとは逆方向に政策が進みかねない。

ここで大きな問題は、その個人・家庭環境要因を把握することがきわめて難しいということである。生徒にテストを受けさせるだけでは、教育成果の分析は完結しないのである。しかし、親の所得や学歴を、子供にきちんと答えさせるのはなかなか難しい。親に直接尋ねることはもっと大変である。回答拒否が続出するだろうし、教育委員会や学校も親の反発が怖くて協力できない。

外国でも事情はそれほど変わらないが、家にどれくらいの本があるかとか、辞書やパソコンがあるか、といった形で家庭の文化・教育環境を間接的に訊く工夫が行われている。それだけでは不十分な場合は、その学校に通う生徒の平均的な家庭環境を示唆するような指標に注目する。イギリスの教育省が、free school meals の受給資格者比率を公表しているのはその代表的な例である。

教育経済学の分野では、教育成果が学校要因で決まるのか、それとも個人・家庭環境要因で決まるのかが、古くから重要な研究テーマとなっていた。筆者も、新潟大学の北條雅一准教授とともに、TIMSSという国際的な学力テストのデータを用いて、中学二年生の数学の成績が、学校で決まるのか、個人・家庭で決まるのかを日本を含むアジア主要国について調べたことがある。

それによると、生徒個人間の成績を説明するモデルの説明力は、個人・家庭環境要因を除くと七割ほど低下することが分かった。対照的に、学校要因を除いても、説明力はあまり低下しない。この結果が示唆するように、子供の成績の違いはかなりの程度、学校以外のところで決まるのである。

教育成果は付加価値で測るべき

教育成果を左右する第三の要因は、その教育を受ける前にどれだけの学力が備わっていたか、である（英語では prior attainment という）。教育の成果は、「出口」時点でのパフォーマンス（卒業時点の学力）を見るだけでは正確に把握できない。元々出来の良い生徒がその学校に入学していたのであれば、出口時点の成績が良好なのは当たり前だからである。だから、「入口」時点のパフォーマンス（入学時点の学力）をどうしてもチェックしておく必要がある。

教育の成果は本来、入口から出口にかけてのパフォーマンスの変化、すなわち、付加価値ベースで把握する必要がある。実際、イギリスの Performance Tables では、教育課程の主要な各段階で学力をチェックし、各段階の間の成績の変化に基づいて付加価値を指数化したものを公表している。

しかし、付加価値を正確に把握するのは難しいし、誰もが使えるような手法はまだ確立されていない。そのため、実際には、教育の生産関数を推計する際に、その学校に入る前の成績を説明する要因として加えるのが普通の処理の仕方である。日本でも、例えば、中学三年生の学力テストで中学校の教育成果を測定するためには、そのテストを受けた生徒の中学入学時点での学力をきちんと把握していく必要がある。

しかし、日本では、教育の成果を付加価値ベースで考えるという発想はあまりない。というか、分かってはいるのかもしれないが、「出口」だけに目を向けてしまう傾向がある。その代表的な例が、『サンデー毎日』『週刊朝日』などが行う、東大・京大合格者の学校ランキングである。昔からおなじ

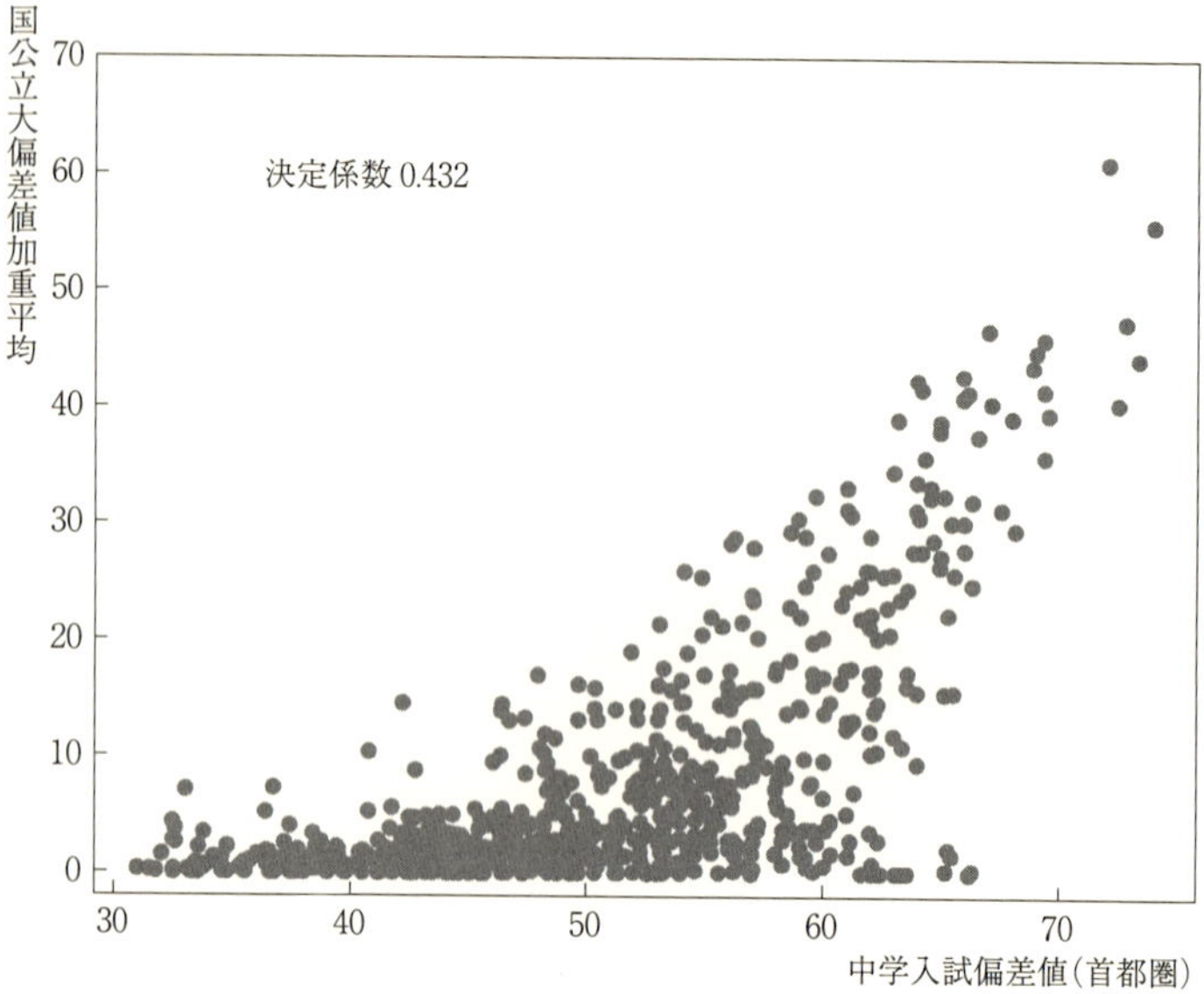

図 7－2　中高一貫校の中学入試偏差値と国公立大学合格実績

出典：小塩・佐野・末冨（2009）より引用。

みの中高一貫の進学校が毎年名を連ねるが、これは、そうした学校の教育が優れていることを示すものでは必ずしもない。有名な進学校は、中学入試という「入口」時点で優秀な生徒を選別しているのだから、大学入試という「出口」時点で優秀なパフォーマンスが得られるのは、当たり前のことなのである。

筆者は、千葉大学の佐野晋平准教授と日本大学の末冨芳准教授とともに、首都圏と近畿圏の中高一貫校の大学合格実績が、中学入試時点の偏差値でどの程度決まるかを調べたことがある。それによると、八割程度が中学入試の学校偏差値で決まる。図7－2は、その論文に中で紹介したものである。ここでは、首都圏の中高一貫校について、中学入試時点の偏差値と、六年後の時点に合格した国公立大学の偏差値の加重平均とを比較しているが、かなりきれいな正の相関が見られる。ただし、その相関は非線形であり、中学入試で偏差値が五〇を割り込む学校では、国公立大学の合格実績がだいぶ低くなる。中学入試は、あくまでも大学入試レベルの学力についてだが、かなり正確な学力識別機能を発揮していると見てよい。

さらに、筆者らのこの分析によれば、中学入試の偏差値の要因を除くと、学校の取り組みの中で大学合格実績に結びついているのは、授業総時間の長さだけだということも分かった。大学合格率を高めるためには授業総時間を長くしたらよろしい、という身も蓋もない結果になってしまい、あきれてしまった記憶がある。それはともかくとして、教育成果は付加価値ベースで把握しなければ正確なことは分かりにくいという点は、もう少し理解しておいたほうがよい。

筆者は、全国学力テストの学校別成果を公表すべきかどうかといった議論をするより、教育成果を正確に把握する枠組みを今のうちにしっかり整えることのほうがはるかに重要だと考えている。そうでないと、せっかく軌道に乗り始めた全国学力テストの成果をうまく教育政策に生かすことができない。教育論議を科学的な根拠に基づいたものにするためには、データ整備と分析手法の研究がまず必要である。

3　情報は完全なほうがよいのか

本章では教育についていろいろ考えてきたが、話を少し広げて、私たちにとって情報がどのような役割を持っているのかという問題を取り上げてみる。

情報は偏在する

経済学は、市場メカニズムを重視する。しかし、市場メカニズムがうまく機能するためには、取り引きする財やサービスの内容や性質について、売り手と買い手との間で情報が共有されていなければならない。その品物が偽物なのに、売り手がそれを隠して消費者に売ろうとするとき、情報は売り手のほうに偏在している。騙された消費者が損をすることは、言うまでもないだろう。いくら市場メカニズムが重要だと言っても、こんな取引が横行していれば誰も幸せになれない。今回は、この情報の問題を取り上げる。

まず、情報が当事者の一方に偏在していること――それを情報が非対称的であるという――が、世の中にある制度の存在理由を説明する場合があることを指摘しておこう。本書でしばしば取り上げている社会保障に関連して言えば、医療保険がその代表的な例である。医療保険を、なぜ社会保険という強制加入の仕組みで政府が運営しているのか。その理由は、この情報の非対称性がかなり関わってくる。

日本では、一九六一年に「国民皆保険」という仕組みが出来上がった。私たち国民は、国民健康保険や組合管掌健康保険など、何らかの形で公的な医療保険への加入を義務づけられている。最近では、テレビなどで民間の医療保険のコマーシャルが頻繁に流れているが、医療保険をどうして民間の保険会社に任せられないのだろうか。市場メカニズムを重視し、規制緩和を唱える経済学者も、医療保険の民営化はあまり主張しない。

その理由は、疾病リスクに関する情報の非対称性に求められる。経済学では、自分がどこまで疾病リスクを抱えているかは、医者にかかっている本人が最もよく知っており、保険会社はあまり知らないと想定する。そのうえで、強制加入の社会保険が必要になる理由をつぎのように説明する。後述するように、この説明には胡散臭いところがあるのだが、ここではいちおう、教科書的な説明を紹介しておこう。

政府が医療保険の提供を民間の保険会社に任せたとき、保険会社はおそらく、社会全体の平均的な疾病リスクを勘案して保険料を設定するだろう。このとき、自分が低リスクであることを知っている人は、保険料が高すぎると思ってその保険に加入しない。加入するのは、高リスクの人だけである。保険料を支払っても、元が取れると期待できるからである。

保険会社は、保険に加入してくる個人のリスクの程度をあらかじめ知ることができない。だから、保険加入を希望する人は誰でも受け入れるしかない。しかし、いざ蓋を開けてみると、高リスクの人だけが加入しているので、赤字になってしまう。そこで保険会社は、赤字を回避するために保険料を引き上げる。ところが、その引き上げられた保険料でも加入したいと考える人は、さらに高リスクの人に限られる。保険会社は保険料をさらに引き上げねばならない。こういうプロセスが続き、最終的には、保険に入るのは世の中で最も高リスクの一人だけになる。一人だけになると、保険にならない。

このように、高リスクの人だけが保険に加入し、低リスクの人が保険に加入しないために、保険が成り立たなくなっていくことを「逆選択」が働いているという。この逆選択があるからこそ、疾病リスクに社会全体で備えるためには、リスクの高低にかかわらず、すべての人を強制的に加入させる社会保険として、医療保険を政府が運営すべきだ——というのが、教科書的な説明である。

逆選択とリスク選択

読者は、以上の説明にどこまで納得するだろうか。筆者は、授業でもこのような話をしているが、実は納得していない。生保会社に勤務している知り合いに尋ねても、この説明はおかしいと言う。保険会社も、利益を上げなければ商売にならない。保険に加入しようとしてくる人に対して、その人がどういうリスクを抱えているのか、チェックしないはずがない。読者も、生命保険に加入しようとしたとき、問診を受けたことがあるだろう。民間の医療保険でも、病歴などをチェックされる。

民間の保険会社に医療保険の供給を委ねた場合、保険会社は、採算割れになれば元も子もないので、個人の疾病リスクの判別にしっかり力を入れる。そのため、実際には疾病リスクに関する情報の非対称性は、保険契約を結ぶ前にかなり軽減されるはずなのである。その結果、保険に加入できるのはむしろ低リスクの人に限定され、高リスクの人は排除されていく。逆選択とはまさしく逆の状況である。

こうした状況を、「リスク選択」が働いているという。ところが、このリスク選択が働いている場合、政府が医療保険に乗り出す必要はない。高リスクの人向けの、保険料の高い保険を売り出す保険会社が出てきて、高リスクの人はその保険に加入することになるからである。市場では、高リスクの人向けの保険と低リスク向けの保険が併存することになる。

このように、情報が対称的であれば、市場メカニズムはしっかり機能する。政府がその補正に乗り出す必要はない。しかし、現実は、逆選択が想定する状況よりリスク選択が想定する状況のほうが近い。にもかかわらず、社会保険が必要になるのはなぜか。

実は、疾病リスクに関する情報が対称的で、市場メカニズムがしっかり機能している場合でも、政府が医療保険を社会保険として提供する理由は存在する。しかし、それは市場メカニズムを補正するという効率性の観点からの要請ではなく、公平性の観点からの要請なのである。

民間保険では高い保険料を払うしかない高リスクの人たちは、自分たちの責任ではない理由によって高リスクになっているかもしれない。彼らの疾病リスクが高いのは、所得水準が低く、健康を取り巻く環境が劣悪だからかもしれない。そういう人たちを社会で支援するためには、低リスクの人も一緒に入る社会保険の仕組みがあったほうがよい。政府によるこうした対応には、高リスクの人に対する支援という意味合いがある。筆者は、公平性の観点に基づくこちらの説明のほうが、説得力があるのではないかと思っている。

もっとも、逆選択で社会保険の意義を説明しても、低リスクの人が高リスクの人を支援する構造になるので、大きな違いはないように見える。しかし、このとき、低リスクの人が支払っている保険料のうち、自分たちのリスクに見合った分を上回る分は、情報の非対称性を解消するためのコストという性格を持っている。情報の非対称性をそのままにして疾病リスクをカバーする仕組みを維持するためには、それなりのコストが社会に求められるのである。

誰にもよく分からない場合

世の中には、情報の非対称性を軽減する工夫がほかにもいろいろなところで見られる。就職活動における総合職と一般職の区別がその典型である。男女雇用機会均等法もあって、採用条件で男女差をつけることは法律的に禁止されている。しかし、女性は結婚・出産によって離職する可能性が高く、企業にとってはどこまで自社に貢献してくれるか見極めにくい。しかし、それを根掘り葉掘り訊くことはできないし、学生も「私は結婚したら、会社を辞めて専業主婦になります」とは、心では思っていても就職活動では絶対言わない。ここに、採用後の意向に関する情報の非対称性が、就職活動中の女子学生と採用企業との間に存在することになる。その情報の非対称性を軽減するために、企業は学生に総合職と一般職のどちらかを選ばせる。学生に、自分の意思を表明させるわけである。もちろん、女子学生にだけこの区別をつけることは法的に問題があるので、男女ともに区別を設ける。

ところが、情報が非対称的である、偏在しているというより、本当のところは誰もよく分からないということも、世の中には多い。その代表的な例が学力である。本章1節では、教育に対する需要を説明する理論として、シグナリング理論と呼ばれるものがあることを説明した。そこでは、自分の学力は自分が一番よく知っており、他人はあまり知らないという意味で、学力に関する情報は非対称的だという想定が置かれる。そして、自分の優秀さを他人に知らしめるシグナルとして、人々は高い授業料を支払ってまで高い学歴を身につけようとする、という説明が成り立つ。

しかし、このシグナリング理論もおかしい。自分がどこまで優秀であるか、どこまで学力が伸びるかなどといったことは、誰にも分からないからである。親にも学校の先生にも分からないだろう。学力については、情報の非対称性というより、誰もよく分からないというのが真実に近い。むしろ、学力をめぐる情報を次第に正確なものにしていくプロセスこそ、教育なのである。

教育の自己冷却メカニズム

学校で何度も繰り返し行われるテストを通じて、自分の学力が次第に明らかになっていき、しかもその情報は自分だけでなく、親や先生、友人や知人にも共有される。小学校低学年のうちは、学校のテストも簡単なので一〇〇点をとることはそれほど難しくなく、教育の学力識別能力の精度は低い。しかし、ずっと高い点数を取り続ける子供と、そうでない子供に次第に分かれていき、学力をめぐる情報は正確さを増していく。大学入試レベルになると、学力はかなり明確になっている。そのために、その生徒の脳の中身を見たわけでもない進路指導の先生も、「お前にはこの大学は無理だ。この辺にしておけ」といったアドバイスを生徒にできるようになる。

このように学力を識別していく教育のプロセスは、教育に対する需要をとても興味深いものにする。というのは、学力に関する情報が不明確である以上、もう少し勉強すればもっと頭が良くなるかもしれない、という期待が生まれる。その期待が残っている限り、教育を受けようとする。あるいは、子供に教育を受けさせ続けようとする。しかし、学力に関する情報が次第に明確になっていくと、学力が高いことが分かった子供はさらに教育を需要するだろうが、そうでない子供は教育を受けなくなる。教育を受け続けても元がとれないと見込まれるからである。

つまり、教育には、自分で自分の首を絞める、いわば自己冷却メカニズムが備わっている。逆に言えば、教育に対する需要には、教育を受け続ければ学力が高まるのではないかという、本人や親による夢または勘違いによって支えられている面がある。教育業界にとっては、学力をめぐる情報は不完全のままのほうが望ましい。

もっとも、教育を通じて学力の違いが明らかになっていくことは、教育市場にとって悪い話だけではない。学力をめぐる情報の不完全性が軽減されていくわけだから、教育の市場メカニズムは十分機能する。偏差値の高い学生や生徒が通う学校もあれば、そうでない学生や生徒を集めた学校も経営が成り立っている。

情報は不完全なほうがよい？

このように、医療や教育分野でも、需要者（買い手）と供給者（売り手）の間で情報が共有されていれば、公平性という観点をひとまず横に置く限り、市場メカニズムはうまく機能する。やはり、市場メカニズムにとっては、情報が不完全であることは望ましくないのである。

ところが、情報が不完全であったりするほうが、うまくいくことも世の中にはある。その最も顕著な例が恋愛であり、結婚である。恋愛は、相手のことがよく分かっていないほど成立しやすい。「あの人はいったいどんな人なのだろうか」「私のことをどこまで愛してくれているのだろうか」等々、分からないことが多いほど、人々は恋愛に夢中になる。

恋愛は、「もっとあの人のことを知ろう」という、ロマンチックな情報収集のプロセスである。付き合っている相手も自分に関する情報収集に熱心だと、恋愛はさらに燃え上がる。しかし、そうでもないといろいろ苦労する（ここらあたりの説明は、経験不足なのであまり自信はありません）。

そして、相手のことが次第に分かるようになり、相手も自分に関する情報が増えていくプロセスの中で、二人は恋愛をさらに続けるかどうか随時判断する。そして、相手に期待していたような魅力がないことが判明すると、あるいは、相手も同じような意識を持つようになると、恋愛は終息段階に入る。このプロセスは、教育が子供の学力を次第に正確に識別していき、学力の低いことや向上の見込みがないことがわかった子供の親が、教育から手を引いていくプロセスと同じ性格を持っている。

結婚は、その恋愛の延長上にある。結婚が成立するためには、相手に関する情報が十分に不足（?）し、結婚後の生活に対する甘い期待が残っていることが必要条件となる。結婚の成立にとっては、相手に関する情報が完全であることはむしろ危険なのである。最近の結婚のほぼ四分の一を占める「できちゃった婚」は、相手に対する情報収集プロセスを後回しにしたカップルの行動の帰結とでも言えようか。

それでは、離婚はどうか。相手の嫌な面に関する情報の蓄積が限度を超えた、あるいは配偶者が同じような状況に至った場合に、結婚生活に終止符が打たれる。忍耐の閾値は、夫婦の経済環境や子供の存在などに依存するだろう。図7-3は、各年における結婚数と離婚数、そして結婚数に対する離

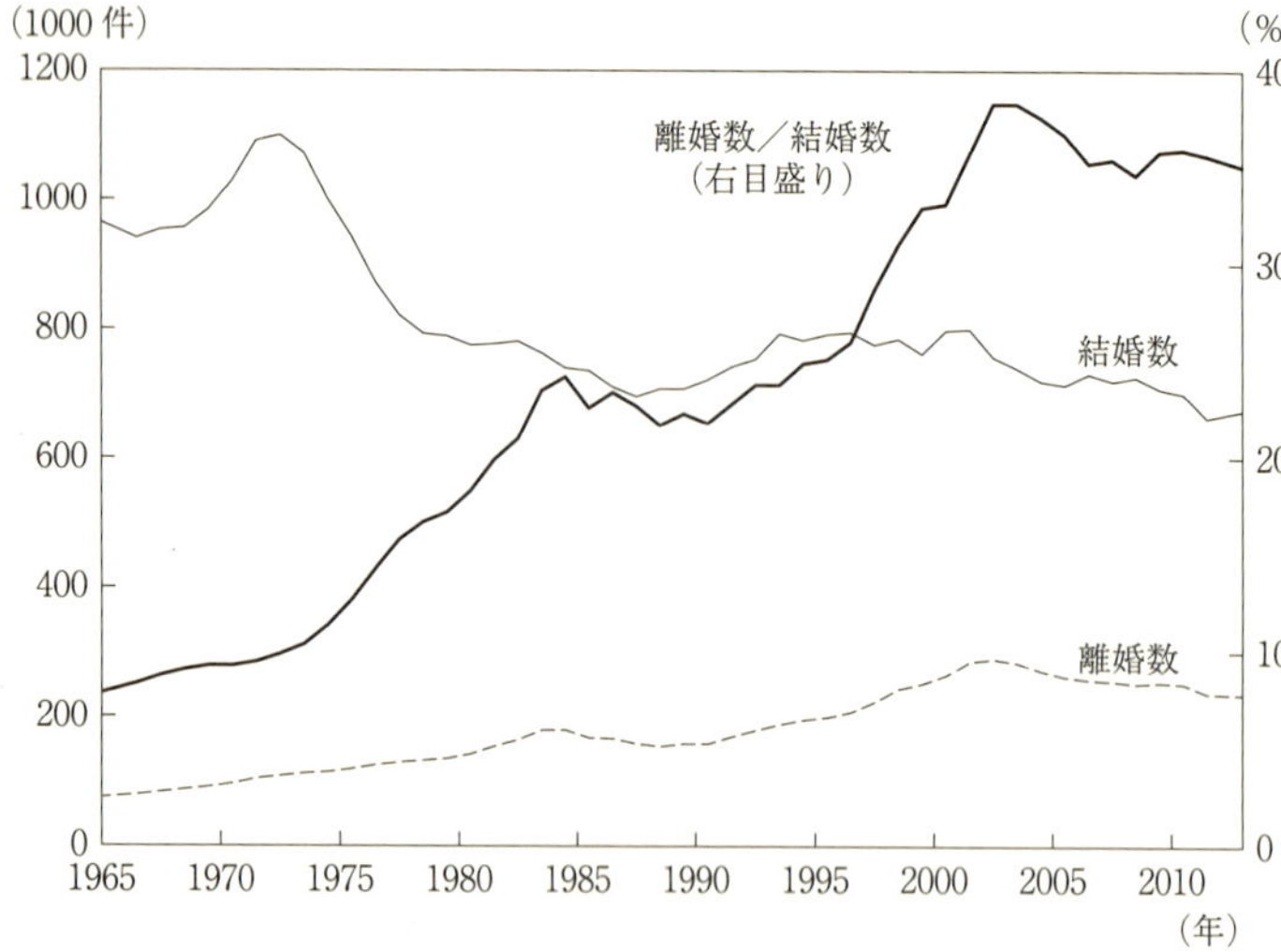

図7－3　結婚数・離婚数の推移

出典：厚生労働省「人口動態統計」。

婚数の比率の推移を調べたものである。その比率は、一九六〇年には八・一%だったが、ここ数年は三〇%台半ばで推移している。結婚と離婚との間には当然ながら時間的なラグがあるので、解釈には注意が必要だが、結婚したカップルのうち三割は離婚する計算になる。

しかも、離婚の申し立ての七割は女性であることが知られている。離婚比率の上昇は、女性の社会的地位が高まり、離婚しても、一人あるいは子供連れでもなんとかやっていける世の中になったことを意味しているのかもしれない。

しかし、女性のほうが離婚を申し立てる比率が高いという事実は、結婚前における情報の非対称性が男女間で相当あるということも示唆している。男性は、結婚を機に大きくその性格を変えてしまうのに、女性はそこまで見抜けないということかもしれない。男性も、結婚後に、奥さんに関する情報が豊富になった結果、後悔している人も多いだろう。しかし、女性に比べて離婚にいまひとつ踏み切れないのは、炊事洗濯が自分でできない、という情けない理由からかもしれない。

「知らぬが仏」という言葉があるように、情報は不完全なほうが幸せになれる場合がある。しかし、皮肉なことに、私たちは、情報を明らかにしようと絶えず努力する。それにはコストがかかり、また情報が明らかになったときに不幸に直面することもある。その最たるものが、遺伝子情報であろう。自分の行く末が分かってしまう人生は、あまり楽しいものではない。しかも、遺伝子情報が利用可能になることは、他人だけでなく自分もよく知らなかった自分に関する情報が、無防備な形で他人と共有されることを意味する。情報が完全になることのメリットとデメリットは、はたしてどちらが大きいのだろうか。

第八章　社会の「有り様」をめぐって

1　たばこの社会的意味

本書もいよいよ最後の章になった。ここで、社会の「有り様《あよう》」についていろいろ考えてみる。最初に取り上げるのは、たばこである。たばこは不思議な財である。

お世話になったたばこ

愛煙家には鬱陶しい話になってしまうが、たばこというフィルターを通して社会の有り様を考えてみよう。体に悪い。にもかかわらず吸っている人がいる。社会的に存在する意味はあるのだろうか。

実は、筆者はたばこにお世話になっていた。今はもうやめてしまったが、筆者が中学生から大学生だった頃、実家が田舎で小さな小売店を経営しており、たばこも販売していた。たばこは客集めにかなり有効な手段なので、両親が開店に際してたばこの販売許可を取るために奔走していた記憶がある。中学生だった筆者もたまに店番を頼まれ、たばこを売っていた（未成年がたばこを売って、大丈夫だったのだろうか)。
店番をしてたばこの銘柄や値段も覚えたし、珍しい銘柄が売れると子供ながらに面白く思った。カートンで買う人も結構いて、たばこってそんなにおいしいのかと不思議に思ったこともある。たばこを売った経験のある大学教員は、世の中にあまりいないだろう。それはともかく、今から考えると筆者の学費の一部はたばこの売上金で賄われていたわけで、筆者はたばこに感謝しなければならないことになる。

筆者の最初の就職先は霞ヶ関の官庁だったが、その頃は分煙などという概念はなく、多くの職員が仕事中にスパスパやっていた。近くに座っていた上司がチェーン・スモーカーだったので、着ていたワイシャツや上着がたばこ臭くなってしまい、困ったこともある。しかし、それで文句を言おうという発想すらなかった。大人は、たばこを吸って当たり前だった。

今では、霞ヶ関の官庁は喫煙場所を設け、完全に分煙化している。霞ヶ関以外でも、分煙を実施していない職場のほうが少なくなっているのではないか。大学でも、キャンパス内は全面禁煙というところが増えている。筆者の勤務先の大学では、喫煙場所が学内に指定されているが、たばこを吸っている学生や教職員はかなり少数派だ。キャンパス内に限らず、愛煙家の人たちはかなり肩身の狭い思いをしているはずである。

たばこが健康に及ぼす悪影響については、それこそ山のような研究の蓄積があり、たばこやニコチンだけを扱った一流の専門学術雑誌もある。経済学の分野でも、喫煙行動は古くから分析対象となっているが、最近では行動経済学がよく取り上げるテーマになっている。健康に悪いことが分かっているのに、また、結構な値段がするのに、どうして人々は喫煙をやめないのか。人間は合理的な判断をするものだという経済学の前提から考えると、喫煙は異質な行動である。だから興味深い研究対象となる。

社会階層を示すシグナル機能

日本の喫煙率は、大幅に低下している。JT「全国たばこ喫煙者率調査」によると、一九六五年に八二・三％だった男性の喫煙者率は、二〇一四年には三〇・三％まで落ち込んだ。女性の喫煙者率はもともと男性に比べて低いが、それでも同期間に一五・七％から九・八％へと低下している。

ここまで喫煙率が低下すると、社会的に見てどういう属性の人がたばこを吸っているか興味が湧く。そういった情報は、厚生労働省など政府の統計にはあまり出てこないが、読者にはだいたい察しがつくのではないか。つまり、喫煙率は学歴や所得など社会階層の違いに大きく左右されるという予想が成り立つ。

いろいろな調査を見ても、学歴と喫煙とは密接な関係があることが示されている。第五章3節でも紹介した、筆者らが実施した社会調査からもその関係が確認できる。この調査の分析対象は二〇〜四〇代の比較的若い世代だが、全体の喫煙率（男女計）は二四・四％となっている。ここで、学歴別に喫煙率を見ると、大学・短大卒以上で一〇・八％にとどまっているのに対して、高校卒は三二・六％、中学卒は三九・六％と三〜四倍になってしまう。学歴によってここまで差が出てくる行動は、喫煙以外にはあまりないのではないか。

所得階層との関係はどうか。右に紹介した調査では、世帯所得を五分位に分けているが、所得が最も高い第五分位で二一・一%、次の第四分位で二二・五%、第三分位で二一・五%となっているのに対して、次の第二分位で二五・一%、最も低い第一分位では二八・一%と所得が低い層のほうが割合が高くなる。学歴ほどではないが、所得階層も喫煙率と大きく関係していることが分かる。

さらに、雇用者に限定して、正規・非正規雇用者との間で喫煙率に差があるかを見てみると、男性では、正規で三六・二%であるのに対して、非正規では四四・五%と高くなる。女性では、それぞれ一四・一%、一六・五%となり、ここでも非正規のほうが幾分高くなっている。日本では、ヨーロッパ諸国とは異なり、非正規は正規に比べて明らかに不利な就業形態と言える。正規・非正規という違いは社会階層を区別する、無視できない要素となりつつある。

もちろん、学歴、所得、就業形態は相互に関係しており、独立しているわけではない。しかし、右の三つの要素は社会階層を規定する重要な要素であることは疑いないから、右に紹介したような数字は、喫煙と社会階層との関連を明確に示すものと言える。もちろん、社会階層が低いから喫煙率が高くなる、あるいは、たばこを吸うと社会階層が低くなるといった因果関係がそこから読み取れるわけではない。実際、両者の因果関係を正確に見極めようとする研究もかなりある。おそらく、両方向の因果関係が存在するはずである。

しかし、喫煙という行為が、その人の社会階層を示唆するシグナルとしてかなりの程度機能する、という点は否定できない。学歴や所得は、個人情報として隠そうと思えば隠せる。そこで、本人と他人との間には、属する社会階層に関する「情報の非対称性」が成立する。しかし、喫煙という行為は、その情報の非対称性の壁を破ってしまう性格を持っている。

ただし、喫煙のシグナル機能は時代によって変化する。例えば、筆者が社会人になりたての頃は、女性の社会進出がそれほど進んでおらず、喫煙する女性には、男性に伍して働くバリバリのキャリア・ウーマンという、カッコいいイメージが伴っていた（そのようなイメージは、どうやら米国のたばこ会社が戦略的に作り出したそうである）。しかし、今ではそういうイメージはほとんどないのではないだろうか。

二〇歳前から吸い始める

ＪＴは、当然ながらたばこ税の引き上げに反対しているが、同社のウェブサイトを見ると「たばこを吸うか吸われない（ママ）かは、喫煙と健康に関する客観的な情報を踏まえ、成人の方々自らが責任を持って判断すべきものと考えています」という記述がある。しかし、人々はそもそも喫煙するかどうかを「成人」になってから「責任を持って判断」しているのだろうか。

喫煙開始年齢を調べた調査はいくつかある。政府の調査としては、やや古いものの、一九九八年度の「喫煙と健康問題に関する実態調査」が代表的である。同調査によると、喫煙者の四一・五％が未成年のうちに喫煙を習慣にしている（二〇代に入ってから習慣にした者は五三・三％）。この結果からも分かるように、喫煙者の実に四割は未成年の段階で、喫煙を習慣にしようと「判断」していることになる。

つまり、喫煙に関する判断は、個人が実社会に入る前にかなりの程度下されていることになる。そうなると、その判断がどこまで「自らが責任を持って」下されたものか、はなはだ疑問である。そして、その判断に、家庭環境や親の影響が強く働いていることも容易に推察される。しかも、未成年の喫煙は違法である。子供の違法行為を容認するかどうかの判断は、親が下すことになる。そう考えると、喫煙の判断は本人ではなく、親がそれこそ「責任を持って判断」している面も大きいはずである。そのとき、喫煙は親から子供への社会階層の継承を示すシグナルとしての側面を色濃く持つ。

右に紹介した筆者らの調査では、「あなたが一五歳のとき、暮らしの状況はいかがでしたか」という質問に、「大変苦しい」「苦しい」「普通」「ゆとりがある」「大変ゆとりがある」の五つから一つを選んで回答させている。このうち、「大変苦しい」または「苦しい」と答えた回答者は全体の一八・八％であるが、そのうち、たばこを現在吸っている者は三〇・八％であった。これに対して、それ以外の回答者、つまり、一五歳時点の暮らし向きを「普通」以上と回答した者の中でたばこを現在吸っている者は二二・七％であった。

このように、子供時代の家庭の暮らし向きがよかったかどうかで、現在の喫煙率が約八％ポイントも違ってくる。筆者らの調査における平均的な喫煙率が二四・四％だったことを考えると、この差はかなり大きい。さらに、父親はともかく、母親の学歴が低いと子供の喫煙率は大幅に高まる傾向にある。

しかも、ニコチンには依存性がある。未成年のときにたばこの味をいったん覚えると、なかなかやめられない。二〇歳で禁煙（！）しようと考えても、遅すぎる。親の社会階層が子供の人生を大きく左右することを示す研究は、世の中に数多く存在する。社会階層の親子間継承という現実は、喫煙という行動に具体的に反映される。

ここでは、紙幅の制約上、細かい説明は省略するが、子供時代の貧困が喫煙行動に及ぼす影響は、大人になるまでに受ける教育がそのかなりの部分を媒介していることも、筆者らは同じ調査のデータで明らかにしている。教育にも階層性があり、喫煙行動には他人の影響を受けやすい側面があることを考えれば、それは当然のことと言えよう。

さらに、たばこを吸い始めた年齢が低いほど肺がんの発生リスクが高くなる、という有名な研究もある。たばこは、社会階層の低さを示すシグナルとして機能するだけでなく、それを高い疾病リスクにつなげるという、しっかりと中身のある（？）機能も果たしているわけである。

低所得層を苦しめるたばこ税

以上は、たばこと社会階層との関連に関する話であった。つぎに、たばこ税を取り上げてみる。所得階層が低くなるほど喫煙率が高くなることはすでに指摘したが、そうだとすると、たばこに対する支出も低所得層ほど高くなるはずである。

そこで、総務省「家計調査」（二〇一三年）に基づき、勤労者世帯を五つの所得階級に分けて、たばこに対する一カ月当たり支出額とその収入に対する比率を比較すると、図８－１のようになる。支出額は、最も所得が低い第一分位で一七一三円、高い第Ｖ分位で八八九円だから、二倍近い差がある（高所得層ほど世帯人員が多くなるので、一人当たりで見れば差はもっと大きい）。収入比で見ると、差はさら

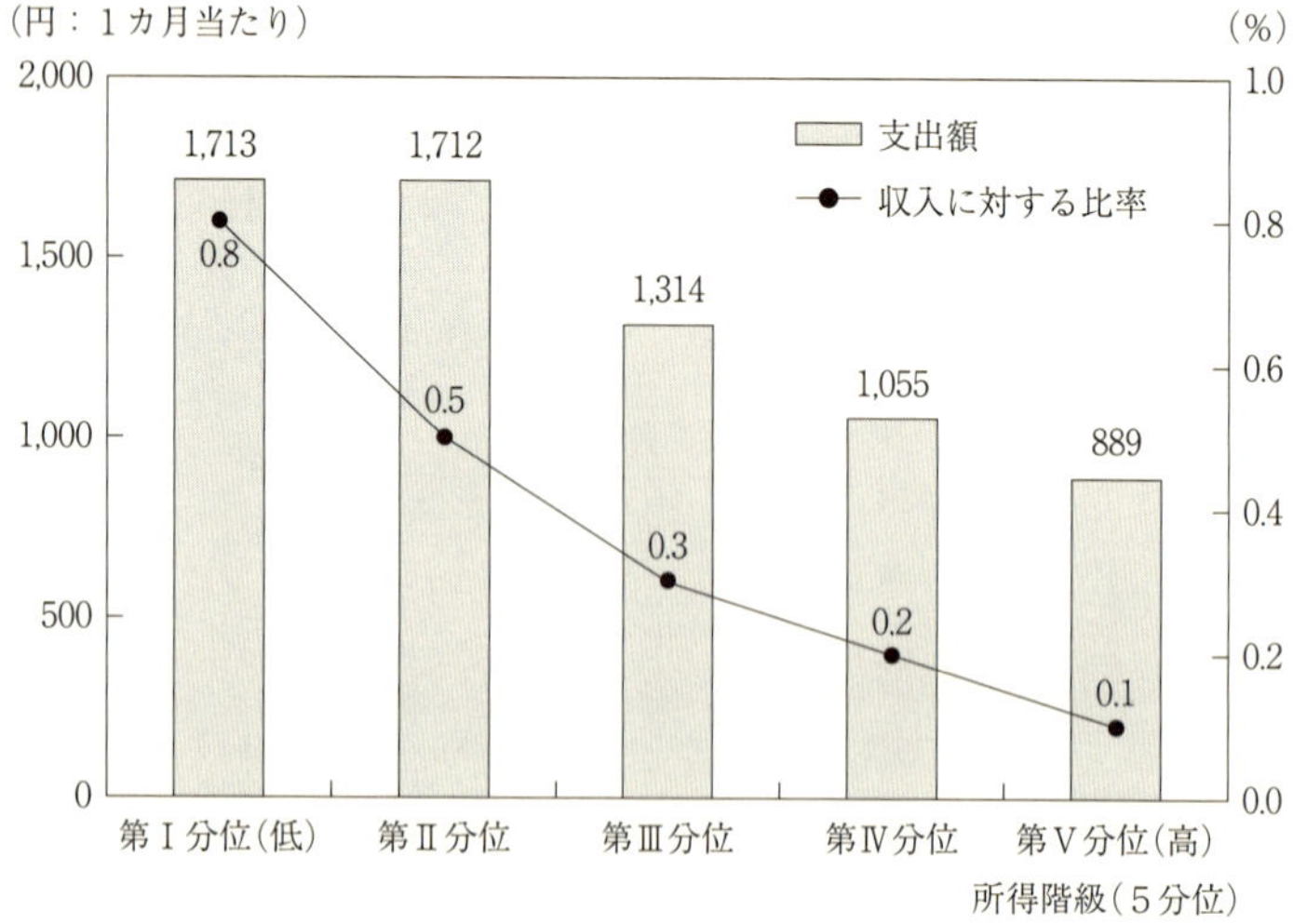

図8－1　所得が低いほど多いたばこへの支出（勤労者世帯）

出典：総務省「家計調査報告」（2013年）。

に大きくなる。

このように、たばこに対する支出は所得階層が低くなるほど、金額としても、収入に対する比率で見ても高くなる。たばこを吸わない人間から見れば、フトコロ具合がさびしいのなら、たばこは真っ先にやめるべきではと思うのだが、喫煙者にとってはそう簡単にはいかない。ニコチンの依存性の家計への影響は、低所得層の家計ほど大きい。

しかも、たばこには高い税金がかかっている。たばこの価格は消費税率の引き上げに連動して引き上げられ、「メビウス」は現在、一箱四三〇円である。このうち税金（消費税を含む）は二七六・七三円、つまり、価格の実に六四・四六％を占める。価格の六割以上が税金となっている商品は、たばこのほかにはない。

たばこに高い税金がかかっているのには、経済学的にしっかりとした理由がある。たばこは、価格が少しくらい引き上げられても需要が落ちない財である。これを経済学は、「需要の価格弾力性が低い」と表現する。そして、需要の価格弾力性が低い財であれば、税金を高くしても需要があまり減少しないから、てっとり早く税収を得ることができるので、税率を高く設定すべきだということになる。これを、「ラムゼーの逆弾力性の命題」という（詳細は、第二章2節参照）。たばこはニコチンの依存性のおかげで、需要の価格弾力性が低い。だから、昔からどこの国の政府もたばこに高い税率を課し、たばこ税を重要な税源としてきたわけだ。

しかし、たばこに対する需要は所得の低い層ほど高いから、このたばこに対する課税の仕方は、低所得層ほど負担が重くなるという、逆進性という特徴を強く持つことになる。たばこ税は、低所得層ほど重くなる。

ＪＴはこうしたたばこ税に対して、「たばこ税は、国・地方税を合わせて毎年度二兆円を超え、国および地方自治体の一般財源として多大な貢献をしています」（同社ウェブサイト）と説明する。確かにその通りである。しかし、それと同時に、たばこ税の逆進性についてもきちんと指摘しておく必要がある。低所得層ほど多めに負担させる税金を正当化することはかなり難しい。公平性の観点から見ると、きわめて大きな問題である。

もちろん、「たばこは疾病リスクを高め、社会全体の医療コストを高めるのだから、喫煙者には追加的な負担をしていただかないと困る」という理屈はあり得るだろう。喫煙者からも、「私たちは、疾病リスクが高くなるのを承知でたばこを吸っている。そして、病気になって社会に迷惑をかける分だけ余計に税金を払うことに納得している」という、開き直りの声が聞こえてきそうである。

しかし、そうした理屈が説得力を持つのは、人々が、たばこを吸うかどうかを、疾病リスクや社会的コストを考慮して合理的に判断し、そして、少なくとも、喫煙率が低所得層ほど高くなるという特徴を見せない場合に限られる。

喫煙率はこれからも低下していくだろうが、それでもたばこが世の中から消えることはないだろう。そして、たばこは社会階層の違いを示すシグナルとしての機能を一層強めていくものと予想される。それでは、どうすればよいか。たばこに対するさらなる増税も望ましいが、それには税負担の逆進性がさらに高まるという深刻な副作用が伴う。まず、たばこを未成年の身の回りからできるだけ遠ざける社会的な工夫が必要だろう。筆者はかつて、たばこにお世話になっていた。悪口はあまり言いたくないのだが、たばこを擁護する理由はなかなか見当たらない。

2 ソーシャル・キャピタルの意義と限界

ソーシャル・キャピタルとはなにか

筆者は京都市在住だが、昔から町内で地蔵盆という行事が毎年行われてきた。京都には、今でも街中に小さなお地蔵さんがたくさんある。八月のお盆過ぎになると、お地蔵さんの周りを飾りつけ、近所の子供たちを集めてお菓子を配ったり、ゲームをしたり、焼きそばを焼いたりする、ささやかな行事が各町内で催される。

筆者は二十数年前に、今住んでいる町内に引っ越してきた。京都の基準でいうと、まったくのよそ者である。うちの近所では「入《い》り人《びと》」と呼ぶ（昔から住んでいる地元の人は、「地《じ》の人《ひと》」と呼ぶ）。しかし、町内の人たちは、「入り人」にほかならない筆者や筆者の家族を、快く町内会に入れて下さった。数年前には、地蔵盆の世話をする当番が筆者にも回ってきて、及ばずながらお手伝いをしたことがある。

このような近所づきあいには、面倒なところがないではないが、近隣の人たちと知り合いになることは、とてもよいことである。隣の人が何をしているのかまったく分からない人たちの中で生活するより、会えば挨拶を交わし、困ったことがあれば助け合う人たちが住んでいる町のほうが、はるかに住みやすい。

このような地域の絆を、少し専門的な言葉で「ソーシャル・キャピタル」と表現する。ただし、ソーシャル・キャピタルの意味するものは、こうした地域の絆に限らない。人々が共通の規範や価値観、理解を伴って形成する、さまざまなネットワークを意味する。

ソーシャルは社会、キャピタルは資本だから、ソーシャル・キャピタルは「社会資本」と訳したいところだが、そう訳してしまうと、道路や上下水道、図書館などの公共施設といったハードな社会インフラを思い浮かべてしまう。そのため、一般的に「社会関係資本」という訳語が使われている。ソーシャル・キャピタルが人々の間の関係という形をとることを考えると、これは適切な訳語である。

ソーシャル・キャピタルという概念は、P・ブルデューやJ・S・コールマンといった社会学者のほか、R・D・パットナムなどの政治学者が、それぞれ微妙に異なる意味を込めつつ、世界全体に広げていった。ソーシャル・キャピタルが豊かな地域では、投票率の高さなど政治的な関心も高く、子供の学力も高いほか、治安もよく、さらには住民の健康状態もよくなることも明らかになっている。日本でも、阪神淡路大震災や東日本大震災後の復興プロセスの中で、ソーシャル・キャピタルを充実させていった地域ほど、復興が迅速に進んでいることを示す実証研究もある。

このように紹介してくると、ソーシャル・キャピタルはいいこと尽くめのように見える。実際、書店を覗くと、ソーシャル・キャピタルに関する本は結構並んでいる。しかし、意外なことに、経済学はこれまでこのソーシャル・キャピタルには冷ややかな態度で臨んできた。もっとも、経済学の一分野である開発経済学では、ソーシャル・キャピタルを用いた実証研究は活発に行われているが、それ以外の分野では、この概念についての研究は総じて低調である。

日本でもソーシャル・キャピタルの重要性を指摘する経済学者はいるにはいるが、本格的な実証研究はあまり見当たらず、一般向けの総説や解説書が主流である。実証研究が進んでいるのはむしろ、健康や疾病リスクの社会的要因を研究する社会疫学のほうである。

経済学者が否定的になる理由

経済学者がソーシャル・キャピタルに対して総じて否定的な受け止め方をしている最大の原因は、ソーシャル・キャピタルが経済学における通常の意味でのキャピタル、すなわち資本とは言いにくいからである。この点は、ともにノーベル経済学賞を受賞したケネス・J・アロー教授やロバート・M・ソロー教授が早い段階で指摘しており、その後の経済学者の受け止め方もほぼ同じだと思われる。

経済学で言うところの資本とは、過去に行った投資が蓄積された結果である、ストックを意味する（厳密には、減耗分をそこから差し引く）。工場や施設など物理的資本がその代表例だが、学校教育や職場での訓練などによって蓄積される人的資本も、資本として扱われる。いずれの場合も、人々は、将来において得られると期待される便益を狙って、現時点で利用可能な財・サービスの支出を控えて投資を行うことになる。

ところが、ソーシャル・キャピタルは、仮にストックとしての性格があるとしても、将来の便益を期待して何かを犠牲にして蓄積する、というプロセスが描きにくい。そのため、費用と便益を勘案して最適な水準を決定するという、経済学が持っている伝統的な理論的枠組みを適用しにくい。理論・実証両面でソーシャル・キャピタルの研究が経済学で進まないのは、おそらくこのためである。

ただし、それ以外の点では少し微妙なところがある。例えば、ソーシャル・キャピタルは、通常の資本と異なり、市場取引ができないとされる。というのは、通常の資本の場合、それが収益を生むために、市場取引ができるという側面がある。これは、所有権や利用権を売買できる物理的資本だけでなく、人的資本でも同様である（賃金は人的資本の使用料である）。これに対して、ソーシャル・キャピタルは取引の対象とはなりにくい。

しかし、物理的資本の中にも、社会資本（社会共通資本）と呼ばれるものがある。道路や公園、上下水道など社会的なインフラなどがそれである。この資本は地域住民によって共同使用されるものであり、市場取引は難しい。この点は、ソーシャル・キャピタルとよく似ている。

このように、ソーシャル・キャピタルが資本とは呼びにくいと言っても、伝統的な資本の中にもソーシャル・キャピタルとよく似た性格を持つものがある。経済学者はソーシャル・キャピタルの概念の曖昧さを批判するが、ソーシャル・キャピタルがむしろ経済学の伝統的な概念の再検討を求めている面もある。

再定義する

ソーシャル・キャピタルは、経済学で言うところの資本ではなく、社会的なネットワーク構造の一形態として捉えるべきだという見方も有力である。そう捉えると、経済学による分析手法も大きな修正なしに援用することができる。実際、他人との相互依存関係や社会的ネットワークの必要性は、情報の経済学やゲーム論の分野で重要な研究テーマとなっており、社会学や政治学とは異なるアプローチで分析する素地がすでにできている。ただし、ソーシャル・キャピタルはあくまでも非公式なものであり、法制度や契約によって形成された公的なものではないという点には注意が必要である。

農業経済学・開発経済学の分野で世界的権威であった故・速水佑次郎教授は、ソーシャル・キャピタルを、このような非公式な社会的関係を示すものとして狭く定義し、ソーシャル・リレーション・キャピタル（まさしく社会関係資本）と名称も変更したほうがよいと指摘している。同教授はさらに、資本という概念の用い方に起因する議論の混乱を避けるため、つぎのような概念整理を行っている。

第一に、資本を物理的資本と人的資本に二分し、ソーシャル・キャピタルは、三番目の資本としてではなく、むしろ人的資本の一つの形態として位置づける。ネットワークや信頼によって他人と互恵的な関係を結ぶことは、人的資本の重要な要素である。人々が得る労働報酬も、狭い意味での人的資本の蓄積の成果を反映しているだけでなく、その人的資本に基づいて他者とどれだけ効果的な関係を構築し、それをビジネスに活用できたかという点も大きく反映している。こうした意味では、ソーシャル・キャピタルは人的資本と言える。

第二に、私的財と公共財という経済学にとってなじみやすい、もう一つの基準軸を設定し、ソーシャル・キャピタルを公共財的な性格を持つ人的資本と位置づける。私的財は譲渡や取引可能であり、私的財産権を設定できるが、公共財は共同使用性や非譲渡性が特徴となっている。さらに、公共財は、すべての人が無制限に共同利用できる一般公共財と、地域住民など特定のグループに限って共同利用される地方公共財に分類される。このうち、ソーシャル・キャピタルは、その性格上、後者に属すると整理される。

このように、物理的資本か人的資本かという区別と、私的財か公共財かという区別で構成される二次元の構図の中で、ソーシャル・キャピタルは、地方公共財的な性格を持つ人的資本と位置づける、というのが速水教授の考え方である。このような整理は、ソーシャル・キャピタルの性格をうまく整理し、資本の定義をめぐる議論の混乱を回避するのに役立つ。

ただし、このように整理しても、ソーシャル・キャピタルを資本と呼んでよいかという疑問が解消されるわけではない。ソーシャル・キャピタルの蓄積メカニズムを、通常の資本と同じようなスタイルで描写するのはやはり難しい。したがって、資本というネーミングにこだわらないで、ソーシャル・キャピタルを社会的なネットワーク構造の一形態と捉えるだけでも十分ではないかという批判的な見方が出てくる。

注目度は頭打ちか

実は、ソーシャル・キャピタルに対する一般的な関心は、すでに頭打ちになっている。ソーシャル・キャピタルに関して筆者らと共同研究を行った、浜松医科大学の尾島俊之教授は、日本、イギリス、アメリカの政府機関や世界保健機関（WHO）のホームページを対象に、ソーシャル・キャピタルという言葉を掲載したページが、ホームページ一万件当たりどれくらいあるかを調べている（医療科学研究所「健康の社会的決定要因に関する国内外の調査研究動向　ソーシャル・キャピタル編　最終報告書」参照）。同教授は、日本ではよく似た言葉である「絆」や「きずな」についてもその頻度を調べている。

尾島教授による分析結果を紹介したものが図8－2である。二〇〇〇年代にすでにソーシャル・キャピタルに注目していたWHOでも、ページ数は最近かなり低下している。イギリスは二〇〇三年、アメリカは二〇〇五年がそれぞれピークとなり、それ以降は低下している。

日本における注目度は、二〇一二年までは上昇してきたが、翌一三年には低下している。また、「絆」や「きずな」の頻度は、二〇一一年の東日本大震災を受けて大きく上昇したが、最近では急速に低下している。熱しやすく冷めやすい日本人の特徴が、ここら辺にも顔を出しているのかもしれない。

筆者は、ソーシャル・キャピタルは、社会科学の研究や社会・経済政策のあり方に大きなインパクトを与える、きわめて重要な概念だと考えている。しかし、それと同時に、概念や分析手法上の問題

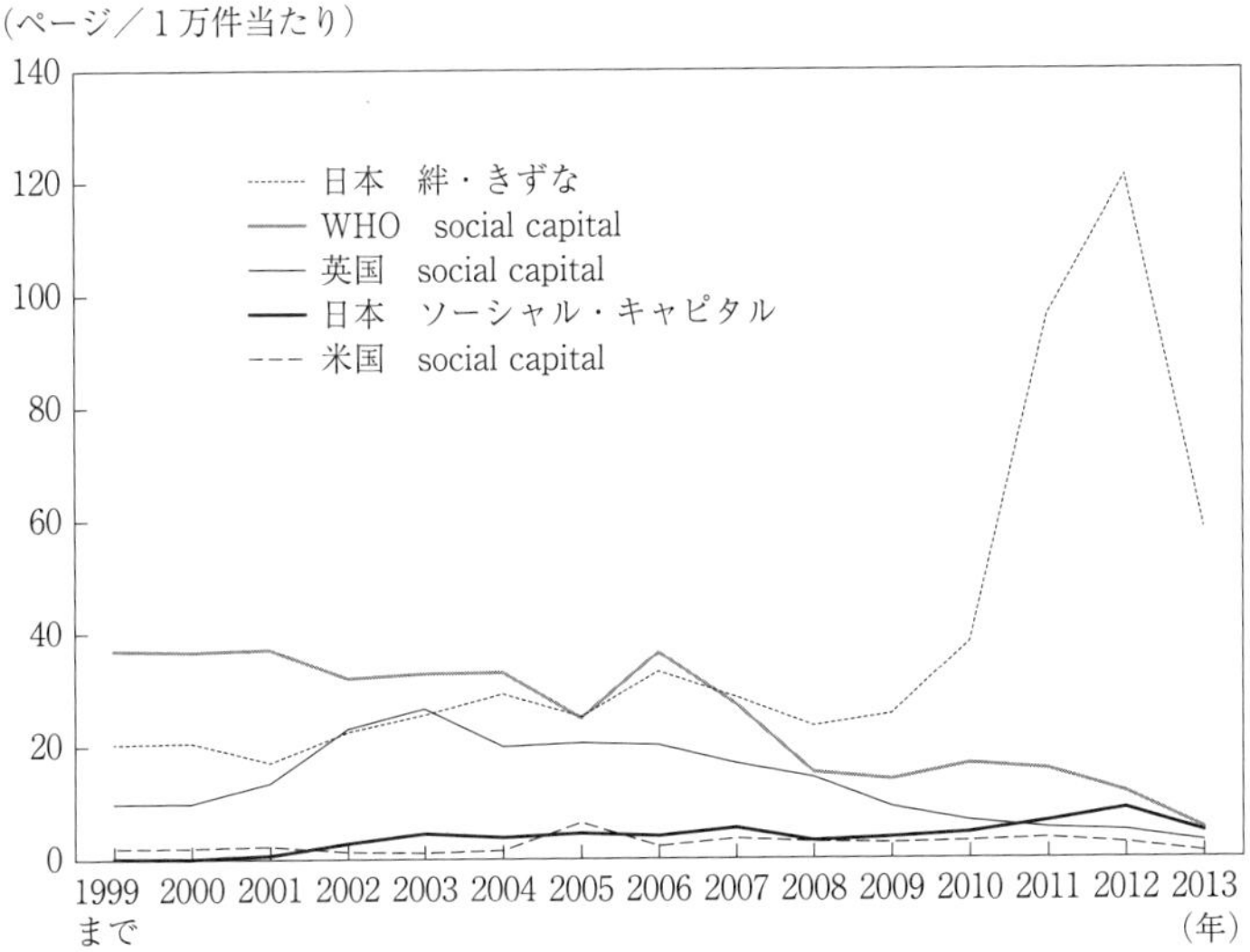

図8-2　ソーシャル・キャピタルに対する注目度

注：政府機関等のホームページ1万件当たりのソーシャル・キャピタルに関する記載のあるページ数の推移。

出典：浜松医科大学・尾島俊之教授による分析。医療科学研究所「研究の社会的決定要因に関する内外の調査研究動向　ソーシャル・キャピタル編　最終報告書」(2014年3月)。

を解決していかないと、研究のさらなる発展は難しいと危惧している。図8-2に示したように、政策面からの注目度が落ちているのも、そのような限界が認識されつつあることを反映しているのかもしれない。

経済学の実証研究に携わっている者として正直なところを書かせてもらうと、ソーシャル・キャピタルの概念をめぐる問題そのものに深入りせずに、ソーシャル・キャピタルの度合いを示す変数を用いて実証研究を進めることはそれほど難しくない。実際、経済成長率や失業率など、マクロ経済のパフォーマンスとソーシャル・キャピタルとの間の相関関係はすでに報告されている。

しかし、それだけではソーシャル・キャピタルの経済学的な意義を明確にすることはできない。ソーシャル・キャピタルはある時は説明変数として、またある時は被説明変数として用いられ、分析者の都合のよいように利用されている傾向も見られる。さらに、仮にソーシャル・キャピタルが個人や社会の厚生向上に貢献しそうなことが分かっても、どのように政策介入すべきかが明らかにされなければ、研究の政策的な意義も高くならない。ソーシャル・キャピタルは、一歩間違うと、使い勝手のよい、そして俗っぽい概念に陥ってしまう危険性を孕んでいる。

さらなる理解のために

経済学におけるソーシャル・キャピタル研究においては、少なくともつぎの四点が、今後の研究課題として残されている。

第一は、ソーシャル・キャピタルの効果をより正確に把握することである。例えば、ソーシャル・キャピタルの恩恵を受けるためには、それを受けられる環境の下にいる必要があるが、そこでいわゆる「自己選択」のメカニズムが働いているかもしれない。町内会についていえば、町内会に入ることを決意した人は、そうでない人とは初めから属性が異なるはずである。その影響をきちんと処理しなければ、ソーシャル・キャピタルの効果を正確に把握しにくい。

第二は、ソーシャル・キャピタルの形成メカニズムの解明である。経済学では、投資とその収益との対応関係という形で資本という概念を捉えることが一般的だが、ソーシャル・キャピタルはそうしたアプローチが難しい。しかし、従来の資本概念にはなじまないという理由だけで、ソーシャル・キャピタルの生成メカニズムを解明しないという姿勢は正当化しにくい。情報の経済学、ゲーム論など経済学の手法を活用するほか、社会学的なアプローチとの連携も有益と思われる。

第三は、ソーシャル・キャピタルに対する政策介入のあり方に関する議論である。経済学では、公共財の供給に当たり、社会の構成員が非協調的に行動すると、公共財の望ましい水準が達成されないことがよく知られており、それが政策介入の理論的根拠とされている。国民から強制的に税を徴収し、社会的なインフラを整備するというのが、国による政策介入の典型的な例である。

しかし、ソーシャル・キャピタルは一般的な公共財というより地方公共財としての性格を持ち、しかもその供給は国ではなく地域社会が主体的な役割を果たす。したがって、政策介入の場は地域社会が中心になるだろう。その場合、ソーシャル・キャピタル形成を促進する政策が社会的に要請されたとしても、地域社会に対してどのように政策介入すべきかという問題が残っている。

第四は、ややテクニカルな問題だが、ソーシャル・キャピタルの主観的性格をどのように解釈するかである。仮に客観的に同じ水準のソーシャル・キャピタルが存在するとしても、その主観的な評価は個人によって大きく異なるだろう。これは、経済学におけるこれまでのソーシャル・キャピタル批判においても十分認識されなかった問題点である。

さらに、ソーシャル・キャピタルから受けるメリットも、生産性や所得の向上といった物理的・金銭的なものではなく、主観的な幸福感、生活満足度など主観的厚生の向上という形もとるはずであり、伝統的な経済学では処理が難しい面がある。そうした問題をどう克服するかも、経済学におけるソーシャル・キャピタル研究の重要な課題である。

3　社会の「有り様」をどう捉えるか

人々はなぜ真面目に納税するのか

副業からの収入があるサラリーマンのほか、自営業の人たち、住宅ローンを抱えている人たちなど、確定申告をして税金を追加的に納めたり、あるいは逆に還付してもらったりしている人は、読者の中にもかなりいるはずである。

筆者も、勤務先の国立大学からもらう、あまり高いとは言えない本給のほかに、本の印税や依頼されて書いた原稿からの副収入が少しある。毎年、年が明けると送られてくる源泉徴収票を集めて、納税のための申告書を作成し、税務署に送る。その後、税金が銀行口座から引き落とされる仕組みになっている。

ここで問題にしたいのは、なぜ人々は真面目に納税するのかという点である。もちろん、世の中には、税金をきちんと納めていない人もいるだろう。所得捕捉の度合いが職種によって異なることは、昔から日本の所得税制をめぐる大きな問題となっている。

しかし、実際にはほとんどの人がきちんと税を納めている。それはどうしてなのだろうか。そこで本節では、この納税の話をきっかけとして、経済学が「世の中の有り様」をどのように捉えているか、また、そこにどのような問題があるかを考えることにしよう。

日本のサラリーマンや公務員の場合、所得税の支払いは、給与から天引きされる源泉徴収が中心となっているが、米国などでは確定申告が一般的である。そのため米国人は、真面目に納税しようかどうかという問題に、私たち以上に直面しているはずである。だから、経済学にとっても立派な分析対象となる。

「脱税の経済学」

筆者は大学院で、公共経済学という授業を担当しているが、そこでは米国で出版された英語の教科書を用いている。その教科書の中には、脱税（tax evasion）について説明した章がしっかり存在する。人々はどのような場合に脱税するのかとか、脱税を納税者と税務署との間の一種のゲームとして捉え、どのような状況が均衡解として得られるか、といった議論が展開されており、なかなか面白い。税は自分で申告して納めるというのが、一般的な米国で出版された教科書ならではの特徴である。

授業でもその議論を紹介しているが、その本の中では、人々が脱税するための条件を理論的に導き出している。真面目に納税する、脱税するという二つのケースを想定し、脱税した場合はさらに、税務署によって見つかるケースと、見逃されるケースに分ける。脱税が見つかった場合は、税の不足分だけでなく、重加算税も支払わされる。人々は、脱税が見つかった場合のこのペナルティーを考慮に入れたうえで、脱税するかどうかを判断すると考えるわけである。

経済学の教科書によく登場する、数式を使った理論モデルがここで展開されるわけだが、読者にとっては面倒な途中の計算を省略して、興味深い結果だけ紹介してみよう。つまり、人々の脱税の判断は、脱税が見つかる確率（p）と重加算税の税率（F）の大小関係によって決まる。具体的に言うと、

pが（1＋F）の逆数を上回らなければ脱税すべきだという結果が得られる。この結果は、所得とそこから得る効用（満足度）との関係を示す効用関数の形状に関係なく成り立つ。

重加算税の税率は国や脱税の状況によって異なるが、米国では二〇～七五％、日本では、三五～四〇％である（過少申告課税や無申告課税などもあり、その税率は五～二五％となっている）。例えば、重加算税が四〇％と想定すると、脱税が見つかる確率pが七一・四％を上回らない限り、脱税するのが合理的だという計算になる。完全な脱税ではなく過少申告の場合は、税率が一〇％なので、脱税が見つかる確率が九〇・九％を上回らない限り、「やってしまえ」という計算になる。かなりの確率で見つかるとしても、脱税にゴーサインが出るわけだ。

読者は、こうした説明をどう思われるだろうか。この説明が正しいとすると、かなりの人が脱税をしていてもおかしくない。脱税が見つかる確率は、実際にはそれほど高くないはずだからである。まして、源泉徴収票を何枚か受け取ってそれに基づいて確定申告をする場合、一枚ぐらい黙って申告しなくても、ばれるはずがないという気持ちが頭をよぎる。しかし、多くの人が真面目に申告している。

実は、この教科書も、この結果は少しおかしいと認めている。人々はもっと真面目だ、そんなに脱税していない、と指摘している。この理論モデルの最大の問題は、脱税するか脱税しないかという判断を、個人の損得勘定という観点からだけしか説明していない点にある。世の中には、「脱税はやってはダメだ」「税金はきちんと納めるべきだ」という社会的規範がある。私たちは損得勘定を離れて、その規範に従おうとする。そうした思いは、この理論モデルには反映されていない。

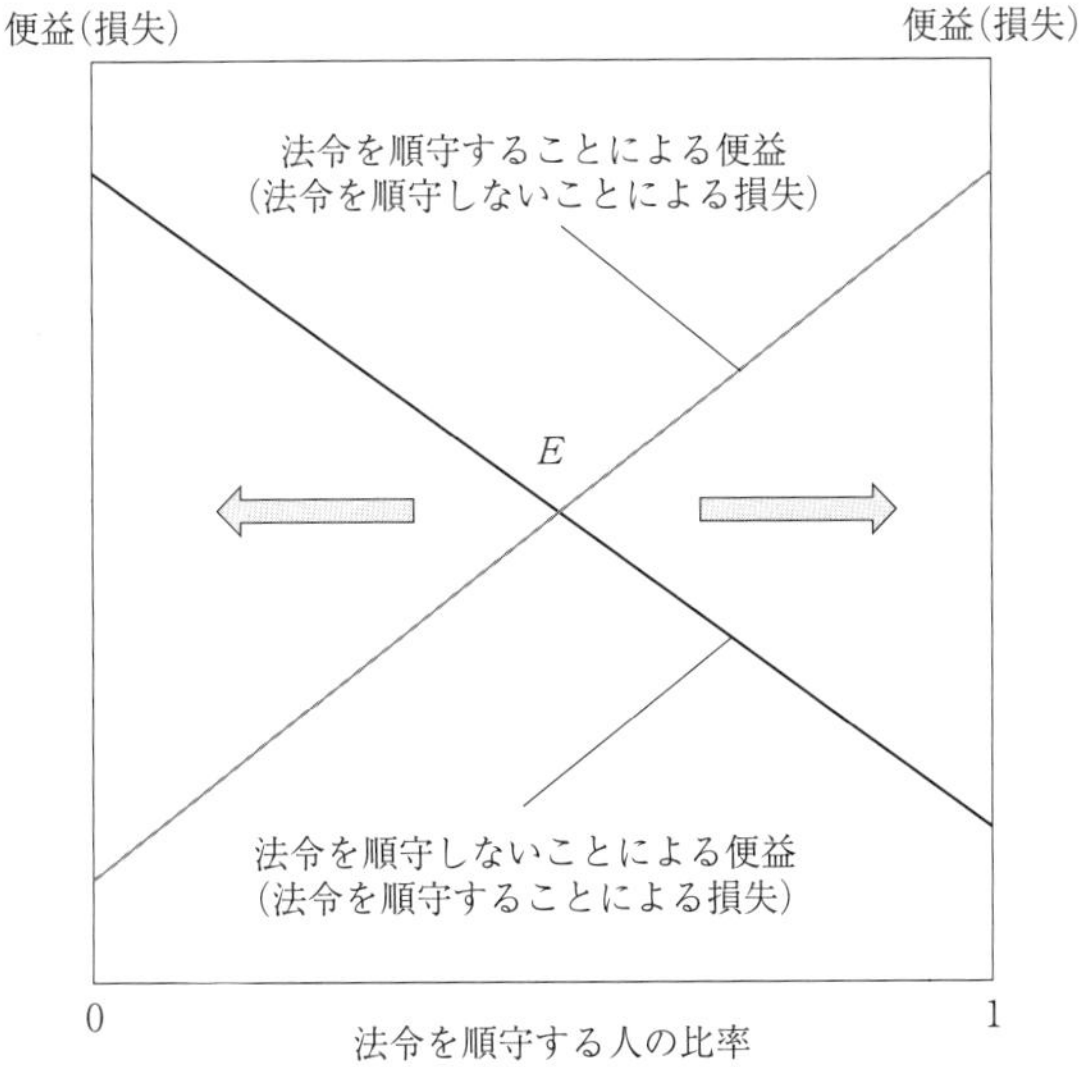

図8-3　法令を順守するかしないか

バス停で並ぶか並ばないか

右に紹介した脱税の話は、社会的規範の重要性を示唆している。経済学は、基本的に個人レベルの損得勘定、もう少し学術的に言うと、効用最大化行動をベースにして話を進める。そのため、社会的規範に関する議論が手薄になる傾向がある。しかし、規範に従うかどうかを、個人レベルの効用最大化行動で説明することもできないわけではない。

今、ある社会について考えよう。図8-3の横軸は、そのうち何%の人が法令を順守するかを示しており、右に行くほど法令を順守することが一般的になっていることを示す。右上がりの直線は、法令を順守することによる便益（順守しないことによる損失、と読み替えてもよい）を示す。左側の無法社会では、自分だけ法令を順守してもメリットはあまりない。しかし、皆が法令を順守していれば、自分が法令を破ると社会的な制裁を受け、損失も高まる。だから、法令を順守することによる便益は、社会全体の順法の度合いと正の関係がある。

一方、法令を順守しないことで得られる便益はどうか。「赤信号、みんなで渡れば怖くない」というビートたけし氏の名言もある。皆が法令を順守しない社会では、自分もそうしないほうが得策である。皆が赤信号でも道を渡っているのに、自分だけ青になるまで待っていれば、遅れをとって、スーパーの安売りバーゲンに間に合わなくなる。

逆に、皆が真面目な社会では、自分だけ法令を破ると強い非難を受ける。だから、法令を順守しないことによる便益（順守することによる損失）は、社会全体の順法の度合いと負の相関があり、その関係は図8－3では右下がりの直線で示される。

そして、社会全体の順法の度合いは、法令を順守することで得られる便益と、法令を順守しないことで得られる便益が等しくなるところで決定される。図8－3では、それは二本の直線が交わる点Eで示される。その点に対応する横軸の座標を見れば、世の中の何％の人が法令を順守するかが分かる。

しかし、この点で示される状況は安定的ではない。いま、社会が点Eで示される状況の下で、一人だけが何らかの理由で法令を順守しなくなったとしよう。そのとき、社会は点Eから少しだけ左に移動する。そのとき、法令を順守しないことによる便益は、法令を順守することによる便益を少しだけ上回る。世の中には、その変化に気づき、「では、私も法令は順守しないようにしよう」と考えを変える人が出てくるだろう。そうなると、さらに世の中の状況は左にシフトし、法令を順守しないほうが一層有利になる。このようなプロセスが続くと、誰も法令を順守しなくなる。

逆に、社会が点Eで示される状況から、一人だけが法令を順守するようになったとすればどうか。今度は、右に説明したのとは逆のプロセスが働いて、社会は右側に移動し続け、最終的に誰もが法令を順守する社会が実現される。

これは単純な思考実験に過ぎないが、社会的規範のあり方について面白いことを示唆している。つまり、社会的規範は、多くの人を支配するか、逆に多くの人が無視するか、という両極端な状況を生み出し、中途半端な状況は生まれにくい。脱税でも、脱税はやってはダメだという社会的規範が強まれば誰も脱税しないし、脱税は誰でもやっているということであれば、自分も脱税してどこが悪い、ということになる。

法令を順守するという話にまでいかなくても、社会的規範が地域性を色濃く持つことも、右の説明と整合的である。エスカレーターや歩く歩道で立ち止まるのは、東京では左側、大阪では右側。バス停や電車のホームで整然と列を作って待つのは東京。大阪では、そんなことはあまりしない。こうした規範を変えるのはかなり難しく、従うしかない。

個人レベルの問題と処理してよいか

しかし、社会的規範に関する右のような説明に、筆者は少し引っかかるところがある。というのは、社会的規範を守るかどうかを、あくまでも個人の合理的な判断をベースにして議論しているからである。これは、話を個人から始める経済学ならではの発想によるものだが、社会的規範は個人の判断とは少しレベルの違うものではないかと筆者は思う。

「法令はしっかり守るべきものだ」「脱税はやってはいけないことだ」という人々の思いには、経済学的な損得勘定だけではけっして説明できない面がありそうである。

ところが、経済学者は、社会的規範、あるいはもう少し話を広げるとすれば、社会の有り様そのものを、あくまでも個人を出発点として考える傾向がある。その代表的な例を三つ挙げてみよう。

第一は、夫婦別姓に対する考え方である。商売柄か、筆者の周りにも夫婦別姓の例が増えている。この夫婦別姓に対して、経済学者は肯定的に受け止める。夫婦別姓が認められた場合、夫婦別姓にすることを望んでいたカップルは、それが実現できてハッピーになる。一方、夫婦別姓にしたくないカップルは同姓のままでよいから、何の変化もない。

世の中の人を誰も不幸にしないで、一部の人をハッピーにするわけだから——この状況は「パレート改善的」と呼ばれる——世の中はよくなったのだと経済学者は解釈する。このパレート改善という概念は、経済学の入門的な教科書でも真っ先に登場するものである。

しかし、このパレート改善という概念を持ち出した経済学風の説明に、世の中の人々、とりわけ夫婦別姓に反対する人々は納得するだろうか。しないだろう。彼らにとっては、結婚したカップルが別の姓を名乗る状況そのものが気に食わない。自分が夫婦別姓にしないのはもちろんだ。他人もしては困る、許さない、と考えるわけである。

ここで問題になっているのは、まさしく世の中の有り様である。個人の問題ではない。そのように考えている人々にとって、パレート改善云々などという、経済学者による知ったかぶりな説明は到底受け入れられない。

第二は、所得格差に対する考え方である。人々はなぜ、格差をよくないことだ、是正すべきだと考えるのか。伝統的な経済学の説明は、こうである。人々はリスクをできるだけ避けたいと考える。これから人生を歩む場合も、事業に成功して大金持ちになればよいが、失敗して路頭に迷うのは困る。そうしたリスク回避的な立場に立つとき、所得格差が大きい社会では困る。「失敗したら、ああなるのだな」という不安の現実味が強くなるからである。失敗して貧乏になるとしても、所得があまり低くない社会になっていれば、気分も楽になる。だから、所得格差はよくないと人々は受け止めるというのが、経済学的な整理の仕方である。

ここでは、経済学は、所得格差をどこまで是認するかという社会の有り様をめぐる問題を、リスク回避という個人レベルの問題として解釈し直している。これは、経済学による問題の処理の仕方としてはとても理に適ったものである。しかし、経済学のことをあまりよく知らない世の中の人はどう考えるだろうか。リスク回避という観点がまったくないとまでは言えないが、所得格差の存在そのものが悪いのだと考えているのではないか。ここでも問題は、リスク回避といった個人の問題ではなく、世の中の有り様をめぐるものである。

「社会連帯」という発想

そして、第三に、本書における最も重要なテーマである社会保障について考えてみよう。人々にとってなぜ社会保障は必要なのかという議論をする場合、経済学はまた、リスク回避という考え方を持ち出す。私たちが社会生活を送る場合、さまざまなリスクに直面する。病気になったり、要介護状態になったり、老後の蓄えが底をつき、生活できなくなったりするリスクがそれである。そのリスクに備えるために、社会を構成する人々が少しずつお金を出しあい、リスクが実際のものになったときに助けあうために、医療保険や介護保険、公的年金という社会保障の仕組みがある、というわけだ。

社会保障は、リスク回避的な個人にとって要請され、維持されている、というのが経済学からの説明である。出発点は、あくまでも個人である。そして、社会保障の現行制度を評価する場合も、リスク回避のためにお金を支払っている個人から見て、受益と負担のバランスがおかしくなっていないかという点が、無視できないチェック・ポイントとして位置づけられている。

ところが、経済学以外の立場からアプローチする、社会保障の専門家の受け止め方はどうか。社会保障はリスク回避のための仕組みだ、という説明そのものを否定する人はまずいないだろう。しかし、それだけで社会保障を語ってもらっては困る、と反論する人も多いのでないか。

困ったときには互いに助けあう、それによって社会を構成する人々が連帯意識を持つ、という社会連帯こそが重要であり、社会保障はその社会連帯にとっての中核的な仕組みだという受け止め方も多いと思われる。ところが、この社会連帯という概念は、経済学の教科書には姿を見せない。

社会保障という仕組みを、社会連帯という観点からのみ捉え、個人レベルの問題を軽視する姿勢に、筆者は賛成しない。少子高齢化という経済社会の大きな変化の中には、社会連帯を根底から揺るがしかねないリスクが潜んでいる。そして、そのリスクは次第に現実のものになってきている。社会連帯という題目だけを無批判に振りかざし、そこから目を逸らすことは許されない。

しかし、経済学の対応にも大きな課題がある。経済学がこれまで正面から扱ってこなかった、社会連帯という概念は無視するにはあまりに重い。社会保障に対する経済学のアプローチをより実りあるものにするためには、経済学は社会連帯という概念に代表されるような、社会の「有り様」についても議論を深めていく必要がある。

参考文献

書籍

阿部彩・國枝繁樹・鈴木亘・林正義『生活保護の経済分析』東京大学出版会、二〇〇八年。

阿部彩『子どもの貧困』岩波書店、二〇〇八年。

阿部彩『子どもの貧困Ⅱ』岩波書店、二〇一四年。

医療科学研究所自主研究委員会『健康の社会的決定要因に関する国内外の調査研究動向　ソーシャル・キャピタル編最終報告書』二〇一四年。

稲葉陽二『ソーシャル・キャピタル入門』中公新書、二〇一一年。

小黒一正『2020年、日本が破綻する日』日本経済新聞出版社、二〇一〇年。

小塩隆士『教育を経済学で考える』日本評論社、二〇〇三年。

小塩隆士『持続可能な社会保障へ』NTT出版、二〇一四年。

小塩隆士『社会保障の経済学（第四版）』日本評論社、二〇一三年。

加藤久和『世代間格差』ちくま新書、二〇一一年。

厚生労働省『厚生労働白書（平成二四年版）』二〇一二年。

コトリコフ・バーンズ『破産する未来』（中川治子訳）日本経済新聞出版社、二〇〇五年。

駒村康平『日本の年金』岩波新書、二〇一四年。

鈴木亘『だまされないための年金・医療・介護入門』東洋経済新報社、二〇〇九年。

鈴木亘『財政危機と社会保障』講談社新書、二〇一〇年。

高橋亮平・小黒一正・城繁幸『世代間格差ってなんだ』PHP新書、二〇一〇年。

橘木俊詔・浦川邦夫『日本の貧困研究』東京大学出版会、二〇〇六年。

田中秀明『日本の財政』中公新書、二〇一三年。

土居丈朗編『日本の財政をどう立て直すか』日本経済新聞出版社、二〇一二年。

西沢和彦『税と社会保障の抜本改革』日本経済新聞出版社、二〇一一年。

広井良典『日本の社会保障』岩波新書、一九九九年。

論文

稲垣誠一・小塩隆士「初職の違いがその後の人生に及ぼす影響――LOSEF個票データを用いた分析」『経済研究』六四、二〇一三年、二八九～三〇二頁。

小塩隆士「中高年のメンタルヘルス――「中高年者縦断調査」によるパネル分析」『経済研究』六五、二〇一四年、三三二～三四四頁。

小塩隆士「女性の就業率、家族支援策と出生率」西村周三監修・国立社会保障・人口問題研究所編『社会保障費用統計の理論と分析』慶應義塾大学出版会、二〇一四年、二一一～二三四頁。

小塩隆士・浦川邦夫「2000年代前半の貧困化傾向と再分配政策」『季刊社会保障研究』四四、二〇〇八年、二七八～二九〇頁。

小塩隆士・佐野晋平・末冨芳「教育の生産関数の推計――中高一貫校の場合」『経済分析』ジャーナル版、一八二、二〇〇九年、四八〜六九頁。

Hayami, Y., "Social capital, human capital and the community mechanism: toward a conceptual framework for economists," *Journal of Development Studies*, 45, 2009: 96–123.

Kögel, T., "Did the association between fertility and female employment within OECD countries really change its sign?" *Journal of Population Economics*, 17, 2004: 45–65.

Newhouse, J. P., "Medical care costs: how much welfare loss?" *Journal of Economic Perspectives*, 6, 1992: 3–21.

Oshio, T. and Mari Kan, "Multidimensional poverty and health: Evidence from a nationwide survey in Japan," *International Journal for Equity in Health*, 13, 2014: 128.

Oshio, T. "The association between involvement in family caregiving and mental health among middle-aged adults in Japan," *Social Science & Medicine*, 115, 2014: 121–129.

Oshio, T., Umeda, M., and Kawakami, N., "Childhood adversity and adulthood subjective well-being: Evidence from Japan," *Journal of Happiness Studies*, 14, 2013: 843–860.

Zweifel, P., Felder, S., and Meiers, M., "Ageing of population and health care expenditure: a red herring?" *Health Economics*, 8, 1999: 485–496.

注記

第四章２「貧困の持つ多元性」は、日本統計協会発行の『統計』二〇一五年五月号に掲載された拙稿「多元的貧困の考え方」を一部改変の上、転載したものである。転載を快諾して下さった同誌編集部にお礼申し上げる。

おわりに

国立社会保障・人口問題研究所の「日本の世帯数の将来推計」(二〇一三年一月)によると、二〇三〇年時点における五〇~五四歳の未婚率は、男性で二六・一%、女性で一八・七%となっている。日本人はますます結婚しなくなってきている。結婚しなくなると、子供ができない。子供ができないと孫もできなくなる。現在二〇代の若者のうち四割近くが生涯子供を持たず、生涯孫を持たなくなるという予測もある。読者のうちほとんどの人は、幼い頃におじいちゃん、おばあちゃんにかわいがられた経験があるはずである。しかし、孫をかわいがるという経験をせずに生涯を終える人間が半分もいる世の中が、そう近くない将来に到来する可能性もある。

そのような世の中が到来したときに、現在の経済社会の仕組みがそのまま持続しているとはなかなか考えにくい。経済力のある高齢者は問題ないかもしれないが、支えてくれる家族もなく、蓄えも少ない高齢者はどうするのだろうか。一人寂しく死んでいくしかないのだろうか。筆者は、そのような悲惨な社会が到来する蓋然性は、残念ながらかなり高いと思っている。モノを生産する人が減っていくのに、消費する人がどんどん増えていくわけだから、生物学的に見てどうしてもバランスがとれなくなる。その生物学的な状況を、小手先の改革で回避することはほとんど不可能だろう。

社会保障は、身も蓋もない言い方をすれば、若い人が働いて得た富を、働いていないお年寄りに分ける仕組みである。若い人に力がなければ、そもそも成立しない仕組みである。その点で、生物学的にかなり強い制約がかけられている。その制約を意識しない議論があまりに多いように思う。

それと同じくらいに重要なのは、社会保障の見直しを後押しする応援団がいないということである。経済学者による世代間格差論は、もちろん問題は多いものの、改革につながる重要なきっかけになると筆者は思っている。しかし、人口構成がすでに高齢層に偏ってしまっているので、世代間格差論は大きな政治的パワーにはならない。現状維持の主張のほうがはるかにアピールする。

いかなる社会保障改革も、今この世の中にいる人々に痛みを求める。例えば、日本でもほかの先進国と同じように、公的年金の支給開始年齢の引き上げが必要だと筆者は思っている。しかし、自分が年金を受け取る時期が先送りされることは、やはり嬉しいことではない。誰も、自分が痛みを受けることはできれば避けたいところである。痛みを伴う改革を受け入れるためには、それを上回るメリットが必要である。しかし、そのメリットは自分たちではなく将来世代のものとなる。しかし、誰にとっても、将来世代のことより自分のことのほうがはるかに大切である。子供や孫がいない人が増えていけば、将来世代の利害に思いを馳せる人はさらに少なくなるかもしれない。

社会保障は、大衆迎合的な主張が大手を振れる分野である。政府も、国民の大きな反発を招いてまで改革を進めたくない。メディアも同じである。新聞も、購読者のかなりの比率を高齢者が占めている。給付削減には賛成しにくい。反論したほうがはるかに受けがよい。社会保障の議論がうっとおしいのは、出口がないからである。だから、「社会保障の問題は経済成長さえあれば解決できる。日銀に量的緩和をどんどん進めさせ、これまで削ってきた公共事業を復活させよう」といった類の、威勢のよい議論のほうがアピールする。効果の不透明な子育て支援策にも期待がかかる。子育て支援で困る人はいないし、給付削減という嫌な話からも解放されるからである。

しかし、本当にそれでうまくいくのだろうか。孫がいる人が世の中に半分しかいない社会でも、社会保障は現行制度のまま維持できるのだろうか。本書には、かなり過激な議論を含んでいる。その背景には、筆者による悲観的な将来予測がある。現状肯定的な主張には、できるだけ批判を加えた。筆者の悲観論が行き過ぎであり、本書の議論が的外れになっていることを願うばかりである。

ところが、それと同時に、経済学にも大きな課題が残っていることも指摘しておく必要がある。この世の中で生活を営んでいる人たちの悩みや苦しみをもっとこまやかに把握し、できるだけ多くの人々が暮らしやすい世の中にする方策を考える必要がある。効率性の向上は確かに重要である。生物学的な制約が強まる中では、資源の効率配分はますます重要になってくる。しかし、それだけで問題は解決しない。

現在の日本社会において、経済学が取り組むべき喫緊の問題は、貧困の解消であろう。どこまで平等な世の中を目指すかという点については、いろいろ議論があるはずである。しかし、貧困はちょっと違う。誰もが人間らしい生活を送る権利がある。私たちには、守るべき一線がある。その一線を守るために、私たちはコストを支払う必要がある。

子供の頃から不利な立場に立たされ、社会に出るスタートラインのところで、すでに他人と大きく差がついてしまう状況は、どう考えてもよくない。働き方が正規か非正規かでセーフティ・ネットに大きな格差が生じる、という状況も避けるべきである。

しかし、貧困リスクはすべての人に平等な形では発生しない。特定の属性を持つ人に集中的に発生する傾向がある。だから、支援する対象を見極め、集中的に支援する必要がある。そして、工夫さえすれば、限られたコストでも効果的に成果をあげることもできる。その処方箋を書くのも経済学の仕事である。

最近では、大規模な社会データが利用可能になっており、個人レベルで貧困の状況やその生成メカニズム、政策効果などを、これまでより正確に把握することができるようになっている。本書では、子供の貧困や非正規雇用者のメンタルヘルス、そして貧困の多元性などについて、筆者による研究成果の一部を紹介した。しかし、それらは日本の貧困の現状を表面的になぞっただけだという批判に甘んじなければならない。さらなる研究が必要なところである。

「はじめに」でも書いたように、本書の内容は「幸せになるための経済学」という『ミネルヴァ通信「究」』の二四回にわたる連載がベースになっている。しかし、連載していた記事もそれをまとめた本書も、このタイトルからは遠い内容になっている。しかし、タイトルに近づいていくようにさらに研究を進める必要があることを痛感している。

最後になったが、本書の刊行にご尽力下さったミネルヴァ書房編集部の堀川健太郎氏に心からお礼申し上げる。

二〇一五年一一月

小塩隆士

た　行

な　行

は　行

ま　行

や・ら・わ　行

さ　行

索　引

（＊は人名）

《著者紹介》

小塩隆士（おしお・たかし）

1960年 生まれ。
1983年 東京大学教養学部卒業。
2012年 博士（国際公共政策）（大阪大学）。
経済企画庁（現内閣府）等を経て，
現 在 一橋大学経済研究所教授。
主 著 『高校生のための経済学入門』ちくま新書，2002年。
『再分配の厚生分析』日本評論社，2010年。
『「幸せ」の決まり方』日本経済新聞出版社，2014年。
『持続可能な社会保障へ』NTT 出版，2014年，など。

叢書・知を究める⑦
18歳からの社会保障読本
――不安のなかの幸せをさがして――

2015年12月20日 初版第1刷発行 〈検印省略〉
2017年5月30日 初版第2刷発行

定価はカバーに
表示しています

著 者 小 塩 隆 士
発行者 杉 田 啓 三
印刷者 田 中 雅 博

発行所 株式会社 ミネルヴァ書房

607-8494 京都市山科区日ノ岡堤谷町1
電話代表（075）581-5191
振替口座 01020-0-8076

創栄図書印刷・新生製本

ISBN978-4-623-07485-3
Printed in Japan

叢書・知を究める

①脳科学からみる子どもの心の育ち　乾　敏郎 著
②戦争という見世物　木下直之 著
③福祉工学への招待　伊福部 達 著
④日韓歴史認識問題とは何か　木村 幹 著
⑤堀河天皇吟抄　朧谷 寿 著
⑥人間《ひと》とは何ぞ　沓掛良彦 著
⑦18歳からの社会保障読本　小塩隆士 著
⑧自由の条件　猪木武徳 著
⑨犯罪はなぜくり返されるのか　藤本哲也 著
⑩「自白」はつくられる　浜田寿美男 著
⑪ウメサオタダオが語る、梅棹忠夫　小長谷有紀 著